풋볼리티카

Futbolítica by Ramon Usall

Copyright ⓒ Ramon Usall 2017, 2021, 2024
All rights reserved
Korean translation rights 2025 NARUMBOOKS
Book originally published in Catalan. The Korean version has been translated from the English edition published by Pluto Press, with permission of the author and publisher.
Korean translation rights are arranged with Altamarea Edición de Libros SL through Oh!
Books Literary Agency, Spain and AMO Agency, Korea

이 책의 한국어판 저작권은 AMO Agency를 통한 저작권자와 독점계약으로 나름북스가 소유합니다. 저작권법에 의해 한국 내에서 보호를 받는 저작물이므로 무단전재 및 복제를 금합니다.

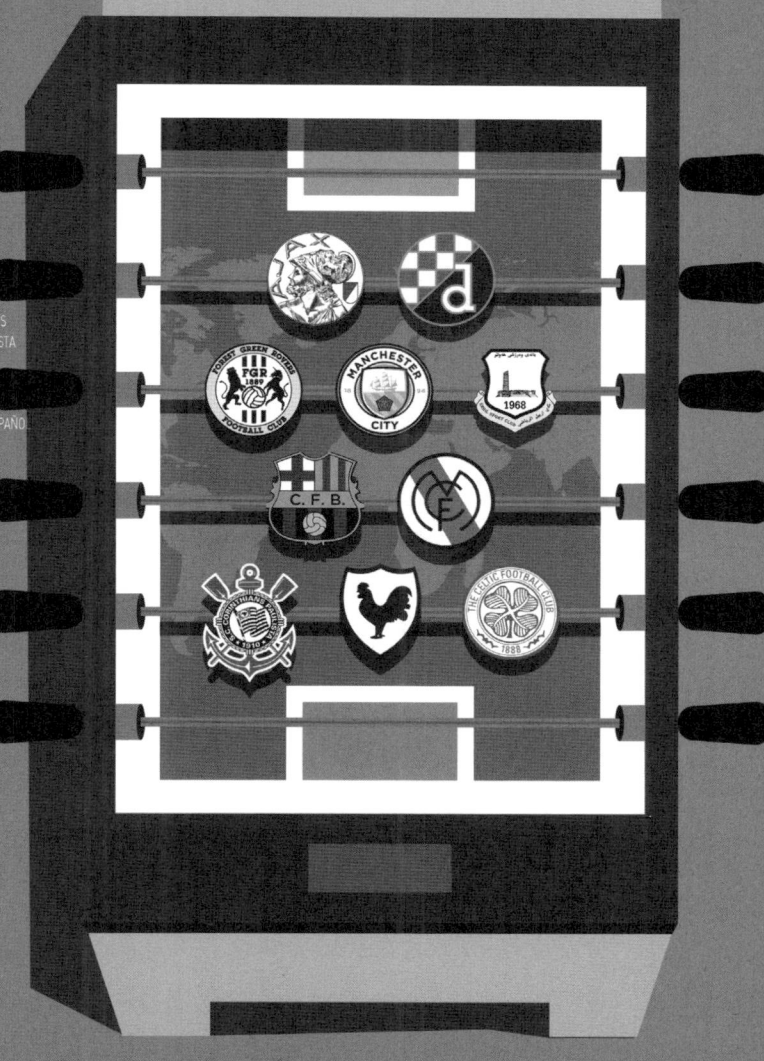

일러두기

- 본문에 등장하는 인명과 지명 등 고유명사의 외래어 표기는 국립국어원의 외래어표기법과 용례를 따랐다. 다만 표기가 불분명한 일부는 실제 발음을 기준으로 표기했다.

- 각주는 모두 옮긴이의 것이다.

축구가 전 세계에서 정치와 어떻게 얽혀 있는지
생생하게 그려낸 걸작.

― 메흐린 칸Mehreen Khan, 『더 타임스』 경제 편집자,
축구 팟캐스트 〈Humans & Heroes〉 공동진행자

저자는 55개의 이야기를 통해
우리가 흔히 간과하거나 과소평가해온
축구의 또 다른 면모—사회적이고 정치적이며,
실천을 동반하는 측면—에 더 가까이 다가가게 한다.
바로 그 지점에서 축구 클럽은 진정한 '영혼'을 얻고,
지역 사회에 깊이 뿌리내린다.

― 카를레스 비냐스Carles Viñas, 스페인 역사학자,
『장크트파울리: 다른 축구는 가능하다St. Pauli: Another Football is Possible』 저자

축구 클럽의 역사에 관심 있는 이라면 반드시 읽어야 할 책.
단순한 흥미를 넘어,
축구와 정치에 얽힌 놀라운 진실을 드러내며
독자를 끝까지 사로잡는다.

― 슈테판 오르테가Stephen Ortega,
하버드대학교 글로벌 스포츠 이니셔티브GSI

차례

독자들에게 _11
서문 _15

1장 영국과 아일랜드

맨체스터 시티 FC: 페트로달러 클럽의 인도주의적 기원 _25
토트넘 홋스퍼 FC: 스퍼스의 유대인 흔적 _30
리버풀 FC: 철의 여인에게 맞선 팬들 _35
포레스트 그린 로버스 FC: 지구를 구하려는 축구 _39
브리티시 레이디스 FC: 여자 축구의 페미니즘적 뿌리 _44
셀틱 FC: 스코틀랜드의 아일랜드 공화주의 상징 _49
스타 오브 더 씨 유소년 클럽: 북아일랜드 비극을 품은 클럽 _57

2장 프랑스와 이탈리아

레드 스타 FC: 파리 변두리 하늘을 밝힌 붉은 별 _65
SC 바스티아: 코르시카의 반항아 _72
유벤투스 FC: 이탈리아 권력자들의 꼭두각시 _80
토리노 FC: 노동자가 권력을 넘어설 때 _87
AS 로마: 영원의 도시, 민중의 심장 _92
인터 밀란: '이탈리아답지 않다'는 이유로 지워진 이름 _99

3장 이베리아 반도

아소시아상 아카데미카 데 코임브라: 독재에 저항한 학생팀 _109

아틀레티코 마드리드: 천 개의 얼굴을 가진 클럽 _117

레알 마드리드 CF: 공산주의자가 이끌던 '왕실' 클럽 _126

라요 바예카노: 바예카스의 심장, 노동자의 팀 _138

FC 바르셀로나: 비무장 민중의 군대 _145

CE 주피터: 별을 깃발 삼아 _157

스패니시 걸스 클럽: 제1차 세계대전에 꺾인 꿈 _165

4장 중앙유럽과 스칸디나비아

베를리너 FC 뒤나모: 슈타지의 클럽 _173

FC 우니온 베를린: 슈타지와 자본에 맞선 팀 _179

SC 타스마니아 폰 1900 베를린 e.V.: 냉전의 산물 _186

FC 장크트파울리: 세 번의 반항 _191

폴로니아 바르샤바: 폴란드 역사가 남긴 교훈 _197

AFC 아약스: 그리스 영웅의 이름을 지닌 유대인 클럽 _203

하코아 빈: 빈을 움직인 유대인의 힘 _208

크리스티아니아 SC: 함께 피우고, 함께 뛰는 팀 _214

5장 발칸 반도

GNK 디나모 자그레브: 현대 크로아티아의 거울 _223

HNK 하이두크 스플리트: 불굴의 달마티아인 _229

FK 슬로보다 투즐라: 노동자의 도시, 노동자의 팀 _237

FK 벨레주 모스타르: 모스타르의 붉은 별 _244

올림피아코스 CFP: 피레아스의 붉은 반란군 _252

6장 동유럽과 코카서스

FC 올트 스코르니체슈티: 독재자의 클럽, 그 흥망성쇠 _259

FC 디나모 키이우: 우크라이나 대표팀이 된 디나모 _265

FC 샤흐타르 도네츠크: 도네츠크 역사의 상징 _271

FC 카르파티 르비우: 우크라이나 민족주의의 성채 _278

FC 스트로이텔 프리피야트: 체르노빌의 비극 _284

FC 로코모티프 모스크바: 10월 혁명 클럽 _289

FC 아흐마트 그로즈니: 크렘린의 품에 안긴 체첸 클럽 _295

카라바흐 FK: 유령 도시를 남겨두고 떠난 망명의 구단 _303

7장 중동과 중앙아시아

아르빌 SC: 이라크 쿠르디스탄의 간판팀 _313

알웨흐다트 SC: 축구로 이어간 팔레스타인의 꿈 _319

샤힌 아스마이예 FC: 카불의 매, 분쟁의 땅에서 날아오르다 _326

8장 아프리카

라싱 유니베르시테르 알제: 카뮈와 식민지 알제리의 클럽 _333

클럽 아틀레티코 데 테투안: 식민지 팀에서 모로코의 강팀으로 _340

JS 마시라: 서사하라 점령을 정당화한 클럽 _347

하피아 FC: 아프리카 혁명의 무기 _353

패시브 레지스터스 SC: 평화적 저항의 클럽 _359

9장 아메리카

뉴욕 램블러스: 동성애 혐오에 맞선 무지개 축구 _367
SC 코린치앙스 파울리스타: 축구장에서 꽃핀 민주주의 _371
CD 코브레살: 아타카마 사막의 광부 클럽 _378
콜로-콜로: 피노체트의 긴 그림자 _385
무슈크 루나 SC: 케추아인의 꿈 _392
CD 에우즈카디: 우승 직전에 멈춘 바스크 대표팀 _398

참고문헌 _404
엠블럼 _408

독자들에게

이 책은 2017년 카탈루냐어판을 시작으로, 2021년 스페인어판, 2024년에는 영문 개정판으로 출간됐다. 이베리아반도에서 이 책은 축구 세계를 사회적·정치적 관점에서 분석한 역사적 저작으로 빠르게 자리를 잡았다. 원제 '풋볼리티카Futbolítica'는 카탈루냐어의 '축구fútbol'와 '정치política'를 결합해 만든 조어로, 두 영역 간의 긴밀한 관계를 드러낸다.

일부는 이를 부정하지만, 나는 축구가 명백히 정치적 함의를 지닌 스포츠임을 보여주기 위해 이 책을 썼다. 이 책은 축구가 20세기 '총체적인 사회적 사실total social fact'로 자리매김했다는 전통에서 영감을 받았다. 사회학자 노르베르트 엘리아스Norbert Elias와 언론인 이그나시오 라모네Ignacio Ramonet가 지적했듯, 축구는 그 자체로 인간의 조건을 반영하는 거울 역할을 해왔다. 이 책은 축구의 발상지인 영국을 비롯해 아메리카, 중동, 아프리카 등 전 세계 55개 클럽의 역사를 통해 그 이야기를 풀어낸다. '축구는 정치와 분리돼야 한다'는 통념에 반대하는 이 책은, 그런 주장을 펼치는 이들에 대한 의심에서 출발한다. 이들은 축구가 현 상태나 기존 권력관계에 의문을 제기하는 정치적 입장과 결합되어서는 안 된다고 여긴다. 하지만 축구는 원래부터 정치적 현상이다. 진짜 질문은 '축구에서 어떤 정치가 작동하는가'이다. 국경을 기준으로 구성된 리그 체제, 국가 간 경쟁인 월드컵, 그리고 종교·문화·언어·국가 정체성을 상징하는 클럽의 존재 자체가 이를 보여준다.

축구에서 정치의 존재는 최근의 세계적 사건들을 통해 분명히 드러났다. 대표적 사례는 2017년 이후 대중의 주목과 찬사를 받으며 급부상한 여자 축구다. UEFA 여자 챔피언스리그와 월드컵에 대한 언론의 높은 관심은, 여성의 권한 강화와 성평등을 위한 투쟁이 축구를 통해 전개되고 있음을 보여준다. 특히 2023년 여름 여자 월드컵에서 스페인이 우승한 뒤 벌어진 사건은 이 흐름을 상징적으로 드러냈다. 여자 선수들은 여전히 평등과는 거리가 먼 대우를 받고 있었고, 이는 선수들과 스페인 축구 당국 간의 충돌로 이어졌다. 축구계와 사회 전반에 만연한 성차별은 스페인 축구협회장 루이스 루비알레스Luis Rubiales가 스페인의 스타 선수 헤니페르 에르모소Jennifer Hermoso에게 강제로 입을 맞춘 사건을 계기로 명백히 드러났다. 이 사건은 루비알레스의 회장직 사퇴로 이어졌고, 스페인 사회에 진정한 페미니스트 혁명을 촉발했다. 그 결과 연맹은 여자 대표팀과 남자 대표팀 간의 실질적 평등을 위한 조치를 취할 수밖에 없었다.

정치가 축구에 미치는 영향은 2022년 카타르 남자 월드컵에서도 뚜렷하게 드러났다. 절대 군주제 국가인 카타르는 여성 억압과 구조적 인권 침해로 악명 높지만, 이번 대회를 통해 국가 이미지를 세탁하려 했다. 이는 스포츠를 활용한 전형적인 '스포츠워싱sportswashing' 사례였다. 이와 같은 방식은 2034년 사우디아라비아에서도 반복될 전망이며, 국제축구연맹FIFA이 시민권 존중보다 자본과 사업에 훨씬 더 큰 관심을 두고 있음을 다시금 보여준다.

우크라이나와 가자지구에서 벌어진 전쟁은 축구가 우리 시대의 정치를 어떻게 반영하는지 잘 보여준다. 이 책에는 소련 말기에 디나모 키이우FC Dynamo Kyiv가 어떻게 실질적인 우크라이나 국가대표팀이 됐는지, 그리고 실제로 국가의 색country's colours[1]을 입고 경기에 나섰는지에 관한 이야기가 담겨 있다. 또한 연고지인 돈바스에서 추방된 FC 샤흐타르 도네츠크FC Shakhtar Donetsk가 도네츠크와 루한스크 지역을 황폐화한 러시아-우크라이나 분쟁을 상징하는 사례가 된 이야기 역시 실려 있다. 팔레스타인과 관련해서는, 1998년 FIFA가 팔레스타인 국가대표팀을 공식 인정하기 전까지 요르단 난민 캠프에서 창단된 알웨흐다트 SCAl-Wehdat SC가 사실상 국가대표팀의 역할을 했던 역사도 소개된다.

■

1   국가대표팀의 유니폼이나 국기 등에 사용되는 상징적인 색상을 뜻하며, 이를 통해 특정 국가를 식별할 수 있다. 예를 들어, 우크라이나의 경우 국기 색상인 파란색과 노란색이 이에 해당한다.

이 외에도 축구가 우리 시대의 갈등을 반영한다는 사실은 이스라엘 국가대표팀이 지리적으로는 아시아에 속하면서도 유럽에서 경쟁하고 있다는 점에서도 드러난다. 이는 1974년 이스라엘 축구연맹IFA이 자국이 설립을 도왔던 아시아축구연맹AFC에서 축출된 데서 비롯된 분명한 지정학적 결과다. 이 책을 통해 축구와 정치가 생각보다 훨씬 더 자주 밀접하게 얽혀 있음을 발견하길 바란다.

서문

19세기 후반 산업화한 영국에서 현대 축구가 탄생한 이래, 축구 클럽은 단순한 스포츠 조직을 넘어서는 존재였다. 축구의 집단적 특성은 공동체 정체성을 강화하는 데 기여했으며, 클럽은 도시나 마을, 학교, 교구, 나아가 특정 정치 이념을 대표하는 역할까지 수행했다.

세월이 흐르며 축구는 전 세계적으로 향유되는 진정한 글로벌 문화가 됐다. 이는 많은 클럽이 대표성을 강화하고 지역 사회를 대변하는 데 기여했다. 이베리아반도에서 잘 알려진 예처럼, 우리는 오랫동안 이 지역에서 가장 영향력 있는 클럽 중 하나인 FC 바르셀로나가 '단순한 클럽 이상'이라는 말을 들어 왔다. 이는 클럽의 역사가 카탈루냐의 격동적 역사와 깊이 얽혀 있다는 점에서 증명된다. FC 바르셀로나는 카탈루냐 사회의 염원을 표현하는 정치적 상징이었으며, 카탈루냐 최초의 현대 자치정부인 카탈루냐 지방 대표들의 연합 만코무니다드 Mancomunitat(1913~25)를 지지했고, 프랑코 독재정권(1939~75)에 저항하는 상징으로 자리해 왔다. 클럽 팬들이 프리모 데 리베라 독재(1925~30)에 항의하기 위해 스페인 국가 연주 중 야유를 보내는 전통 또한 이러한 맥락의 연장선에 있다.

일부는 스페인의 민주화가 1974년 2월 17일에 시작됐다고 본다. 프랑코는 아직 생존해 있었지만 점차 쇠약해지고 있었다. 이날 바르사는 마드리드의 베르나베우 경기장에서 레알 마드리드를 상대로 역사적인 5-0 승리를 거뒀고, 이는 스페인 축구사의 분기점이자 정치적 전환기의 상징으로 여겨졌다. 물론 이러한 해석은 단순화된 면이 있지만, 바르사가 스페인 현대사의 중요한 순간마다 상징적 역할을 해왔음은 분명하다. 다른 방식으로 레알 마드리드 역시 마찬가지다. 이 클럽의 역사는 지난 한 세기 동안 스페인 역사와 궤를 같이해 왔다. 예를 들어, 제2공화국(1931~39) 시기에는 '왕실Royal' 또는 왕당파royalist를 의미하는 '레알Real'이라는 명칭을 사용하지 않았고, 프랑코 정권하에서는 유럽 챔피언으로서 스페인의 긍정적 이미지를 세계에 전파해 독재정권의 국제적 고립을 해소하는 데 기여했다.

국가 간 갈등이 있는 거의 모든 지역에는 바르사나 마드리드와 같은 팀이 있다. 실제로 대부분의 무국적 민족은 특정 축구 클럽을 통해 자신들의 공동체를 대표한다. 대표적인 예로, 바스크 지역의 아틀레틱 빌바오Athletic Bilbao는 바스크 출신 선수만 영입하는 독특한 정책으로 바스크 정체성을 강조해 왔다. 코르시카 민족주의 운동과 함께 전성기를 맞은 SC 바스티아SC Bastia, 아일랜드 공화주의 공동체를 대표하는 글래스고와 벨파스트의 두 셀틱 팀, 요르단 난민 캠프에서 창설되어 팔레스타인 축구를 대표하는 알웨흐다트 SC, 연방 유고슬라비아 시절 크로아티아의 디나모 자그레브Dinamo Zagreb와 하이두크 스플리트Hajduk Split, 그리고 소련 아르메니아의 아라라트 예레반Arafat Yerevan 등이 그 사례다. 이 외에도 다양한 시공간에서 민족 공동체의 염원을 대변해온 축구 클럽은 무수히 많다.

하지만 정치적 행위자로서의 축구 클럽이 반드시 민족주의적 열망만을 대변하는 것은 아니다. 프랑스 최초의 프로 축구 클럽인 FC 소쇼FC Sochaux가 그 대표적인 예다. 이 클럽은 자동차 회사 푸조가 운영하던 지역 주요 공장의 후원을 받아 창단됐다. 푸조는 노동자들이 자사 이미지를 내면화하길 원했고, 소쇼 선수들은 푸조의 로고와 색상이 들어간 유니폼을 입고 경기에 나섰다.

일부 클럽이 계급 갈등을 완화하기 위해 설립된 것과 달리, 사회적 연대를 정체성의 기반으로 삼은 팀들도 있다. 역사적으로 많은 클럽이 노동계급과 연관되어 왔다. 예를 들어, 프랑스 북부 광산 지역의 RC 랑스RC Lens, 노동자 계층이 밀집한 마드리드 바예카스 지역의 라요 바예카노Rayo Vallecano, 티토 유고슬라비아의 산업도시 투즐라의 FK 슬로보다 투즐라FK Sloboda Tuzla, 피아트 경영진과 연계된 유벤투스Juventus FC를 꺾고자 했던 블루칼라 노동자들의 염원을 담은 토리노Torino FC, 그리고 20세기 초 고향 근처 마요르카섬의 노동자들과 연대하며 탄생한 소박한 클럽 아틀레티코 발레아레스CD Atlético Baleares 등이 있다.

  축구 클럽의 상징성은 때로 너무 뚜렷해서 그 역사를 살펴보는 것만으로도 현대사의 주요 사건들을 되짚을 수 있다. 유능한 독재자라면 누구나 축구 클럽을 선전 도구로 활용했다. 프랑코가 레알 마드리드를 이용한 것처럼, 포르투갈 독재자 살라자르도 SL 벤피카SL Benfica의 유럽 무대 활약을 통해 국제적 고립을 극복하려 했다. 특히 팀의 핵심 선수였던 에우제비우Eusébio는 포르투갈 제국주의의 상징처럼 활용됐다. 이탈리아의 파시스트 지도자 베니토 무솔리니도 이와 같은 접근 방식을 취한 바 있다. 그는 스포츠가 자신의 이데올로기를 전파하는 수단이 될 수 있음을 잘 알았고, 국가대표팀 스쿼드라 아주라Squadra Azzurra²의 성공을 통해 '승리하는 이탈리아'라는 이상을 정당화했다. 이후에도 독재자들은 이 전략을 반복했다. 루마니아의 니콜라에 차우셰스쿠Nicolae Ceaușescu는 아들 발렌틴Valentin을 스테아우아 부쿠레슈티FCSB 구단주로 세웠고, 이 클럽은 동유럽 최초로 유러피언컵을 들어올렸다. 그는 자신의 고향 스코르니체슈티에 1부 리그 팀을 창단하는 데에도 결정적인 역할을 했다. 칠레의 아우구스토 피노체트 역시 콜로-콜로Colo-Colo를 비롯한 여러 축구팀을 활용했다. 특히 광산 노동자들을 위한 클럽들을

---

2 이탈리아 남자 축구 국가대표팀은 국제 경기에서 전통적으로 파란색 유니폼을 입기 때문에 '스쿼드라 아주라(파란 군단)'라는 별칭으로 불린다.

조직해 '빵과 서커스bread and circuses'³라는 고대 로마의 고전적인 전략으로 사회 갈등을 회피하려 했다.

축구를 권력의 도구로 삼으려는 시도와는 달리, 역사적으로 축구는 독재정권에 저항하는 수단으로도 기능해 왔다. 예를 들어, 포르투갈의 우익 정권인 에스타두 노부Estado Novo는 경기장에서 강한 반대에 직면했다. 중부 도시 코임브라에서는 대학생 연합이 설립한 아카데미카 데 코임브라Académica de Coimbra 클럽이 1969년 포르투갈컵 결승전에서 격렬한 시위를 벌였다. 한편, 독재자의 도구로 활용된 일부 클럽 역시 대중의 기억 속에 저항의 상징으로 남아 있다. 피노체트가 찬양한 콜로—콜로는 그 이전, 살바도르 아옌데의 좌파 인민연합 정부 아래에서 가장 영광스러운 순간을 맞이했다. 이 팀은 남미 대회인 코파 리베르타도레스Copa Libertadores⁴에서 준우승을 차지했는데, 대회 명칭 자체가 유럽 식민 지배로부터의 해방을 떠올리게 한다. 훗날 독재자의 상징이 된 이 클럽은 한때 아옌데 대통령 옆에서 자랑스럽게 포즈를 취했고, 아옌데는 그들을 칠레의 훌륭한 '홍보대사'라 불렀다.

레알 마드리드는 종종 독재정권 및 보수적 스페인 민족주의

---

3   고대 로마 시대의 정치 전략으로, 대중에게 기본적인 식량과 오락을 제공함으로써 정치적 관심을 무디게 하고 권력을 유지하려는 수단을 뜻한다.
4   스페인어로 '해방자의 컵' 또는 '해방자 대회'를 뜻한다. 이 명칭은 라틴아메리카를 스페인 제국으로부터 해방시킨 독립운동 지도자들인 '리베르타도레스'를 기리는 의미를 담고 있다.

와 연관되며, 클럽의 상징적 인물인 산티아고 베르나베우는 프랑코 지지자로 알려져 있다. 그러나 이 클럽은 공화주의적 전통도 지닌다. 제2공화국 시절 알폰소 13세가 부여한 왕당파 명칭을 폐기했으며, 당시 회장이던 안토니오 오르테가Antonio Ortega는 공화국군 대령이자 공산당원이었던 이유로 스페인 내전 말기에 처형됐다.

보다시피, 현대사에서 축구 클럽의 역사를 통해 설명할 수 없는 사건은 거의 없다. 나치즘의 유대인 박해에 대한 악랄한 집착은 20세기 초반 유럽의 대표적인 유대인 클럽 중 하나였던 하코아 빈Hakoah Wien을 무너뜨렸다. 그 세기 말, 발칸 전쟁의 시작을 알린 사건이 크로아티아 민족주의와 세르비아 민족주의를 상징하는 두 팀의 경기였다. 1990년 5월 13일 디나모 자그레브와 레드 스타 베오그라드Red Star Belgrade가 맞붙은 이 경기는 격렬한 폭력 사태로 번졌고, 이는 다양한 민족이 공존하던 유고슬라비아의 점진적 붕괴를 예고하는 사건으로 남았다. 유고슬라비아는 티토 대통령 치하에서 민족 간 화합을 꿈꾸던 나라였고, 그 이상은 비극적인 보스니아 전쟁이 일어나기 전까지 벨레즈 모스타르FK Velež Mostar 팀에서 완벽하게 구현됐다. 또 다른 사례는 클럽이 아닌 국가대표팀 간의 경기다. 1969년 온두라스와 엘살바도르의 맞대결은 두 나라 사이 전격전의 도화선이 됐다. 1970년 멕시코 월드컵 예선을 둘러싸고 긴장이 고조됐고, 양국은 각자의 홈경기에서 1승씩을 거둔 뒤 중립 지역에서 결승전을 치렀다. 이 경기는 격렬한 적대감을 불러일으켰고, 결국 '축구 전쟁soccer war'으로 불리는 무력 충돌로 이어졌다.5 이 명칭은 폴란드 기자 리샤르드 카푸시친스키Ryszard Kapuściński가 붙인 것이다.

식민주의 정치 또한 축구를 매개로 전개됐다. 식민 강국은 점령지 주민들에게 유럽식 축구를 강요했지만, 피식민지 민족은 오히려 이 스포츠를 식민 지배에 맞서는 수단으로 활용했다. 역사에는 식민지 클럽과 관련된 일화가 가득하다. 예를 들어, 스페인 보호령 모로코의 최강 클럽이었던 아틀레티코 데 테투안 Atlético de Tetuán은 유럽 1부 리그에 진출한 최초의 아프리카 팀이 됐다. 프랑스령 알제리의 식민지 클럽 중 하나였던 라싱 유니베르시테르 알제Racing Universitaire d'Alger는 세계 최초로 미래의 노벨상 수상 선수를 배출하기도 했다. 이처럼 식민 지배자의 필요에 따라 만들어진 클럽들은 곧 현지인들로 구성된 팀들의 도전을 받게 된다. 그중 튀니지에서는 무슬림들이 점령으로부터의 해방을 위해 싸운 상징으로 에스페랑스 드 튀니스Esperance de Tunis가 떠올랐다.

이처럼 축구 클럽을 통해 수많은 역사적 사건을 읽고 해석할 수 있다는 사실을 알 수 있다. 제2차 세계대전 이후 독일의 분

---

5 두 나라의 월드컵 예선 경기로 촉발된 무력 충돌로 4일간 수천 명의 사상자와 수십만 명의 난민이 발생했다. 이 전쟁은 훗날 엘살바도르 내전의 주요 원인으로 꼽히기도 한다.

단, 베를린 장벽의 건설과 붕괴, 그리고 냉전 시기 이 도시의 전략적 중요성 등이 그 대표적 예다. 식민지 시절 알제리 대학 축구팀의 골키퍼였던 알베르 카뮈는 도덕, 인생, 인간의 의무에 관한 모든 것을 축구에서 배웠다고 말한 바 있다. 지난 150년 동안 축구와 클럽들이 맡아온 역할을 통해 우리는 현대 세계사를 새롭게 이해할 수 있다. 자, 이제 정치적으로 비범한 55개 클럽의 이야기로 이뤄진 담백한 근대 후반 역사 수업에 오신 것을 환영한다. 이 클럽들은 실제로 역사에 영향을 끼쳐 왔으며, 그 영향은 우리가 생각하는 것보다 훨씬 깊고 크다.

1장
영국과 아일랜드

1967년, 유럽 챔피언 셀틱 FC를 기다리며 경기장 밖에서
대형 아일랜드 삼색기를 흔드는 팬들.

★★★
맨체스터 시티 FC
페트로달러 클럽의 인도주의적 기원

2008년은 맨체스터 시티 역사에서 중요한 전환점이었다. 그해 클럽은 불안정한 재정 상황으로 인해, 부패 혐의로 기소된 전 태국 총리 탁신 친나왓Thaksin Shinawatra으로부터 새로운 소유주에게 넘어갔다. 새 주인은 아랍에미리트UAE 왕실의 일원인 셰이크 만수르 빈 자예드 알 나얀Sheikh Mansour bin Zayed Al Nahyan이 이끄는 아부다비 유나이티드 그룹이었다. 이 인수는 맨체스터 시티의 지출 능력을 대폭 확장시켰고, '축구-비즈니스' 클럽의 전형을 만들어냈다.

그때까지 맨체스터 시티는 지역 라이벌 맨체스터 유나이티드 Manchester United FC의 그늘에 가려 국제적 주목을 받지 못했지만, 인수 이후 막강한 자금력이 칼둔 알 무바라크Khaldoon Al-Mubarak가 이끄는 팀에 대한 반감을 키웠다. 칼둔은 아부다비 그룹이 클럽 운영을 맡기기 위해 임명한 인물이다. 이미 여러 영국 클럽이 외국 억만장자에게 인수된 사례가 있었지만, 맨체스터 시티는 현대 축구를 비판하는 이들의 주요 표적이 됐다. 비판자들은 돈이 넘쳐나는 현대 축구가 클럽의 지역 정체성을 파괴하고 있다고 본다.

맨체스터 시티가 UAE의 지배 군주제와 연관돼 있다는 비판에 더해, '페트로달러 클럽petrodollar club[1]은 과거가 없다'는 일반적인 지적도 제기돼 왔다. 그러나 이는 사실과 거리가 멀다. 비록 지금은 과거를 알지 못하는 사람들의 손에 클럽이 운영되고 있을지라도, 맨체스터 시티는 유서 깊은 클럽이다. 공식 창단은 1894년이지만, 그 역사는 1880년으로 거슬러 올라간다. 당시 맨체스터 동부 고튼 지역의 성공회 세인트 마크 교회의 몇몇 교인이 팀을 만들기로 뜻을 모은 것이다.

당시 맨체스터에서 축구는 오늘날처럼 인기 있는 종목이 아니었다. 산업 수도였던 이 지역 사람들은 럭비와 크리켓을 더 선호했고, 조직된 축구 클럽은 단 하나뿐이었다. 이런 상황에서 1875년 크리켓팀 창단을 도왔던 교구 성직자들이 세인트 마크스St. Mark's(웨스트 고튼West Gorton) 축구팀을 창단해, 겨울철에도 스포츠를 즐길 수 있도록 했다.

---

1 주로 중동 산유국 자금을 기반으로 선수 영입과 시설 투자에 막대한 비용을 쓰는 축구 클럽을 일컫는다. 아랍에미리트 투자자가 소유한 맨체스터 시티 FC가 대표적이다.

이 클럽의 목표는 분명했다. 젊은이들이 교회에서 멀어지지 않도록 신체 활동의 기회를 제공함으로써, 알코올 중독과 갈수록 심각해지는 갱단 폭력에서 벗어나도록 돕는 것이었다. 이는 실업과 빈곤으로 심각한 타격을 입은 동부 맨체스터의 고질적인 문제였다. 목가적인 전원 지대였던 이곳은 불과 수십 년 만에 철강과 철도 제조업의 중심지로 급변했고, 이로 인해 사회 문제가 더욱 심화됐다. 세인트 마크스는 젊은이들과 교회 간의 갈등을 줄이기 위해 영국 성공회 소속으로 설립됐으나, 인도주의적 성격 덕분에 종교적 신념과 관계없이 누구에게나 열려 있었다. 이 팀의 첫 경기는 1880년 11월 13일 열렸으며, 오늘날 맨체스터 시티의 오랜 역사 중 하나로 기록돼 있다. 상대는 매클즈필드의 또 다른 종교 단체 팀이었으며, 이는 당시 많은 축구 클럽이 교회를 통한 신앙 전도의 수단으로 만들어졌음을 보여준다. 하지만 노동계층이 밀집한 맨체스터 동부 지역의 폭력을 근절하겠다는 웨스트 고튼 클럽의 숭고한 의도와는 달리 이 팀은 그 재앙을 막지 못했고, 오히려 경기장이 여러 폭력 사건의 무대가 되기도 했다.

세인트 마크스는 창단 직후 몇 차례 클럽 이름을 바꿨다. 당시 팀의 주장이 뛰었던 벨 뷰Belle Vue와 잠시 합병한 뒤, 클럽은 노동계급이 밀집한 고튼 지역에 뿌리를 두고 있음을 강조하기 위해 고튼 어소시에이션 FCGorton Association FC로 이름을 변경했다. 이후 1887년, 또 다른 맨체스터 공업지대인 아드윅 근교로 경기장을 옮기면서 클럽은 아드윅 어소시에이션 FCArdwick Association FC라는 새 이름을 택했다.

당시 축구 클럽들이 노동계급 공동체와 맺은 관계는 1889년 맨체스터 시티의 전신인 아드윅이 맨체스터 유나이티드의 전신인 뉴턴 히스Newton Heath와 벌인 경기에서 잘 드러난다. 이 경기는 아드윅 홈구장 인근 하이드 로드 탄광에서 발생한 폭발 사고로 숨진 23명의 노동자 유가족을 돕기 위한 기금 마련 경기였다.

클럽은 1891년 맨체스터컵에서 뉴턴 히스를 꺾고 우승을 차지했으며, 이듬해 창설된 풋볼 리그 2부에 참가하는 등 몇 가지 주목할 만한 성과를 거뒀다. 그러나 아드윅은 심각한 재정난에 직면했고, 1894년 조직을 재편하면서 오늘날 우리가 아는 맨체스터 시티로 새롭게 출범하게 된다.

이후 맨체스터 시티는 지역 내 가장 인기 있는 클럽으로 자리매김했으며, 웸블리 경기를 제외하면 지난 10년간 잉글랜드 리그 경기에서 최다 관중 기록을 보유하고 있다. 특히 1934년 3월 FA컵 경기에서는 메인 로드 경기장에 무려 8만 4,569명의 관중이 운집했다.

셰이크들sheikhs[2]이 클럽을 인수하기 전, 스카이블루스Sky

---

2   아랍권에서 '족장' 또는 '지도자'를 뜻하는 칭호로, 여기서는 맨체스터 시티를 인수한 UAE의 왕족 출신 구단주들(특히 셰이크 만수르 빈 자예드 알 나얀)을 지칭한다. '셰이크들'이라는 표현은 종종 석유 자본과 결합된 권력의 상징으로도 사용된다.

Blues[3]는 잉글랜드 프리미어리그 우승 2회, 내셔널컵 우승 4회, 유러피언컵 위너스 트로피 수상 경력을 보유하고 있었다. 이들의 인기는 맨체스터 유나이티드보다 지역 내에서 더 많은 팬층을 지니고 있다는 주장으로 이어졌고, 이는 영국 전역에 걸쳐 팬을 거느린 유나이티드와의 라이벌 구도를 더욱 격화시켰다. '시티즌Citizens'[4]은 '레드 데빌스Red Devils'[5]를 맨체스터와 무관한 팀으로 간주하곤 했으며, 맨체스터 시티가 아르헨티나 출신 공격수 카를로스 테베즈Carlos Tévez를 맨체스터 유나이티드에서 영입했을 때는 '맨체스터에 온 것을 환영한다'는 도발적인 포스터 캠페인을 벌이기도 했다.

클럽이 셰이크들에게 인수된 뒤 스카이블루스에 대한 반감이 커지고, 그들의 역사가 부정당하는 일도 잦아졌다. 그러나 오늘날 오일머니로 운영되는 맨체스터 시티 역시 연대와 자선의 정신에서 태동한 성공회 교구 축구팀의 후예다. 이는 현대 축구가 안고 있는 많은 모순 중 하나다. 사실상 돈으로 모든 것을 살 수 있는 시대이고 축구도 예외는 아니지만, 역사만큼은 그렇지 않다.

■

3   맨체스터 시티 FC의 별칭으로, 팀의 상징색인 하늘색sky blue에서 유래했다.
4   맨체스터 시티 FC의 팬을 지칭하는 공식 별칭. 클럽 이름인 '시티'에서 유래했다.
5   맨체스터 유나이티드의 별칭. 팀 유니폼의 색상과 역사적 상징에서 비롯됐다.

토트넘 홋스퍼 FC
스퍼스의 유대인 흔적

영국 축구계에서 토트넘 홋스퍼Tottenham Hotspur FC(일명 스퍼스Spurs)는 유대인 팀으로 인식돼 왔다. 실제로 유대교 신자인 팬은 많아야 5%에 불과했지만, 이는 별로 중요하지 않았다. 더 큰 이유는 2017년에 철거된 토트넘의 옛 홈구장 화이트 하트 레인의 관중석에 다윗의 별과 이스라엘 국기 등 유대인 상징이 자주 등장했고, 토트넘 팬들이 '이드 아미Yid Army'로 알려져 있었기 때문이다.

오늘날 토트넘의 유대인 팬층은 크게 줄었지만, 1982년 이후 구단을 이끈 세 명의 구단주 모두 유대계 출신이었다. 역사적으로도 20세기 초반에는 유대인 공동체가 클럽의 핵심 구성원 중 상당수를 차지했던 것이 사실이다.

19세기 말과 20세기 초, 러시아 등 동유럽에서 박해를 피해 런던으로 이주한 유대인이 급증하면서 런던 북부의 유대인 공동체가 빠르게 성장했다. 특히 산업이 활발히 확장되던 토트넘 지역에 많은 이가 정착해 노동력을 공급했다.

주로 노동자 계층이었던 유대인 이민자들이 지역 사회에 통합될 수 있었던 중요한 요소 중 하나는 지역 축구 클럽 토트넘 홋스퍼였다. 1882년에 창단된 이 클럽은 이미 지역 주민들 사이에서 큰 열정을 불러일으키고 있었다. 많은 동유럽 출신 유대인들이 화이트 하트 레인의 단골 관중이 됐고, 이는 인근에서 태어난 2세대 유대인 팬들에 의해 더욱 공고해졌다. 이들은 클럽과 완전한 동질감을 느꼈고, 이는 토트넘 홋스퍼의 정체성 형성에 중요한 역할을 했다.

이들 2세대 덕분에, 특히 제1차 세계대전 이후 클럽 관중석의 유대인 팬 수는 꾸준히 증가했고, 토트넘은 런던 유대인 공동체 사이에서 가장 인기 있는 팀이 됐다. 1935년까지 화이트 하트 레인에는 전체 수용 인원의 거의 3분의 1에 해당하는 1만 명가량의 유대인 관중이 들어섰다.

이러한 배경 덕분에 토트넘은 당시 영국 축구계에서 유대인 정체성을 드러내는 데 중요한 역할을 했고, 1935년 12월 잉글랜드 축구협회가 잉글랜드와 나치 독일 간의 친선 경기를 이곳에서 개최하기로 결정한 것도 이와 무관하지 않았을 것이다. 그러나 유대인 공동체는 히틀러가 공공연히 반유대주의를 내세우는 상황에서 이 경기를 모욕으로 여겼다.

토트넘의 유대인 팬들은 이 경기가 유대인뿐 아니라 '자유를 사랑하는 모든 영국인'을 모욕한다고 주장하며 개최를 막으려 했다. 많은 팬이 반대했지만, 결국 화이트 하트 레인에서 친선 경기가 열렸고 잉글랜드가 3-0으로 승리했다. 경기 도중 독일 대표팀이 나치식 경례를 했고, 경기장에는 나치 깃발까지 걸리는 등 부끄러운 장면이 연출됐다. 그러나 나치 깃발은 오래 나부끼지 못했다. 경기 시작 직후 한 토트넘 팬이 관중석 지붕에 올라가 깃발을 끌어내렸기 때문이다.

파시즘은 영국에서도 세력을 확장하고 있었고, 토트넘의 유대인 팬들은 오즈월드 모즐리Oswald Mosley가 이끈 영국 파시스트연합BUF 같은 조직의 표적이 됐다. 이 정당은 토트넘의 유대인 팬들이 "영국 스포츠맨십의 특징인 품위와 페어플레이를 이해하지 못한다"고 비난했다. 런던 거리에서 수많은 폭력 사건을 일으킨 이 세력의 냉소적인 발언은 1940년 파시스트 정당이 금지되는 계기가 됐다.

세월이 흐르면서 토트넘은 유대인 정체성을 더욱 공고히 했다. 이는 감독들이 의도적으로 강조하지 않았음에도 자연스럽게 형성된 결과였다. 유대인 팬들은 여전히 화이트 하트 레인을 찾았지만, 수십 년에 걸쳐 클럽의 중심에서 점차 멀어졌다.

1960년대에 들어서면서 유대인 공동체는 더 이상 1930년대처럼 스퍼스를 대표하지 않게 됐지만, 그 무렵부터 라이벌 팬들은 오히려 토트넘을 '완전한 유대인 클럽'이라며 조롱하고 공격하기 시작했다. 1970~80년대에는 영국 대부분의 경기장에서 폭력과 인종차별이 만연했고, 스퍼스는 원정 경기에서 노골적인 반유대주의에 직면했다. 나치식 경례나 가스실을 연상케 하는 '쉿' 소리는 물론, "너희 랍비는 네가 여기 있는 걸 알아?", "스퍼스는 아우슈비츠로 가고 있다, 히틀러가 다시 그들을 가스로 죽일 것이다"와 같은 구호가 터져 나왔다.

소수 유대인 팬뿐 아니라 모든 스퍼스 팬을 겨냥한 모욕에 대한 대응은, 팬들 스스로 클럽의 유대인 정체성을 재확인하는 것이었다. 관중석에서 다윗의 별 깃발이 흔하게 보이게 됐고, 팬들은 '이드Yid'라는 경멸적인 용어를 자랑스럽게 받아들였다. 이 과정에서 토트넘 팬들을 일컫는 '이드 아미'라는 명칭이 생겨났다.

하지만 '이드'라는 자기표현은 그 경멸적 기원 탓에 지속적으로 논란이 됐다. 2013년 9월, 축구협회와 경찰은 스퍼스 팬들 사이에서도 이 용어의 사용을 금지하기에 이르렀다. 논란이 다우닝가 10번지10 Downing Street[6]까지 번지자, 당시 총리였던 보수당 소속의 데이비드 캐머런David Cameron은 "스퍼스 팬들이 스스로를 '이드'라고 부르는 것과, 누군가를 모욕하려고 그 단어를 쓰는 것은 전혀 다르다"고 발언했다. 그럼에도 불구하고 일부 팬은 이 표현을 사용했다는 이유로 체포돼 기소됐다. 비록 나

---

6   영국 총리의 공식 관저이자 집무실로, 런던 웨스트민스터에 위치해 있다.

중에 기소는 취하됐지만, 스퍼스 팬들이 자주 겪는 반유대주의적 비방에는 별다른 처벌이 없었다는 점에서 이 사건은 큰 대조를 이뤘다.

아이러니하게도 '이드' 사용을 단속하려는 시도는 오히려 한동안 잊혔던 이 단어를 팬들이 다시 쓰게 되는 계기가 됐다. 이 일화는 토트넘이라는 런던 클럽의 정체성에 유대인의 영향이 얼마나 깊이 뿌리내려 있는지를 잘 보여준다.

리버풀 FC
철의 여인에게 맞선 팬들

마거릿 대처가 사망한 지 5일 후인 2013년 4월 13일, 리버풀 FCLiverpool FC는 레딩 FCReading FC와 첫 경기를 치렀다. 경기장을 찾은 '레즈Reds'[7] 팬들은 보수당 출신 전 총리의 죽음을 거리낌 없이 축하했다. '철의 여인'의 죽음은 리버풀 시, 특히 주요 팀 팬들이 대처 재임 중 겪은 격렬한 충돌을 기억하며 내건 수많은 구호와 현수막의 주제가 됐다.

그 시즌에 리버풀 팬들이 대처를 언급한 것은 처음이 아니었다. 2012년 9월 15일 클럽이 선덜랜드 원정 경기를 치르던 날, 머지사이드Merseyside[8] 팬들은 "매기 대처가 죽으면 우리 모두

---

7 리버풀 FC의 팀 컬러인 붉은색에서 유래한 별칭.
8 잉글랜드 북서부 머지 강 유역을 중심으로 형성된 지역으로, 리버풀 FC와 에버턴 FC의 연고지다.

파티를 열 거야"라는 노래를 불렀다. 이는 1989년 4월 힐즈버러 참사[9]에서 96명의 리버풀 팬이 사망한 비극을 다룬 힐즈버러 독립 패널 보고서가 며칠 전 발표된 것을 기념하는 방식이었다. 이 보고서는 경찰 당국의 무능이 참사를 초래했으며, 대처가 이를 은폐하고 리버풀 팬들에게 책임을 돌렸다고 지적했다.

힐즈버러 사건은 노동자 계급 축구팬들을 억압해온 '철의 여인'과 리버풀 팬들 사이의 긴장이 최고조에 달한 순간이었다. 대처는 특히 1985년 유러피언컵 결승전이 열린 브뤼셀 헤이젤 경기장 참사 당시 리버풀 팬들을 직접 겨냥했다. 이 사고로 39명이 숨졌고, 리버풀 훌리건들이 주범으로 지목됐다.

리버풀 팬들이 대처에게 적대심을 품은 이유는 축구 때문만은 아니었다. '철의 여인'이 추진한 긴축 정책으로 머지사이드 지역이 겪은 빈곤 등 정치적 요인도 컸다. 1979년부터 시행된 대처의 신자유주의 정책으로, 한때 '유럽의 뉴욕'이라 불리던 리버풀은 급속히 쇠퇴했고, 실업과 빈곤이 심화됐다. 헤로인이 유행했고, 지역 파업과 대규모 폭동이 이어졌다. 많은 영국인은 리버풀을 '국가의 하수구'로 여기며 희망 없는 도시로 취급했다.

대처 집권기 첫 대규모 폭동은 1981년 리버풀의 빈곤 지역 톡스테스에서 일어났다. 이 폭동에서 지역 흑인 주민과 경찰이

---

9   1989년 4월 셰필드의 힐즈버러 스타디움에서 열린 FA컵 준결승전에서 발생한 압사 사고로, 97명의 리버풀 팬이 사망한 영국 축구 역사상 최악의 비극이다.

충돌했고, 1명이 경찰차에 치여 숨졌으며 500명이 체포됐다. 대처는 경찰의 대응을 강력히 지지했고, 무리한 진압을 묵인함으로써 노동자 계급 도시에서의 반감을 더욱 키웠다.

리버풀의 축구 성지 안필드에서는 대처를 반대하는 구호가 일상적이었다. 특히 전설적인 안필드 콥 스탠드Anfield Kop Stand[10]에서는 팬들이 "매기, 매기, 매기, 죽어, 죽어, 죽어!"라고 외치곤 했다.

리버풀의 풀뿌리 계층은 대처 정책으로 큰 타격을 입은 노동자 계급으로 구성돼 있었고, 이는 보수당 정부에 대한 반대가 레즈 팬 정체성의 핵심으로 자리 잡게 만든 배경이 됐다. 팬들은 리버풀의 다양한 사회운동과 연대하는 의미로 대처 반대 구호를 외쳤고, 힐즈버러 이후 팬과 정부 사이의 갈등은 더욱 깊어졌다.

사실 힐즈버러 이전에도 리버풀은 대처에 대한 반감을 강하게 표출해 왔다. 1983년 리버풀은 노동당 내 트로츠키주의 성향의 밀리턴트Militant 그룹에 시정 운영을 맡겼다. 이들은 정부의 예산 삭감을 거부하면서 총리에게 정치적 골칫거리가 됐다.

1984년 아일랜드 공화국군IRA은 브라이턴 보수당 전당대회에서 대처 암살을 시도했다. 당시 노동자 계급의 절망과 분노는

■

10   리버풀 FC의 홈구장 안필드에 있는 열성 팬 전용 응원석으로, 클럽의 상징적 공간이다. '콥Kop'이라는 이름은 1900년 남아프리카 전쟁의 스피온 콥 전투에서 유래했다.

극에 달해 있었고, 많은 리버풀 팬은 대처가 그 자리에서 사망한 5명의 의원(웨스트민스터 의원 1명 포함)과 함께 죽지 않은 것을 안타까워했다.

역설적으로, 리버풀이 가장 가난했던 이 10년 동안 리버풀은 영국 축구의 진정한 수도가 됐다. 대처 집권기인 1979년부터 1990년까지 리버풀 FC는 리그 우승 8회를 차지했고, 지역 라이벌 에버턴 FCEverton FC는 2회 우승하며, 12년 동안 10회의 리그 우승이 머지사이드에 돌아갔다. 이는 축구라는 공동체 활동이 대처에 맞서는 하나의 무대가 될 수 있음을 보여준 상징적 장면이었다.

여기에 더해, 리버풀은 1981년과 1984년에 유러피언컵 트로피를 추가했다. 그러나 1985년 헤이젤 참사 이후 UEFA는 잉글랜드 클럽 전체에 10년간 유럽대항전 출전 금지 조치를 내렸고(이후 6년으로 단축), 리버풀은 더 이상의 성과를 내지 못했다. 마거릿 대처는 이 조치를 환영했으며, 이는 '철의 여인'에 맞섰던 리버풀 팬들을 징벌하는 것이기도 했다.

포레스트 그린 로버스 FC
지구를 구하려는 축구

1889년 어느 화창한 날, 영국 성공회 피치Peach 목사는 잉글랜드 글로스터셔주 네일스워스 인근의 작은 마을 포레스트 그린을 대표하는 축구팀을 창단했다. 자신이 만든 이 팀이 한 세기 뒤 환경 보호의 상징이 될 것이라고는 상상하지 못했을 것이다.

포레스트 그린 로버스Forest Green Rovers라는 이름은 생태적 이미지를 떠올리게 하지만, 실제로 환경 보호가 클럽의 핵심 가치가 된 것은 2010년에 들어서였다. 이날 녹색 에너지 기업가 데일 빈스Dale Vince가 클럽을 인수하면서 팀의 정체성은 전환점을 맞았다. 애초에 이 팀의 이름은 숲이 우거진 마을 포레스트 그린을 대표하려는 의도였을 뿐, 처음 120년 동안 클럽은 환경과 직접적인 관련이 없었다.

과거 포레스트 그린 로버스 선수들은 검은색과 흰색 줄무늬 유니폼에 FC 바르셀로나와 거의 흡사한 엠블럼을 달고 지역 리그에서 활약했다. 1982년에는 헬레닉 리그Hellenic League[11]와 웸블리 스타디움에서 열린 FA 베이스FA Vase[12]에서 우승하며 주목할 만한 성과를 거뒀다. 그러나 2010년 클럽이 심각한 재정 위기에 빠지자 데일 빈스가 주요 주주로 참여했고, 이후 구단주로 취임했다. 그때부터 선수들의 삶은 급격히 바뀌었고, 클럽의 모든 것이 예전과는 달라졌다.

데일 빈스는 10대 시절 학교를 자퇴하고 배낭여행을 하던 히피였지만, 이후 성공한 녹색 에너지 기업가로 변신했다. 풍력 터빈을 활용해 전기를 생산하는 에코트리시티Ecotricity를 창립해 연간 수천억 원대의 수익을 올렸고, 축구에도 관심을 돌리며 첫 투자 대상으로 평범한 지역 클럽 포레스트 그린 로버스를 선택했다.

그의 지도 아래 클럽은 빠르게 변하기 시작했다. 빈스는 이 팀을 헌신적인 환경주의 구단이자 세계적 모범으로 만들겠다는 분명한 목표를 갖고 있었다. 그가 가장 먼저 바꾼 것은 식단이었다. 붉은 고기를 전면 금지하고, 클럽 구성원 전원에게 자신

---

11 잉글랜드 축구 9–10부 수준에 해당하는 지역 아마추어 리그로, 글로스터셔, 버크셔, 옥스퍼드셔 등의 클럽들이 참가한다.
12 잉글랜드 축구협회FA가 주관하는 컵대회로, 9–11부 리그에 속한 하위 팀들이 참가한다. 아마추어 클럽의 'FA컵'이라 불리며, 결승은 웸블리 스타디움에서 열린다.

이 따르던 완전 비건 식단을 도입한 것이다.

가장 흥미로운 점은 빈스가 비건 식단을 선수들에게만 적용한 것이 아니라, 경기장 내 모든 매점에도 의무화했다는 것이다. 그 결과 팬들이 즐기던 햄버거, 소시지, 탄산음료 등 빈스가 "끔찍한 음식"이라 부른 것들은 후무스, 퀴노아, 채소, 콩이나 귀리 음료로 대체됐다. 포레스트 그린 로버스는 이로써 세계 최초의 완전 비건 축구 클럽이 됐다.

식단 변경은 클럽을 친환경 기준에 맞게 전환하기 위한 여러 조치 중 하나였다. 경기장 잔디는 유기농으로 교체됐고, 기존의 화학 비료 대신 소 배설물이 사용됐다. 잔디는 태양열로 작동하는 로봇이 깎고, 잘린 잔디는 지역 농부들에게 제공됐다. 이 외에도 태양광 패널 설치, 빗물 재활용, 전기차 사용 장려, 재활용 확대, 친환경 종이로 경기 일정표 제작, 화학물질 없는 페인트 사용 등 다양한 지속가능성 조치가 시행됐다.

이러한 노력 덕분에 클럽은 탄소 배출을 크게 줄일 수 있었고, 기후 변화 대응 성과를 인정받아 유엔으로부터 상을 받았다. 앞서 경기장의 환경 지속 가능성을 인정받아 그라운즈맨십 연구소Institute of Groundsmanship, IOG[13]로부터도 상을 받은 바 있다.

13　축구 경기장을 비롯한 다양한 스포츠 시설의 관리와 유지보수를 전문으로 하는 기관으로, 경기장의 환경 지속 가능성을 높이기 위한 노력을 평가하고 지원한다.

이러한 조치들은 클럽의 생태적 이미지를 구축하는 데 기여했고, 새 엠블럼과 유니폼 색상 도입으로 그 정체성이 완성됐다. 유니폼은 전형적인 환경주의 색인 녹색으로 바뀌었고, FC 바르셀로나를 모방하던 기존 로고도 교체됐다. 일부 팬은 이러한 변화에 반감을 드러냈지만, 빈스는 포레스트 그린 로버스가 더 이상 다른 팀을 흉내 낼 것이 아니라 고유의 정체성을 가져야 한다며 이를 정당화했다.

클럽의 변화는 환경주의 분야에서 찬사를 받았을 뿐 아니라, 사회와 스포츠 영역에서도 긍정적인 영향을 미쳤다. 비건이자 친환경 구단으로 자리매김한 포레스트 그린 로버스는 전 세계에 팬층을 확보했고, 2010년 이후 경기장 관중 수는 4배 이상 증가했다. 이러한 성장에는 2017년 클럽의 EFL 리그 투EFL League Two[14] 승격도 큰 몫을 했다. 이후 리그 투에서 5시즌을 보낸 후 2022-2023시즌부터 리그 원으로 올라서며, 볼턴 원더러스Bolton Wanderers FC, 셰필드 웬즈데이Sheffield Wednesday FC, 더비 카운티Derby County FC 같은 전통 강호들과 경쟁하게 됐다.

두 차례 승격으로 인해 인구 6,000명에 불과한 네일스워스는 잉글랜드와 웨일스에서 프로 축구 리그에 진출한 가장 작은 도시가 됐다. 그러나 빈스의 목표는 거기서 끝나지 않는다. 그는

---

14 잉글랜드 축구 리그 시스템에서 4부 리그에 해당하며, EFL(잉글랜드 풋볼 리그)이 운영하는 프로 리그 중 가장 하위 단계다. 이보다 상위에는 리그 원(3부), 챔피언십(2부), 그리고 최상위 리그인 프리미어 리그(1부)가 있다.

클럽을 EFL 챔피언십[15]으로 올리고, 궁극적으로 프리미어 리그까지 진출시키겠다는 포부를 갖고 있다.

젊은 시절 마거릿 대처의 정책에 반대하던 활동가였으며, 현재는 녹색당과 유사한 입장을 가진 빈스는 포레스트 그린을 위한 새로운 경기장도 설계 중이다. 이 경기장은 전면 목재로 지어질 예정이며, 초기에 5,000석 규모로 건설되지만 프리미어 리그 진출 시 1만 석까지 확장 가능하다. 경기장 주변에는 '에코파크'라는 친환경 기업 복합단지가 조성될 예정이며, 세계 최초의 모델이 될 것으로 기대된다. 포레스트 그린 로버스는 축구가 기후위기 대응이라는 전 지구적 투쟁에 어떻게 기여할 수 있는지를 보여주는 상징적 사례다. 이는 단지 한 구단의 성공을 넘어 미래를 위한 싸움이다.

---

15 EFL이 운영하는 2부 리그로, 프리미어 리그 바로 아래 단계에 있다. 2004년 디비전 1에서 명칭을 변경했으며, 세계에서 가장 수익 규모가 큰 2부 리그로 평가받는다.

브리티시 레이디스 FC
여자 축구의 페미니즘적 뿌리

여자 축구 역시 남자 축구와 마찬가지로 19세기 후반 산업혁명기 영국에서 시작됐다. 남자 축구의 인기가 높아지면서 많은 젊은 여성도 경기에 참여하고자 했지만, 초기 여자 축구는 결혼과 관련된 민속 행사로 여겨졌다. 당시 열렸던 경기는 기혼 여성과 미혼 여성 간의 대결 형식을 띠었고, 여성의 경쟁 스포츠라기보다는 젊은 남성들이 아내감을 찾기 위한 일종의 쇼케이스에 가까웠다.

최초의 본격적인 여자 축구 경기는 1881년, 스코틀랜드 팀이 에든버러, 글래스고, 잉글랜드 북부 등지에서 잉글랜드 팀과 벌인 일련의 경기였다. 그러나 이 시기 여자 축구는 여전히 사회적으로 받아들여지지 않았고, 선수들은 가명을 써야 했다. 성차별적 분위기 속에서 많은 경기가 혼란에 휩싸였으며, 때로는 경기장에 난입한 관중들로 인해 폭력 사태가 벌어지기도 했다. 젊은 여성 선수들은 경기장을 급히 빠져나가야 할 정도였다.

보수적인 빅토리아 시대의 영국은 여성이 축구를 하는 것을 받아들이지 않았다. 언론은 여성 선수의 외모, 복장, 경기력을 비난하며 성차별적인 보도를 이어갔고, 축구는 남성만의 스포츠이며 여성에게는 부적절하다는 주장이 뒤따랐다. 일부 의사도 이에 동조해, 여성이 축구를 하면 불임이 되어 사회가 부여한 역할을 수행할 수 없다는 '의학적' 경고를 내놓았다. 이들은 젊은 여성들의 축구 참여를 막기 위한 캠페인에도 앞장섰다.

그러나 이러한 성차별적 시도는 1894년, 역사상 최초의 여성 축구 클럽 창단을 목표로 〈데일리 그래픽Daily Graphic〉에 선수 모집 광고를 낸 젊은 여성들의 의지를 꺾지 못했다. 온갖 사회적 압력에도 불구하고 30명의 여성이 이에 응답했고, 이듬해인 1895년 1월 1일 선구적인 브리티시 레이디스 FCBritish Ladies FC가 창단됐다. 토트넘 홋스퍼 출신의 빌 줄리언Bill Julian이 감독을 맡았으며, 그는 여자 축구를 공개적으로 지지한 몇 안 되는 남성 선수 중 한 명이었다.

이 클럽의 창립을 이끈 인물 가운데 여성의 축구 참여와 자기 해방의 역사를 논할 때 빼놓을 수 없는 두 사람이 있다. 첫 번째는 퀸즈베리 후작의 가족으로 태어난 귀족 출신이자 운동선수, 여행가, 작가, 전쟁 특파원, 초기 페미니스트였던 플로렌스 딕시Florence Dixie다. 두 번째는 딕시와 함께 〈데일리 그래픽〉에 선수 모집 광고를 작성한 젊은 중산층 여성으로, 네티 허니볼Nettie Honeyball(가명)이다. 이들은 단지 여성의 축구 참여권만이 아니라, 참정권, 남녀공학 진학, 직업 기회의 평등, 심지어 군주의 맏딸이 왕위를 계승할 권리까지 주장한 헌신적인 페미니스트들이었다.

허니볼은 클럽의 총무를 맡았고, 딕시는 클럽 회장을 맡았다. 최고 직책은 귀족에게 돌아갔지만, 팀을 구성한 대부분의 선수는 평범한 사회적 배경을 지닌 여성들이었다. 계급적 차이가 있었음에도 딕시는 팀원들과 페미니스트적 신념을 공유했다. 그중 한 명은 1881년 여자 축구 경기에 스코틀랜드 유니폼을 입고 참가했던 여성 참정권 운동가 헬렌 매튜스Helen Matthews였다.

브리티시 레이디스 클럽은 1895년 3월 23일, 런던에서 공식 데뷔전을 치렀다. 경기는 클럽 소속 선수들이 잉글랜드 북부와 남부 출신으로 나뉘어 맞붙는 방식으로 진행됐으며, 1만 명의 관중이 몰려 큰 주목을 받았다.

이 경기는 여자 축구가 사회적 인정을 향해 나아간 중요한 이정표였다. 여성 선수들은 처음으로 코르셋이나 하이힐 없이 경기에 나설 수 있었고, 이는 단순한 유니폼의 변화가 아니라 억압적 복장 규범에 대한 저항이었다. 언론 반응은 검열과 조롱이 뒤섞여 있었지만, 선수들은 이에 굴하지 않고 불과 1년 만에 영국 전역에서 100회 이상의 시범 경기를 소화했다. 이 경기들은 여성 스포츠의 실험을 넘어 여성 권리를 위한 실천의 장이었다.

브리티시 레이디스 클럽의 활동은 당시 페미니즘 운동이 제기하던 다양한 이슈—여성 복장, 여성성의 '이상형', 여성의 사회적 정체성—에 대한 대중적 관심을 불러일으켰다. 이들은 빅토리아 시대가 강요한 여성상에 공개적으로 이의를 제기했다.

네티 허니볼은 "여성은 남성이 그려온 장식적이고 쓸모없는 존재가 아니라는 것을 세상에 증명하기 위해" 클럽 창설에 참여했다고 밝혔다. 또 축구를 하는 것은 "해방의 행위"이며, 언젠가는 "여성도 의회에 앉아 자신들과 관련된 문제에 목소리를 낼 수 있을 것"이라고 강조했다.

클럽 총무였던 그의 페미니즘적 신념은 회장 플로렌스 딕시의 사상과도 깊이 맞닿아 있었다. 여성 참정권 운동가였던 딕시는 단지 투표권뿐 아니라 완전한 성평등을 옹호했으며, 여성도 남성과 같은 옷을 입을 권리가 있다고 주장했다. 이는 브리티시 레이디스 선수들이 경기장에서 보여준 저항과도 일치했다. 딕시는 또한 페미니즘 SF 소설 『글로리아나, 또는 1900년의 혁명 *Gloriana, or, The Revolution of 1900*』의 저자로, 이 작품은 여성 참정권이 실현된 영국과 여성 정부가 평화와 번영을 이끄는 미래를 그렸다. 당시로서는 매우 선구적인 상상이었다.

그러나 이 같은 열정에도 불구하고 브리티시 레이디스 클럽의 활동은 오래 지속되지 못했다. 첫 경기를 치른 지 1년여 만인

1896년 9월, 자금 부족으로 클럽은 해체됐다.

 이후 여자 축구는 다시 사회의 그림자 속으로 밀려났고, 잉글랜드 축구협회는 심지어 자선 경기를 포함해 여자팀이 남자팀과 맞붙는 것조차 금지했다. 축구를 여성 해방의 도구로 삼고자 했던 선구자들의 꿈은 그렇게 좌절되고 말았다.

셀틱 FC
스코틀랜드의 아일랜드 공화주의 상징

글래스고 셀틱Glasgow Celtic만큼 강한 정치적 상징성을 지닌 축구 클럽은 세계적으로 드물다. 벨파스트 거리에서 셀틱 유니폼을 입는다는 것은 곧 아일랜드 공화주의 민족주의를 지지한다는 정치적 입장을 드러내는 행위다. 뉴욕 거리에서 이 유니폼을 입고 있는 사람이라면, 그는 미국 내 거대한 아일랜드 디아스포라의 일원일 가능성이 크다.[16]

클럽의 연고지는 글래스고이지만, 셀틱을 이해하는 핵심 열쇠는 아일랜드 정체성에 있다. 이 독특한 축구단은 1888년 마리스트 수도회 소속 월프리드 수사(본명 앤드루 커린스Andrew

---

16 19세기 대기근(감자 기근) 등으로 인해 수많은 아일랜드인이 미국, 캐나다, 호주 등지로 이주했고, 이들은 이주지에서 아일랜드 고유 문화를 유지하며 정치·사회적으로 중요한 역할을 해왔다.

Kerins)의 요청에 따라 공식 창단됐다. 당시 클럽의 주된 목적은 대부분 아일랜드계 이민자로 구성된 글래스고 동부 빈민들을 위한 기금을 마련하는 것이었으며, 두 번째 목표는 아일랜드계 가톨릭 공동체와 전통적으로 개신교 중심이었던 글래스고 원주민 사이의 유대감을 형성하는 것이었다.

셀틱은 공동체 간의 다리를 놓겠다는 의지를 분명히 하면서도, 아일랜드적 뿌리를 자랑스럽게 드러냈다. 클럽 이름, 엠블럼에 새겨진 세잎클로버, 녹색과 흰색 줄무늬 유니폼 등 셀틱을 구성하는 모든 상징은 아일랜드 이민자들의 정체성과 깊이 연결돼 있었으며, 클럽 외부에서도 그러한 인식이 공유됐다.

1895년 클럽 이사진은 선수단 내 개신교 신자의 수를 제한하자고 제안했으나 이는 거부됐고, 셀틱은 모든 종교에 열려 있는 포용적 자세를 유지했다. 그럼에도 불구하고 선수와 팬 대부분은 가톨릭 신자였다.

글래스고 셀틱은 강한 상징적 기반을 지닌 클럽이었다. 아일랜드 이민자들의 팀이자 소박한 노동자들의 클럽으로 출발했지만, 글래스고 이스트 엔드 전체를 대표하는 팀이기도 했다. 가톨릭과 개신교 모두를 환영하는 비종파적 클럽이라는 점도 셀틱만의 특징이었으며, 이는 숙적 레인저스Rangers FC와의 뚜렷한 차이점이었다.

셀틱의 독특함은 초기 아일랜드 민족주의와 맞닿은 정치적 정체성 형성에도 기여했다. 이는 19세기 후반부터 20세기 초반까지 전개된 자치법 운동과 밀접한 관련이 있다. 이 운동은 오랫동안 영국의 식민 지배를 받아온 아일랜드에 자치를 부여하려는 헌정 개혁 시도였다. 클럽 초창기 시절, 다수의 선수와 구단 직원은 아일랜드 민족주의 정치범 석방을 지지하거나, 영국의 남아프리카 보어 전쟁에 반대했다.

셀틱이 상징한 아일랜드 민족주의는 노동자 계급이 밀집한 빈곤 지역 팬층의 영향으로 자연스럽게 좌파 정치 성향과 결합됐다. 20세기 초반 30여 년간 노동운동이 활발했던 글래스고는 영국에서 가장 산업화가 진행된 도시 중 하나였다. 이러한 환경 속에서 셀틱 팬들은 단지 아일랜드 민족주의(구 IRA가 주도한 전쟁을 통해 1921년 아일랜드 자유국 수립에 성공한 운동)뿐 아니라, 영국 보수주의에 대한 대안으로서의 노동운동에도 깊이 공감했다. 노동운동은 영국 국가와 그 상징에 덜 얽매인 태도를 지닌 채 성장하고 있었다.

셀틱은 점점 더 사회적·스포츠적으로 중요한 존재가 됐고, 아일랜드 가톨릭 공동체의 정체성 형성에 핵심적인 역할을 하게 됐다. 더는 단순히 종교적 동일성만으로 설명할 수 없는, 복합적이고 정치적인 정체성을 지닌 집단의 상징으로 자리매김한 것이다.

여전히 영국의 지배하에 있던 아일랜드 6개 주에서 갈등이 심화되면서 셀틱 클럽과 지역 사회의 결속은 더욱 강화됐다. 팬들 사이에서는 아일랜드 공화주의 정서가 뚜렷해졌고, '파라다이스Paradise'라는 애칭으로 불리는 홈구장 셀틱 파크가 있는 파크헤드 지역은 매 경기마다 친아일랜드 정서를 표출하는 무대가 됐다.

1960년대 후반 '북아일랜드 분쟁'이 발발한 이후, 셀틱 팬들은 통일 아일랜드에 대한 정치적 입장을 더욱 분명히 했다. 셀틱은 원치 않게 분쟁의 정치적 상징으로 떠올랐으며, 클럽에 대한 지지가 곧 아일랜드 공화주의 지지로 간주되기에 이르렀다. 이 영향으로 더리와 벨파스트 거리 곳곳에는 셀틱의 녹색과 흰색 유니폼과 엠블럼을 담은 벽화가 등장했고, 수천 명의 팬이 파크헤드 원정을 다녀가며 경기를 응원했다.

경기장 입구에서는 수십 종의 친공화주의 신문이 판매됐고, 내부는 수천 개의 아일랜드 삼색기로 물들었다. 셀틱 파크는 20세기 초 독립 전쟁과, 여전히 영국 지배에 맞서 싸우는 북아일랜드 내 신 IRA의 저항에서 영감을 받은 반란의 노래가 울려 퍼지는 공간이 됐다.

특히 파라다이스에 걸린 아일랜드 국기 중 하나는 특별한 상징성을 지녔다. 이 깃발은 항상 경기장 한쪽 스탠드 위에서 펄럭이며, 클럽의 아일랜드적 뿌리를 상기시키는 존재였다. 셀틱은 아일랜드 전역이 여전히 영국의 지배를 받던 시절부터 아일랜드 깃발을 경기장에 게양해 왔다. 이 깃발은 우연히도 1892년 아일랜드 도니골 카운티에서 가져온 잔디 위에 처음 걸렸으며, 이는 아일랜드 국토연맹 창립자이자 민족주의 운동가인 마이클 대빗

Michael Davitt의 후원 덕분이었다. 그는 "사랑하는 옛 도니골에서 가져온 초록 잔디는 그 위를 달리는 어떤 색슨족 경쟁자도 넘어지게 할 만큼 미끄러울 것이다!"라고 말했다.

당시 셀틱 파크에 처음 걸린 국기는 오늘날 아일랜드 공화국의 삼색기가 아니라, 18~19세기 아일랜드 민족주의자들이 사용한 하프 문양의 초록색 깃발이었다. 현재 널리 알려진 아일랜드 삼색기(초록은 가톨릭, 주황은 개신교, 흰색은 양자의 평화를 의미)는 1922년, 아일랜드 자유국이 승인되고 섬이 분할된 이듬해 처음으로 셀틱 파크에 게양됐다.

이 깃발은 아일랜드 국민을 대표해 신생 자유국 정부가 셀틱에 공식적으로 선물한 것으로, 클럽의 정체성과 아일랜드와의 연대를 상징하는 의미가 컸다. 이후 30년 동안 이 깃발은 글래스고의 거센 날씨 속에서도 '파라다이스' 위에서 휘날렸다.

1951년 셀틱의 감독 지미 맥그로리Jimmy McGrory는 팀이 아일랜드 원정 중일 때 낡은 깃발을 교체하려 했으나, 글래스고의 어떤 제작업체도 아일랜드 국기 제작을 거부했다. 이는 1950년대 글래스고 사회에 만연한 종파주의를 드러낸 사건이었다. 이에 맥그로리는 당시 아일랜드 공화국의 총리이자 독립운동의 상징적 인물이었던 에이먼 데 벌레라Éamon de Valera에게 직접 편지를 보냈고, 그는 곧 아일랜드 국민을 대표해 새로운 삼색기를 보내왔다. 이 깃발은 다시 셀틱 파크에 게양됐다.

평화를 상징하는 삼색기였음에도, 아일랜드 국기는 특히 프로테스탄트 공동체 내에서 거센 반발을 불러왔다. 이들은 글래스고에서 이 깃발이 상시 게양되는 것을 정치적 도발로 받아들였다. 친영국 성향의 프로테스탄트들 사이에서 아일랜드 가톨릭 공동체에 대한 종파주의는 흔한 일이었고, 그 편견은 사회 전반과 제도 속으로도 확산됐다.

1952년 레인저스와의 경기 중 심각한 충돌이 벌어지자 법원은 스코틀랜드 축구협회에 다른 클럽 팬들에게 불쾌감을 줄 수 있는 깃발의 게양을 금지하라고 명령했다. 이는 명백히 셀틱의 아일랜드 삼색기를 겨냥한 조치였지만, 셀틱은 클럽의 뿌리와 정체성을 이유로 이를 거부했다. 결국 협회는 셀틱이 대회에서 빠지면 리그 수익이 급감할 것을 우려한 다른 구단들의 압력에 밀려 이 명령을 철회했다.

그러나 삼색기를 둘러싼 논란은 그치지 않았다. 1972년 스코틀랜드 치안 판사는 다시 한 번 셀틱 파크의 삼색기 철거를 요구했다. 그는 북아일랜드에서 IRA 활동이 재개되고, 스코틀랜드 축구계에서 종파 간 폭력이 확산되는 시점에 "일부 관중이 이 깃발을 불쾌하게 느낄 수 있다"고 주장했다. 셀틱은 이번에도 단호히 거부하며, 아일랜드적 뿌리를 자랑스럽게 고수했다.

삼색기와 더불어 공화주의 노래들도 셀틱의 친아일랜드 정체성을 형성하는 중요한 요소가 됐다. 글래스고든 원정 경기장이든, 셀틱 팬들은 자주 이들 노래를 불렀다. 대표적인 곡으로는 아일랜드 독립전쟁과 초대 IRA를 다룬 '옛 여단의 소년들The

Boys of the Old Brigade', 식민지 시절 대기근을 배경으로 영국 왕실에 대한 저항을 노래한 '애선라이의 들판The Fields of Athenry'(이 노래는 매 경기 전 파라다이스에서 울려 퍼진다), 셀틱 창단 100주년을 기념해 울프 톤즈Wolfe Tones가 만든 '셀틱 심포니Celtic Symphony'가 있다. '셀틱 심포니'는 IRA와 영국군의 아일랜드 철수를 명시적으로 지지하는 내용을 담고 있다.

셀틱의 가톨릭, 민족주의, 공화주의 정체성은 팬들뿐 아니라 외부의 시선에도 영향을 미쳤다. 주로 개신교 팬이 많은 스코틀랜드 경기장에서 셀틱 팬들은 종교적 비난의 대상이 되곤 했고, 이는 오히려 그들이 가톨릭과 공화주의 정체성을 더욱 공고히 하는 계기가 됐다. 다만 클럽 경영진은 아일랜드 공화주의와의 직접적인 연관성을 공식적으로 승인하지 않았으며, 팬들의 정치적 표현이 지나치게 노골화되는 것을 억제해 왔다.

예를 들어, 1967년 글래스고 셀틱을 유러피언컵 우승으로 이끈 전설적인 개신교 감독 조크 스타인Jock Stein은 공화주의 구호 문제를 직접 해결하려 했다. 그는 1972년 스털링 앨비언Stirling Albion FC과의 경기 하프타임에 팬들에게 IRA를 지지하는 구호는 술집이나 거리에서 외치고, 경기장에서는 선수 응원에 집중해 달라고 요청했다. 팬들은 후반전 동안 그의 요청을 따랐지만, 곧 다시 공화주의 구호가 셀틱 파크에 울려 퍼졌고, 그 함성은 지금도 이어지고 있다.

1996년 클럽 이사진은 이러한 정치적 표현을 자제시키기 위해 '편견에 맞서는 소년들Boys Against Bigotry' 캠페인을 시작했다. 하지만 많은 팬은 이 캠페인을 클럽 역사에서 공화주의 정체성을 지우려는 시도로 받아들이며 거부했다.

2021년 11월 UEFA는 유로파 리그 경기 중 일부 팬이 친IRA 구호를 외친 사실을 이유로 셀틱에 벌금을 부과했다. 이에 가장 젊고 과격한 친아일랜드 팬 그룹인 그린 브리게이드Green Brigade는 'Fuck UEFA' 문구가 적힌 현수막을 내걸었고, 클럽은 추가 벌금을 부과받았다.

팀의 정체성을 바꾸려는 시도에도 불구하고, 셀틱은 여전히 자유와 정의를 추구하는 아일랜드 공화주의 운동과 연결된 클럽으로 남아 있다. 이는 자유와 정의를 위한 투쟁의 연장선상에 있으며, 1888년 월프리드 수사가 '다른 어떤 클럽과도 다른 클럽'을 만들겠다고 결심한 순간부터 오늘까지 이어져 왔다. 셀틱은 스코틀랜드의 중심에 위치해 있지만, 여전히 아일랜드와 공화주의 운동의 상징이다.

★★★
스타 오브 더 씨 유소년 클럽
북아일랜드 비극을 품은 클럽

1981년 5월 5일, 바비 샌즈Bobby Sands는 공화주의 수감자들의 정치적 지위를 요구하며 66일간 단식 투쟁을 벌인 끝에 생을 마감했다. 이 IRA 지도자의 비극적인 죽음은 H-블록 H-Block[17] 단식 투쟁자 가운데 첫 번째 사망 사례로, 그를 아일랜드 자유의 보편적 상징으로 만들었다. 이는 그가 영국 총리 마거릿 대처가 도입한 감옥 체제에 항의하는 동안 국회의원으로 선출됐기 때문이었다.

짧지만 강렬했던 27년 동안 바비 샌즈는 다양한 면모를 보여줬다. 그는 지하 아일랜드 공화주의 전사였고, 롱 케시 감옥의

---

17 북아일랜드 메이즈 감옥의 고보안 구역으로, 알파벳 H자 형태의 건물에서 유래한 명칭이다. 이곳에서 바비 샌즈를 포함한 IRA 수감자들이 1981년 정치범 지위를 요구하며 단식 투쟁을 벌였다.

IRA 수감자들을 이끌었다. 또 아버지이자 시인이며, 기자이자 이야기꾼으로서의 재능도 감옥에서 갈고닦았다. 여기에 더해, 잘 알려지지 않은 또 다른 면모는 축구 선수로서의 이력이었다. H-블록의 순교자였던 샌즈는 축구에서도 두각을 나타냈다.

1960년대 후반 10대 시절, 그는 북아일랜드에서 가장 유망한 팀 중 하나였던 벨파스트 북부 래스쿨 지역의 '스타 오브 더 씨 유소년 클럽Star of the Sea Youth Club'에서 왼쪽 수비수로 활약했다. '바다의 별Star of the Sea'은 성모 마리아의 전통적 칭호로, 이 클럽은 가톨릭 색채가 뚜렷했다. 샌즈가 다녔던 학교도 같은 의미를 지닌 종교학교 스텔라 마리스Stella Maris였다.

스타 오브 더 씨는 가톨릭과의 연관성에도 불구하고 모든 신념의 젊은 선수를 받아들이는 열린 태도로 유명했다. 이는 북아일랜드 지역 사회와 스포츠 조직에 만연한 종파주의와 거리를 둔 것이었고, 클럽은 어떤 의미에서 래스쿨 지역의 축소판이기도 했다. 1950년대에 조성된 이 주택 단지에는 주로 개신교 가정이 거주했지만, 가톨릭 공동체도 전체 주민의 약 3분의 1을 차지했다. 샌즈 가족은 개신교 빈민가 애벗 크로스에서 종파적 공격을 겪은 뒤 이를 피해 1960년대 초 래스쿨로 이주했다.

이 지역은 비교적 평화롭게 공존하던 가톨릭과 개신교 주민 덕분에 종교를 불문하고 누구나 스포츠에 참여할 수 있는 클럽이 탄생할 수 있었다. 클럽 설립자이자 지도자였던 리암 콘론

Liam Conlon은 공공장소에서 종교적 토론과 상징을 금지하는 규칙을 세우고, 오직 축구에만 집중해 아일랜드 최고의 유소년 팀을 만들고자 했다. 이 목표는 1969년에 실현됐고, 스타 오브 더 씨는 아일랜드 유소년 축구 챔피언에 올랐다. 왼쪽 수비수로 활약한 바비 샌즈가 포함된 이 팀은 2년 동안 거의 모든 대회를 휩쓸었다.

가톨릭 공동체가 평등권을 요구하며 북아일랜드 사회가 분열되기 시작한 가운데, 스타 오브 더 씨는 처음에는 다양한 종교가 공존하는 몇 안 되는 공간 중 하나로 저항하며 남아 있었다. 이 클럽에는 가톨릭, 개신교, 심지어 모르몬교 선수들도 함께 뛰었다. 그러나 IRA, 영국군, 연합주의 준군사 조직 간의 전면전이 격화되면서 이러한 공간은 결국 버텨내지 못했다.

실제로 1969년 아일랜드 유소년 챔피언 팀은 1960년대 후반부터 1998년 '굿 프라이데이 평화협정' 체결에 이르기까지 이어진 북아일랜드 분쟁의 축소판이었다. 이 팀에는 훗날 저명한 공화주의 활동가가 된 바비 샌즈뿐 아니라, 무장 친영파 조직에 가담한 이들도 있었다. 모르몬교도 테리 니콜Terry Nichol과 개신교도 마이클 애치슨Michael Atcheson은 모두 얼스터 자원군UVF 활동으로 수감됐다.

샌즈, 니콜, 애치슨은 한때 같은 유니폼을 입고 라커룸을 함께 쓰던 팀 동료였지만, 북아일랜드 분쟁이라는 역사적 소용돌이 속에서 서로에게 총을 겨누는 처지가 됐다. 또 다른 비극도 있었다. 한때 맨체스터 유나이티드 입단 테스트를 받았던 팀 동료 레이먼드 매코드Raymond McCord는 훗날 같은 팀에서 뛰었던 두 명의 선수가 가입한 얼스터 자원군에 의해 아들을 잃고, 본인도 세 차례의 살해 위협을 겪었다. 개신교도였던 매코드는 이 조직의 종파적 폭력을 공개적으로 비판했으며, 이로 인해 동료 개신교도들로부터 공화주의 운동에 협력했다는 비난까지 받았다. 얼스터 자원군은 또 다른 스타 오브 더 씨 선수이자 가톨릭 신자인 패디 데이비슨Paddy Davison의 형제를 살해한 것으로도 알려져 있다.

이처럼 분쟁이 격화되자, 종교와 신념을 초월해 하나의 팀을 이뤘던 아일랜드 챔피언 팀은 결국 해체의 길을 걷게 됐다. 팀이 점차 가톨릭 정체성을 띤 팀으로 인식되면서 많은 개신교 선수들이 이탈했다. 그 가운데 매코드는 클럽의 비종파적 전통을 끝까지 지키려 했지만, 폐쇄적으로 변해가던 래스쿨 지역의 분위기 속에서는 큰 변화를 만들어내지 못했다. 1993년에는 클럽과 함께 가톨릭 학교 스텔라 마리스도 문을 닫았다.

바비 샌즈의 가족 역시 1972년 종파적 위협으로 인해 다시 이주해야 했다. 그들은 웨스트 벨파스트의 가톨릭 지역 트윈브룩으로 거처를 옮겼다. 북아일랜드는 점점 격동의 시기로 접어들었고, 한때 라커룸을 함께 나눴던 스타 오브 더 씨 선수들은 끝내 서로를 적으로 마주하게 됐다. 이 과정에서 유망한 왼쪽 수비수였던 바비 샌즈는 아일랜드 대의를 위해 생을 바쳤다. 그가 생을 마감한 곳은 평화롭던 축구장이 아니라, 고통스럽게 기억되는 H-블록 감옥이었다.

2장
프랑스와 이탈리아

1972년, 지아니 아넬리Gianni Agnelli가 훈련 중이던 유벤투스 FC 선수단을 방문했다.
출처: RCS Quotidiani

레드 스타 FC
파리 변두리 하늘을 밝힌 붉은 별

최근까지 파리는 유럽 주요 수도 중 유일하게 대륙을 대표할 축구 클럽이 없는 도시였다. 파리 생제르맹PSG은 프랑스 최고의 팀 중 유일한 파리 연고 클럽이었지만, 1970년 창단 이후 카타르 자본 유입 전까지 리그 우승은 단 두 차례뿐이었다. 나세르 알 켈라이피Nasser Al-Khelaïfi가 이끄는 카타르 스포츠 인베스트먼트가 파르크 데 프랭스Parc des Princes[1]를 인수하면서 클럽은 유럽에서 가장 재정적으로 강력한 팀 중 하나로 탈바꿈했다. 세계적인 스타 선수들의 대거 영입 덕분에 파리 클럽은 오늘날 상업 축구의 상징으로 떠올랐다. 카타르의 석유 자본은 마치 모든 것을 살 수 있을 것처럼 보였다.

---

1   파리 16구에 위치한 축구 경기장으로, 1974년부터 PSG의 홈구장으로 사용되고 있다.

정말 그럴까? 불굴의 갈리아인이라면 "아니!"라고 답할 것이다. 알 켈라이피와 그의 팀이 살 수 없는 것이 하나 있다면, 그것은 바로 역사다. PSG는 유럽의 명문 구단들에 비해 축구적 유산이 빈약하다. 파리 안에도 더 깊은 전통을 지녔지만 지금은 부족한 팀들이 있다. 그 대표주자가 바로 레드 스타 FCRed Star FC다. 이 전설적인 클럽은 최근 몇 차례 프랑스 2부 리그(리그 2)에 진출하며 옛 영광을 되찾기 위해 노력하고 있다. 반면 PSG는 카타르 자본을 앞세워 그 영광마저 차지하려 한다.

이웃의 억만장자 클럽과 달리, 레드 스타 FC는 100년이 넘는 유구한 역사를 자랑한다. 이 클럽은 1897년 파리 7구의 한 바에서 줄 리메Jules Rimet 등의 후원으로 창단됐다. 리메는 훗날 프랑스 축구연맹FFF과 FIFA 회장을 역임하며, 스포츠 역사상 가장 성공적인 프로젝트 중 하나인 월드컵을 창설한 인물이기도 하다. '레드 스타'라는 이름은 볼셰비키를 연상시킬 수 있지만, 이 팀은 본래 부르주아적 취향을 지닌 클럽이었다. 실제로 이 이름은 리메 가문의 영국인 가정교사였던 제니가 제안한 것으로, 다른 설립자들도 이를 흔쾌히 받아들였다. 제니는 이 이름을 대서양 횡단 여객선 회사인 '레드 스타 라인Red Star Line'에서 따왔다. 이처럼 클럽의 명칭은 훗날 클럽 정체성에 큰 영향을 미칠 좌파 이데올로기와는 전혀 관련이 없었다.

창단 초기 레드 스타 FC는 진남색과 흰색 유니폼을 입고, 에펠탑 근처 샹 드 마르에서 경기를 치렀다. 그러나 부동산 투기가 심해지면서 이곳에서 쫓겨나게 됐고, 부르주아 클럽이던 레드 스타는 여러 경기장을 떠돌게 됐다. 그중에는 1942년 나치가 유대인을 수용한 것으로 악명 높은 겨울 경륜장Vélodrome d'Hiver[2]이 있던 비르하케임도 포함됐다. 그러다 1909년, 레드 스타는 노동자 계층이 밀집해 있고 벼룩시장으로도 유명한 생투앙 지역의 스타드 드 파리Stade de Paris에 정착했다.

세련된 파리 7구에서 교외의 노동자 밀집 지역으로 옮기면서, 클럽의 정체성도 급격히 변했다. 부르주아 클럽이던 레드 스타는 곧 노동자와 도시 빈민의 팀으로 자리 잡았고, 이는 본래 상류층의 스포츠였던 축구가 점차 하층 계급 사이로 확산되던 당시의 시대 흐름을 반영한다.

이러한 배경 속에서 레드 스타는 본격적인 성공을 거두기 시작했고, 특히 1920년대에 두각을 나타냈다. 생투앙을 연고로 한 이 클럽은 1921년부터 1923년까지 프랑스컵(쿠프 드 프랑스Coupe de France)에서 3회 연속 우승을 차지했다. 첫 번째 우승은 당시 주요 라이벌이었던 올랭피크 드 파리Olympique de Paris와의 역사적인 결승전에서 이뤄졌다. 아이러니하게도 이 클럽은 1926년 레드 스타와 합병됐고, 오늘날까지 이어지는 녹색과 흰색 유니폼을 레드 스타에 남겼다.

■

2   제2차 세계대전 중 나치와 비시 정권이 유대인을 대량으로 체포·수용한 장소다. 1942년 '벨 디브 대검거Rafle du Vél' d'Hiv' 당시 1만 3,000여 명이 이곳에 억류됐다.

1920년대의 영광을 이어가며 레드 스타는 또 하나의 트로피를 추가했고, 프랑스 축구의 프로화 시대를 여는 선구자 역할을 했다. 이 클럽은 가장 이른 시기에 프로화한 팀 중 하나로, 이후 프랑스 1부 리그에서 꾸준히 활약했다.

1940년부터 시작된 나치 점령기 동안 레드 스타는 또 한 번의 황금기를 맞았다. 1942년에는 프랑스컵에서 우승하며 이 시기의 첫 주요 타이틀을 차지했고, 이후 클럽의 진정한 아이콘으로 남게 될 리노 델라 네그라Rino della Negra를 영입했다. 축구 선수이자 저항운동가였던 그는 아르메니아계 레지스탕스 지도자 미삭 마누치안Missak Manouchian이 이끄는 '이민자 파르티잔FTP-MOI'의 일원으로 활동하며, 파리 주재 이탈리아 파시스트당 본부 공격, 나치 고위 장교 암살 등 여러 작전에 참여했다. 1944년 2월 몽 발레리앙에서 총살되기 전, 델라 네그라는 클럽에 마지막 편지를 남겼다. "레드 스타의 모든 분께 안부와 작별 인사를 전합니다."

제2차 세계대전 당시 레드 스타가 애도해야 했던 희생자는 델라 네그라뿐만이 아니었다. 1910년부터 1914년까지 레드 스타 선수로 활약했던 외젠 마에Eugène Maës 역시 1945년 3월, 독일의 미텔바우-도라 강제 수용소에서 생을 마감했다.

생투앙으로 연고지를 옮긴 뒤 레드 스타는 노동자 계층의 상징으로 자리 잡았고, 나치 점령기에는 공산주의적 저항운동인 파르티잔과도 연결되며 저항의 상징이 됐다. 파리 해방 직후인

1944년 9월 3일, 레드 스타는 파리의 또 다른 클럽 라싱 클뢰브 드 프랑스Racing Club de France와 경기를 열어 '자유 프랑스Free France'[3] 전사들의 유가족을 위한 기금을 모았다.

아이러니하게도 프랑스 해방은 레드 스타의 쇠퇴 시작을 알리는 계기가 됐다. 1946년 프랑스컵 결승전에서 패한 이후 레드 스타는 수차례 합병을 겪었고, 생투앙에서 600km나 떨어진 툴루즈와의 비정상적인 합병 사례도 있었다. 이후 클럽은 1920년대의 영광을 다시 누리지 못했다. 1955년에는 1부 리그 승격권을 획득했음에도 구단 운영진이 횡령 혐의로 기소되면서 승격이 무산되는 수모도 겪었다.

클럽의 쇠퇴에도 불구하고 정치적 상징성은 여전히 뚜렷하게 남아 있다. 대표적인 예가 전쟁 이후 스타드 드 파리가 '스타드 바우어Stade Bauer'로 명칭을 바꾼 일이다. 이 명칭은 경기장이 위치한 거리에서 따온 것으로, 생투앙 출신 의사 장클로드 바우어Jean-Claude Bauer를 기리기 위해 붙여졌다. 그는 반나치 저항운동에 참여했으며, 1943년 몽 발레리앙에서 총살당했다.

레드 스타는 1959년 알제리 전쟁이 한창일 때도 정치적 입장을 분명히 했다. 클럽은 스타드 드 랭스Stade de Reims 출신의 모하메드 마우슈Mohamed Maouche를 영입했는데, 그는 프랑스 식민

---

3 제2차 세계대전 중 나치 독일과 비시 정부에 맞서 조직된 샤를 드골 주도의 망명 정부와 저항세력 전체를 일컫는다.

지배에 맞서 싸운 알제리 민족해방전선FLN의 부름을 받고 알제리 반식민주의 국가대표팀에 합류한 직후였다. 식민 통치를 지지하던 프랑스 사회 일각의 비난에도 불구하고, 레드 스타는 마우슈를 받아들여 그가 다시 대도시 무대에서 뛸 수 있도록 했다.

레드 스타를 둘러싼 공산주의적 환경은 클럽의 이미지 형성에 큰 영향을 미쳤다. 실제로 생투앙 시청은 1945년부터 2014년까지 프랑스 공산당이 장악하고 있었고, 이로 인해 레드 스타는 '93 공산주의자 클럽'이라 불렸다. 여기서 '93'은 파리 외곽의 전통적인 공산당 강세 지역인 센생드니주의 번호다.

이러한 연관성을 강화한 역사적 사례 중 하나가 바로 1968년 5월 혁명 당시 클럽의 행동이었다. 레드 스타는 생투앙과 프랑스 전역을 뒤흔든 노동자 파업을 지지하며 자선 경기를 주도했다. 또 당시 소르본 대학 점거를 본뜬 듯한 움직임으로, 소속 선수 두 명이 '축구인을 위한 축구'를 요구하며 프랑스 축구연맹 본부 점거에 참여하기도 했다.

레드 스타는 2015년과 2018년 리그 2 승격 후 프로 리그 기준에 미치지 못하는 바우어 경기장을 떠나 일시적으로 보베와 파리 16구의 장부앵Jean-Bouin 경기장에서 홈경기를 치렀다. 그럼에도 클럽은 반파시스트와 좌파 지지층에게 여전히 상징적 존재로 남았다. 다양한 경기장에서 경기를 치르는 동안에도 관중석에는 리노 델라 네그라와, 2013년 파리 시내에서 극우 세력에게 살해된 젊은 반파시스트 클레망 메릭Clément Meric에 대한 추모가 끊이지 않았다. 레드 스타가 생투앙에 뿌리내린 지 한 세기가 지났고, 그 사이 주변에는 점점 더 부유하고 강력한 경쟁자들이 들어섰다. 그럼에도 오늘날 젊은이들은 여전히 이 클럽의 저항 정신을 계승하고 있다. 파리 변두리 하늘 위, 붉은 별은 여전히 빛나고 있다.

SC 바스티아
코르시카의 반항아

2015년 12월 13일 코르시카에서 역사적인 선거가 치러졌다. 지역 선거에서 코르시카 독립 지지 세력과 민족주의자들로 구성된 연합이 처음으로 승리를 거둔 것이다. 이 연합에는 페무 아 코르시카Femu a Corsica와 코르시카 리베라Corsica Libera가 포함돼 있었다. 그리고 나흘 뒤 독립운동의 상징적 인물인 장 기 탈라모니Jean-Guy Talamoni가 코르시카 의회 의장으로 취임함으로써 코르시카 민족주의가 국가 주요 기관을 장악하게 됐다. 이는 1970년대 등장한 코르시카 민족운동이 오랫동안 추구해온 중요한 이정표였다.

그동안 코르시카 애국주의는 수십 년에 걸쳐 사회 전반에 뿌리내렸지만, 코르시카 의회만큼은 민족주의 세력의 진입을 허용하지 않았다. 그러나 민족주의적 정서는 늘 대중 조직을 통해 확산됐고, 그중에서도 독립운동과 긴밀히 연결된 축구 클럽 SC 바스티아는 그 대표적인 구심점이었다. 이 클럽은 전통적으로 코르시카 민중의 열망을 상징해 왔으며, 탈라모니 자신도 바스티아의 열렬한 팬이었다. 코르시카인에게 이 축구 클럽은 단지 스포츠팀이 아니라, 전 세계 무국적 민족들이 그러하듯 국가 정체성과 소속감을 드러내는 정치적 상징이었다.

20세기 초 설립 당시만 해도 SC 바스티아는 오늘날과 같은 정치적 상징성과는 무관한 단순한 스포츠 클럽이었다. 그러나 수십 년이 지난 후, 이 클럽은 코르시카 축구의 대표주자이자 지중해 섬 주민들의 민족적 정체성을 대변하는 상징으로 자리매김하게 된다. SC 바스티아는 1905년, 스위스 출신의 한스 뤼슈Hans Ruesch에 의해 창단됐다. 그는 바르셀로나를 거쳐 코르시카로 이주한 뒤, 한 마을 고등학교에서 독일어를 가르쳤고, 같은 스위스인인 한스 감퍼Hans Gamper[4]가 바르셀로나에서 축구 클럽을 창단한 것에서 영감을 받아 자신도 섬에 축구 클럽을 세우기로 결심했다.

초창기의 SC 바스티아는 코르시카 민족주의와는 아무런 연관이 없었다. 당시 코르시카 내의 축구 클럽들은 프랑스 리그에 출전하고 있었으며, 이는 축구가 프랑스 본토와의 동일시를 강

---

4 1877~1930. 바르셀로나로 이주한 뒤 카탈루냐식 이름인 주안 감페르로 개명했다. 1899년 FC 바르셀로나를 창단했으며, 여러 차례 회장을 지내며 클럽을 유럽 축구의 중심으로 성장시키는 데 핵심적 역할을 했다.

화하고, 오히려 섬의 종속성을 드러내는 매개로 여겨지던 시기였다.

1970년대 들어 축구와 민족주의의 관계가 더욱 밀접해지면서, SC 바스티아는 코르시카 민족을 대표하는 주요 축구 클럽으로 부상했다. 막 프로팀으로 전환한 바스티아는 1968년 프랑스 2부 리그에서 우승하며 사상 처음으로 1부 리그에 승격했다. 이는 코르시카 클럽으로서는 유례없는 성과였다.

1970년대의 성장세와 함께 코르시카 민족주의가 부흥하면서, SC 바스티아는 섬을 대표하는 스포츠 대사로 자리매김했다. 1975년 소규모 와인 농부들의 저항이 민족주의 운동으로 확산된 알레리아 사건을 계기로 독립운동이 본격화됐고, 얼마 지나지 않아 코르시카 민족해방전선FLNC이 결성됐다.

승격 이후 바스티아는 1972년 프랑스컵 결승에 진출해 올랭피크 드 마르세유Olympique de Marseille에 패했지만, 코르시카 팬들은 파리 파르크 데 프랭스 경기장을 코르시카 국장國章인 '무어인의 머리(테스타 모라testa mora)'가 그려진 깃발로 뒤덮으며 민족적 자부심을 과시했다. 이후 바스티아는 1977년 리그 3위를 기록하고, 다음 시즌 UEFA컵 결승에 진출하며 클럽 역사상 가장 인상적인 성과를 거뒀다.

결승에 오르기까지 SC 바스티아는 스포팅 CPSporting CP, 뉴캐슬 유나이티드 FCNewcastle United FC, 토리노 FC, FC 카를 차이스 예나FC Carl Zeiss Jena, 그라스호퍼 클럽 취리히Grasshoppers를 차례로 꺾었다. 마지막 상대는 준결승에서 바르셀로나를 제압한 PSV 에인트호번PSV Eindhoven이었다. 민족주의 열기가 고조되던 시기, 코르시카인들은 바스티아의 유럽 대회 활약을 민족적 자부심의 원천으로 여겼고, 섬 전체가 팀을 응원했다.

열렬한 응원 속에 인구 4만 명의 작은 도시 바스티아는 유럽 강호들과 당당히 맞섰다. 그러나 결승 1차전은 며칠간 이어진 폭우로 인해 상태가 나빠진 홈구장에서 치러졌고, 결국 무득점으로 비겼다. 2차전에서는 에인트호번에 0-3으로 패하며 우승은 PSV의 몫이 됐다.

1981년이 되어서야 SC 바스티아는 처음이자 유일한 주요 우승컵을 거머쥐었다. 코르시카 팀은 프랑스컵 결승에 다시 진출해, 미셸 플라티니Michel Platini가 이끄는 강호 AS 생테티엔AS Saint-Étienne을 꺾었다. 파르크 데 프랑스 경기장은 또 한 번 코르시카 깃발로 물들었다.

SC 바스티아의 황금기는 1986년 2부 리그 강등으로 막을 내렸다. 당시 코르시카 민족주의가 내부 분열로 흔들리던 것과 맞물려, 클럽도 침체기를 맞았다. 그리고 1992년 5월 5일, 바스티아와 올랭피크 드 마르세유의 프랑스컵 준결승전 직전에 발생한 퓌리아니 스타디움 참사는 클럽 역사상 가장 비극적인 사건으로 남았다. 경기 시작 직전 설치된 임시 관중석이 무너져 18명이 숨지고 2,000여 명이 다쳤다.

참사 당시 장 기 탈라모니는 코르시카 의회 의장이었으며, 무장 단체 FLNC-카날 이스토리크FLNC-Canal Historique⁵의 정치 세력으로 여겨지던 독립 지지 정당 아 쿤콜타 나시오날리스타A Cuncolta Nazionalista 소속이었다. 퓌리아니 참사 무렵 이 정당과 관련된 인물들이 SC 바스티아 운영을 맡게 됐으며, 그전까지는 루치아나 시장이자 사업가였던 장 프랑수아 필리피Jean-Fran.çois Filippi가 클럽을 이끌었다. 그는 우파 성향의 공약으로 당선됐지만, FLNC-카날 이스토리크의 독립 지지 세력과 긴밀한 관계를 유지했다. 이러한 연결 고리는 클럽의 경비를 맡은 '바스티아 시쿠리타Bastia Securita'를 통해 드러났는데, 이 업체는 쿤콜타가 설립한 회사로, 독립운동 인사들이 다수 고용돼 있었다.

필리피는 참사 관련 재판을 앞두고 클럽 회장직에서 물러난 뒤 1994년 암살당했다. 범인은 끝내 밝혀지지 않았으며, 이 사건은 당시 코르시카를 뒤흔든 일련의 정치적 암살 중 하나로 여겨진다. 이후 SC 바스티아는 쿤콜타와 FLNC-카날 이스토리크의 직접적인 영향력 아래 놓이게 됐다.

독립파 세력이 축구 클럽을 장악한 것은 전략적으로도 중요한 의미를 지녔다. 이는 코르시카의 또 다른 주요 클럽인 AC 아작시오AC Ajaccio도 마찬가지였다. 아작시오는 FLNC-카날 아비튀엘과 자치운동Movement for Self-Determination 계열의 분파가 운

---

5   1976년 결성된 코르시카 민족해방전선FLNC에서 분리된 강경 독립파. 정치적 노선을 둘러싼 내분 끝에 1980년대 말 갈라져 나왔다.

영권을 확보하고 있었다. 다만, 아작시오는 섬 주민들 사이에서 SC 바스티아만큼의 지지를 얻지는 못했다.

이 시기 SC 바스티아의 실질적 운영자는 FLNC-카날 이스토리크의 지도자인 샤를 피에리Charles Pieri였다. 그는 공식 직책은 맡지 않았지만, 퓌리아니 경기장과 원정 경기장의 VIP석에서 SC 바스티아 경기를 관전하는 모습이 자주 목격됐다.

1994년 피에리는 클럽을 프랑스 1부 리그로 승격시켰고, 이후 10년 넘게 그 지위를 유지했다. 그러나 이 과정에서 논란이 없었던 것은 아니다. 1995년부터 2004년까지 여행사 누벨 프롱티에르Nouvelles Frontières가 코르시카 팀의 유니폼을 후원한 것은, FLNC-카날 이스토리크가 섬 내 기업들에 요구한 이른바 '혁명세'를 은밀히 지불하기 위한 방식이었다는 의혹이 제기됐다. 이러한 의심은, 코르시카 독립운동 세력이 섬에서 영리 활동을 벌이는 프랑스 기업들을 주요 공격 대상으로 삼았다는 맥락에서 비롯됐다. 또한 2004년 장 기 탈라모니는 쿤콜타의 기관지이자 독립운동 잡지 『굉음U Ribombu』을 지원하기 위해 누벨 프롱티에르에 혁명세를 요구하고 광고 게재를 압박했다는 혐의로 기소됐다. 그러나 해당 광고가 실제 대가였는지에 대한 법적 판단은 무죄였다.

21세기에 들어서면서 SC 바스티아 내에서 독립운동 정치 세력의 직접적인 영향력은 줄어들었지만, 클럽이 지닌 상징성은 여전히 강하게 남아 있다. 2002년 프랑스컵 결승전에서 바스티아가 브르타뉴의 FC 로리앙FC Lorient에게 패배했을 때 팬들은 프랑스 국가 '라 마르세예즈La Marseillaise' 연주 도중 야유를 보냈고, 이에 자크 시라크Jacques Chirac 대통령은 격분해 경기장을 떠나겠다고 위협했다. 2015년 리그컵 결승전에서도 파리 생제르맹 FC와의 경기 도중 코르시카 팬들은 "우리는 프랑스인이 아니다"라는 구호를 반복해서 외쳤다. 이와 함께 프랑스 프로축구연맹이 민족 상징물 사용을 금지했음에도 불구하고, 경기 전 의식에서 테스타 모라를 표시해 달라는 요청이 꾸준히 제기되고 있다.

바로 이 때문에 탈라모니를 비롯한 많은 코르시카 독립운동가들은 프랑스 축구 당국의 '반反 코르시카 인종차별'을 강하게 비판했다. SC 바스티아가 재정 문제로 프랑스 5부 리그까지 강등된 일도 이러한 차별의 사례로 지적됐다. 역사학자 디디에 레이Didier Rey는 프랑스 권력층과 언론이 코르시카와 그 축구에 대해 편견에 가득 찬 시선을 갖고 있으며, 이러한 이미지가 코르시카인들의 피해 의식을 자극하고 때로는 과격한 대응을 유발한다고 주장한다.

하지만 오늘날 코르시카는 더 이상 모든 이가 무장하고 다니는 무법지대로 인식되지 않는다. 평화 정착과 무장 투쟁의 종식은 축구에 대한 관심을 보다 건설적인 방향으로 이끌었고, SC 바스티아는 어려운 시기에도 여전히 거의 모든 코르시카인을 하나로 묶는 특별한 클럽으로 남아 있다. 클럽의 코르시카어 모토인 '우니티 빈체레무!Uniti Vinceremu!'(단결하면 승리한다!)는 바로 그러한 정신을 상징한다. 실제로 SC 바스티아가 최전성기를 누리던 시기에는 바스티아 인구의 4분의 1, 코르시카 전체 인구의 3분의 1에 해당하는 약 1만 명이 시즌권을 보유했다. 이처럼 높은 열기는 SC 바스티아가 단순한 축구 클럽을 넘어 '코르시카 반란의 영혼'으로 여겨지는 이유를 잘 보여준다.

유벤투스 FC
이탈리아 권력자들의 꼭두각시

유벤투스 FC는 이탈리아를 대표하는 축구 클럽이다. 라틴어로 '청년youth'을 뜻하는 정식 명칭과 달리, '베키아 시뇨라Vecchia Signora'(노부인)라는 흥미로운 애칭으로 더 잘 알려져 있다. 유벤투스는 이탈리아 축구 역사상 가장 많은 우승 트로피를 획득한 클럽으로, 2022-2023시즌 말까지 총 36회의 스쿠데토Scudetto[6]를 차지했다. 칼초폴리Calciopoli 스캔들[7]로 두 번의 우승이 박탈되지 않았다면 38회가 됐을 것이다. 또한 유벤투스는 코파 이탈리아(이탈리아컵)에서도 통산 14회 우승

---

[6] 이탈리아 프로축구 1부 리그(세리에 A) 챔피언에게 수여되는 타이틀로, '작은 방패'를 뜻하는 이탈리아어. 우승팀 유니폼에는 이탈리아 국기 색의 방패 문양이 새겨진다.

[7] 2006년 이탈리아에서 발생한 축구 승부 조작 및 심판 배정 개입 사건. 유벤투스를 비롯한 일부 구단이 연루됐으며, 유벤투스는 이로 인해 두 차례의 리그 우승을 박탈당하고 2부 리그로 강등됐다.

을 기록하며, 국내 다른 어떤 팀보다 많은 타이틀을 보유하고 있다.

이탈리아에서 가장 많은 우승 경력을 자랑하는 유벤투스는 가장 많은 팬층도 보유하고 있다. 그러나 아이러니하게도 홈 도시인 토리노에서는 그렇지 않다. 이 지역에서는 우승 기록이 훨씬 적은 지역 라이벌 토리노 FC의 팬이 더 많다. 유벤투스는 이탈리아에서 트로피와 팬이 가장 많은 팀이지만, 동시에 가장 미움받는 팀이기도 하다. 이는 유벤투스가 부유하고 거만하다는 인식과 더불어, 이탈리아의 대표적 자동차 제조사인 피아트FIAT와의 연관성 때문이다. 피아트는 지난 세기 동안 이탈리아 산업을 상징Δ˙ ¥ 하는 기업이었다.

1897년 토리노의 중등학교 학생들이 '스포츠 클럽 유벤투스'를 창단했을 당시, 이 새로운 클럽이 20세기 이탈리아의 국가적 상징으로 떠오를 것이라고 예상한 이는 거의 없었다. 유벤투스가 피아트를 소유한 아넬리Agnelli 가문과 연결되기 시작한 것은 그로부터 몇 년 후의 일이다. 클럽은 1905년 이탈리아 리그에서 첫 우승을 차지하며 빠르게 두각을 나타냈다. 하지만 이후 같은 피에몬테 지역의 클럽인 FC 프로 베르첼리FC Pro Vercelli가 이탈리아 챔피언십을 지배하면서, 유벤투스는 약 20년간 정체기를 겪었다.

유벤투스의 역사는 에도아르도 아넬리Edoardo Agnelli가 1923년 7월 24일 클럽 회장으로 선출되면서 급격히 전환됐다. 그는

1899년 피아트를 창립하고 이 회사를 이탈리아의 대표 기업이자 북부 이탈리아 산업화의 상징으로 성장시킨 조반니 아넬리Giovanni Agnelli의 아들이었다. 이때부터 기업과 축구 클럽의 관계가 본격적으로 시작됐다.

피아트 경영진이 에도아르도 아넬리를 통해 클럽을 장악할 수 있었던 배경에는, 막 출범한 파시스트 정권의 묵인과 협력이 있었다(무솔리니의 국가 파시스트당이 경제적 안정을 구축하는 데 피아트 같은 대기업과의 결탁이 일정 부분 기여한 것도 사실이다).

피아트의 자본 투자와 경영진의 정치적 연줄은 유벤투스의 오랜 전성기를 이끄는 기반이 됐다. 1926년 유벤투스는 두 번째 이탈리아 챔피언십 우승을 차지했다. 이 대회는 북부와 남부 리그의 우승팀이 맞붙어 전국 챔피언을 가리는 방식으로 치러진 마지막 시즌 중 하나였다. 파시스트 정권은 이처럼 지역 간 분할 구조가 강력하고 단일한 국가를 지향하는 파시즘 이념에 어긋난다고 판단해, 1929년 현재의 세리에 A 체제로 리그를 개편했다.

세리에 A 초창기, 유벤투스는 1931년부터 1935년까지 5년 연속 스쿠데토를 차지하며 압도적인 전성기를 누렸다. 이 시기 유벤투스는 점차 노동자 계층 사이에서 '고용주와 국가 권력을 위한 클럽'으로 인식되기 시작했다. 최고의 선수들을 천문학적인 연봉으로 영입하며 부를 축적한 시기가 바로 파시즘 정권기였다는 점은 결코 우연이 아니다. 1932년 클럽의 최절정기에는 아넬리 가문이 베니토 무솔리니의 이름을 딴 신축 경기장 건설을 후원했고, 이 경기장은 1934년 파시스트 이탈리아가 주최한 월드컵 경기장으로 사용됐다. 이는 클럽 경영진과 극우 정권 간의 밀접한 관계를 보여주는 상징적 사례다.

그러나 무솔리니 체제가 무너진 뒤에도 토리노에 본사를 둔 거대 기업 피아트의 위상은 거의 변함이 없었다. 실제로 피아트는 어떤 정권하에서도 막강한 영향력을 유지해 왔으며, 이런 이유로 '피아탈리아Fiatalia'(FIAT과 이탈리아의 합성어)라는 별칭으로 불리곤 했다.

에도아르도 아녤리는 유벤투스의 황금기 마지막 해인 1935년에 사망했다. 이후 그의 아들 지아니Gianni와 움베르토Humberto는 각각 1947년과 1955년에 클럽 회장직을 맡았다. 이는 파시즘 시절 형성된 국가 권력과의 유착 관계가 전후에도 지속될 수 있는 기반이 됐다. 특히 아녤리 가문은 전후 이탈리아 정치의 중심이었던 보수 성향의 기독교민주당과 지속적으로 긴밀한 관계를 유지했다.

1950~60년대 토리노는 산업화의 성공과 함께 이탈리아 남부에서 온 이주민들의 중심지가 됐다. 이들은 피아트에 취업하기 위해 피에몬테의 수도인 토리노로 몰려들었으며, 종종 '테로니terroni'[8]라 불렸다. 원래 토리노 FC를 응원하던 지역 주민들과

---

8 이탈리아 북부 사람들이 남부 출신 노동자들을 비하할 때 쓰는 표현으로, '촌놈' 또는 '시골뜨기'에 가까운 경멸적 의미를 지닌다. 산업화 시기 남북 간 경제적·문화적 격차를 드러내는 대표적 용어다.

달리, 이 새로운 이주민들은 유벤투스를 지지했다. 이들은 휴가철마다 고향인 남부로 돌아가 유벤투스를 알리는 홍보대사 역할을 했고, 이 덕분에 베키아 시뇨라는 이탈리아 전역에서 가장 많은 팬층을 보유한 클럽으로 자리 잡게 됐다.

노동자들이 '고용주의 클럽'인 유벤투스를 자신과 동일시하게 된 것은 피아트의 전략이 성공했음을 보여준다. 아녤리 가문은 클럽을 통해 경제적 이득을 얻었을 뿐만 아니라, 계층 간 사회적 합의를 이끌어내는 데도 성공했다.

이주 노동자라는 사회적 하층민들이 자본과 권력을 상징하는 클럽을 열정적으로 지지한 것은 아이러니였다. 그러나 유벤투스 팬 중에는 이탈리아 공산당PCI 서기장을 30년 넘게 역임한 팔미로 톨리아티Palmiro Togliatti처럼, 부르주아지와 결탁할 가능성이 적은 인물도 있었다. 톨리아티가 동료 공산주의자 피에트로 세키아Pietro Secchia에게 "유벤투스가 어떻게 됐는지도 모르면서 혁명을 하겠다고?"라고 말했다는 일화는 유명하다. 이탈리아 공산주의의 상징적 인물이 '역사적 타협Historic Compromise'9 이전까지 치열하게 맞섰던 기독교민주당 인사이자 유벤투스 회장과 축구에 대한 애정을 공유했다는 사실은 흥미롭다.

이러한 상황 덕분에 아녤리 가문은 유벤투스가 남부 노동자

■

9   1970년대 이탈리아 공산당과 기독교민주당이 이데올로기적 대립을 넘어서 정치적 협력을 모색한 전략. 좌우 극단주의와 정치적 불안정에 대응하기 위한 현실적 선택이었다.

들 사이에서 얼마나 인기가 있는지를 자랑했다. 실제로 지아니 아녤리는 1950~60년대 대규모 이주 시기에 "많은 이가 유벤투스를 보기 위해 토리노를 선택했다"고 공개적으로 주장하기도 했다. 그러나 이런 주장과 달리, 유벤투스는 당시 홈구장인 스타디오 코무날레Stadio Comunale(옛 베니토 무솔리니 경기장)를 자주 가득 채우지 못했다. 반면, 남부 원정 경기에서는 수천 명의 팬이 몰려들었고, 이는 유벤투스가 이탈리아 전역에 팬층을 보유하고 있으나 토리노 현지에서는 소수의 지지를 받는다는 점을 보여준다. 이러한 현실은 현재 유벤투스 스타디움[10]이 4만 석 규모로 지어진 데서도 드러난다. 이는 과거 토리노 FC와 함께 사용했던 스타디오 델레 알피Stadio Delle Alpi(약 7만 석)나, 스타디오 코무날레(약 6만 5,000석)와 비교해 확연히 작은 규모다..

유벤투스와 피아트의 결합은 단순한 기업 후원을 넘어, 이탈리아 현대사를 상징적으로 반영했다. 대표적 사례로, 1960년대 후반부터 1980년대까지 지속된 '납의 시대anni di piombo[11]' 동안 토리노의 주요 기업들과 유벤투스 같은 엘리트 클럽이 혁명적 좌파의 공격 대상이 됐다는 점을 들 수 있다.

정치적 긴장이 극심했던 그 시기, 유벤투스가 이탈리아 축구

---

10   2011년 개장한 유벤투스의 전용 경기장으로. 공식 명칭은 알리안츠 스타디움Allianz Stadium이다.

11   1960년대 후반부터 1980년대 후반까지 이탈리아에서 지속된 정치적 극단주의와 폭력의 시기. 좌우 양 진영의 테러, 암살, 폭동이 잇따랐으며, 이는 이탈리아 현대 정치사에서 가장 혼란스러운 시기로 평가된다.

의 신성 파올로 로시Paolo Rossi를 영입하기 위해 소규모 구단 LR 비첸차LR Vicenza보다 훨씬 낮은 금액을 제시했다는 일화는 흥미롭다(결국 로시는 공동 소유 계약을 통해 유벤투스에 합류했다). 이유는 간단했다. 당시 아녤리 가문은 국제 유가 위기로 피아트가 큰 타격을 입고 수백 명의 노동자를 해고하는 상황에서, 노동자들에게 사치스럽다는 인상을 주고 싶지 않았기 때문이다.

오늘날까지도 유벤투스는 피아트와의 연결로 인해 다양한 모순을 안고 있는 클럽으로 여겨진다. 사랑받는 만큼이나 미움도 받는 이 클럽은 강력한 연줄을 통해 역사적으로 많은 특혜를 누려왔고, 이는 유벤투스의 독보적인 우승 기록을 설명하는 이유로 종종 언급된다. 또한 유벤투스는 경기 및 대회 조작 스캔들인 칼초폴리의 중심에 있었고, 이로 인해 두 개의 우승 타이틀을 박탈당하고 클럽 역사상 처음으로 2부 리그로 강등되기도 했다. 유벤투스는 지난 세기 동안 사실상 이탈리아를 지배해온 피아트 경영진의 손아귀에서 움직인, 이탈리아 자본주의의 꼭두각시 클럽이었다.

토리노 FC
노동자가 권력을 넘어설 때

토리노가 주도主都인 이탈리아 피에몬테 지역은 19세기 산업화 이후 롬바르디아와 함께 이탈리아의 주요 산업 중심지로 자리 잡았다. 실제로 이 지역에는 1899년부터 피아트를 비롯한 이탈리아의 핵심 산업 공장들이 들어섰다. 앞서 언급했듯이, 피아트는 토리노의 축구와 밀접한 관계를 맺어왔다.

   피에몬테가 산업 지대로 성장하면서 토리노는 노동계급과 지배계급 간 계급 투쟁의 주요 무대가 됐다. 이 도시는 19세기 통일 이탈리아 왕국의 탄생지이자 첫 수도였으며, 이후 이탈리아 최초의 노동자 조직과 반파시스트 운동이 시작된 곳이기도 하다. 또한 무솔리니 정권을 무너뜨리는 데 중요한 역할을 한 파업 운동의 중심지이기도 했다. 이처럼 프롤레타리아 전통이 깊은 도시에서 축구 역시 계급 갈등의 영향을 피할 수 없었다. 그 결과 토리노의 축구팬들은 유벤투스 FC와 토리노 FC로 나뉘었고, 특히 토리노 FC는 피에몬테 대도시의 사회적 분열을 고스란히 반영하는 클럽으로 자리 잡았다.

오늘날 토리노의 두 축구 클럽 가운데 먼저 창단된 것은 1897년의 유벤투스 FC다. 반면, '토로Toro'(황소)라는 별칭으로 알려진 토리노 FC는 1906년에 창단됐다. 이 클럽은 1904년에 창단된 FC 토리네세FC Torinese와 유벤투스의 전 회장 알프레도 딕Alfredo Dick이 주도한 유벤투스 프로화 반대 세력이 합쳐져 만들어졌다.

20세기 초, 두 라이벌은 각자의 정체성을 확립해 갔다. 유벤투스 FC는 부르주아 계층과, 토리노 FC는 노동자 계층과 연관됐다. 1924년 아녤리 가문이 유벤투스의 경영권을 인수하면서, 유벤투스는 피에몬테 지역의 대기업들과 더욱 긴밀한 관계를 맺게 됐다. 반면, 고용주에 대한 계급 갈등이 심화되자, 토리노의 노동자들은 자연스럽게 토리노 FC에 더 많은 지지를 보냈고, 이로써 토리노 FC는 피에몬테 노동계급의 클럽으로 자리 잡게 됐다.

두 클럽의 계급 정체성은 현지 작가 마리오 솔다티Mario Soldati가 그의 저서 『말라카 지팡이The Malacca Cane』(원제: Le due città, 직역하면 '두 도시')에서 명확히 요약하고 있다.

두 사람은 비토리오 광장을 가로지르며 축구 이야기를 나누고 있었다. 에밀리오는 당연히 유벤투스 팬이었다. 유벤투스는 경영자, 산업의 선구자, 예수회 신도, 독선적이고 교육받은 사람들, 즉 부르주아의 팀이었다. 반면, 지라우토는 토로를 지지했다. 토로는 노동자, 인근 지역 또는 쿠네오와 알레산드리아에서 온 이주민, 기술학교 출신들, 즉 소시민과 가난한 사람들의 팀이었다.

다소 단순해 보일 수 있지만, 솔다티의 1964년 작품은 당시 사회와 축구에 존재하던 분열을 정확히 묘사했다. 1950년대부터 1970년대 사이, 이탈리아 남부에서 대규모 이주가 일어나기 전까지만 해도 피에몬테 지역에서 유벤투스 FC를 응원하는 노동자는 거의 찾아볼 수 없었다. 마찬가지로, 상류층 부르주아가 토리노 FC를 지지하는 일도 드물었다.

그러나 역사는 늘 아이러니를 동반한다. 유벤투스 FC는 여러 명의 아넬리 가문 출신 회장을 배출했지만, 정작 '토리노'라는 기업명을 공식 클럽명에 포함시킨 쪽은 토리노 FC였다. 이 팀은 1944년 '토리노 피아트Torino FIAT'라는 이름으로 바꾸고, 파시즘 치하에서 열린 마지막 리그 챔피언십에 참가했다. 그보다 앞서, 외국어 느낌이 강하다는 이유로 '토리노 축구협회Associazione Calcio Torino'라는 이름을 사용해야 했던 적도 있었다.

당시 파시스트 정권은 '토리노 피아트'라는 이름을 통해 계급 갈등을 잠재우고, 클럽 팬들이 피아트와 그 고용주에 자신을 동일시하게 만들려 했다. 그러나 파시즘이 몰락한 뒤, 피에몬테 기업과 관련된 모든 명칭은 클럽 이름에서 사라졌고, 이러한 시도는 결국 실패로 끝났다.

제2차 세계대전 직후 토리노 FC와 유벤투스 FC의 라이벌 관계는 절정에 달했다. 전쟁으로 폐허가 된 이탈리아는 재건이 시급했고, 사회적 긴장도 극에 달했다. 이 시기 노동자들은 평등과 자유를 열망했고, 그 중심에 선 이탈리아 공산당은 곧 이탈리아에서 가장 강력한 정치 세력 중 하나로 자리 잡았다.

바로 이 시기에 '위대한 토리노'라는 전설이 탄생했다. 토리노 FC는 1946년부터 1949년까지 4년 연속 리그 우승을 차지하며 황금기를 누렸다. 그러나 1949년, 포르투갈 리스본에서 SL 벤피카와의 친선 경기를 마치고 귀국하던 중 발생한 수페르가 추락 사고로 토리노 FC 선수 18명이 목숨을 잃었다. 이 비극은 클럽을 영원히 역사 속에 남게 했다.

사고는 시즌 종료를 불과 4경기 앞두고 발생했지만, 토리노 FC는 끝내 챔피언 자리를 지켜냈다. 클럽은 유소년팀을 내세워 남은 경기를 치렀고, 상대 팀들 또한 고인을 기리는 뜻으로 유소년팀을 출전시켰다. 그렇게 완성된 4연속 우승의 순간은 축하보다는 깊은 슬픔으로 가득했다.

'위대한 토리노'의 전성기는 피에몬테 노동자들에게 깊은 자부심을 안겨줬다. 매년 두 차례, 자신들이 사랑하는 클럽이 부르주아를 상징하는 유벤투스를 꺾을 때마다 노동자들은 마치 자신들이 직접 승리한 듯 열광하며 거리에서 축제를 벌였다.

당시 토리노의 노동자들은 토로와 깊은 동질감을 느꼈다. 안토니오 그람시가 창간한 이탈리아 공산당 기관지 〈단결*L'Unità*〉도 토리노 FC 선수들을 "노동자 계급과 진보의 진정한 상징"이라 칭했다. 스포츠 섹션조차 없던 신문에서 이 같은 찬사가 실린 것은 매우 이례적인 일이었다.

전후 수십 년간 피에몬테 지역이 대규모 산업화되면서, 이탈리아 남부에서 이주한 노동자들이 토리노와 그 주변에 정착해 대규모 공장에서 일하게 됐다. 하지만 이 새로운 노동자들은 기존의 토리노 노동자들과는 달리, 역설적으로 고용주의 클럽인 유벤투스의 팬이 되는 현상이 나타났다. 이러한 변화는 토리노 FC를 지지하는 이들을 새로운 방식으로 바라보게 만들었다. 그들은 '토리네시타torinesità'(진정한 토리노인)로 여겨졌고, 그에 따라 토로는 도시와 지역에서 가장 인기 있는 팀이자, 유일하게 진정한 '토리노의 팀'으로 자리매김하게 됐다.

최근 수십 년 동안 피에몬테 사회에서 이념적 정체성이 약화됐음에도, 두 토리노 팀 간의 계급적 구도는 여전히 뚜렷하다. 유벤투스 FC는 팬층의 절반 이상이 우파 성향을 띠는 반면, 토리노 FC는 주로 좌파 성향의 팬들이 지지하고 있다. 이는 토리노 FC가 자신들의 역사에 충실해 왔음을 보여준다. 스포츠적인 성과 면에서는 유벤투스 FC가 우위에 있지만, 그럼에도 불구하고 토리노 FC는 피에몬테 주도에서 가장 사랑받는 팀으로 남아 있다. 한때 노동자들이 고용주를 이길 수 있게 해준 클럽이라는 역사적 기억이 여전히 강하게 작용하고 있기 때문이다.

AS 로마

영원의 도시, 민중의 심장

아소차치오네 스포르티바 로마Associazione Sportiva Roma의 홈경기 전, '영원한 도시' 로마의 스타디오 올림피코Stadio Olimpico에는 열성적인 팬들이 모여 이탈리아 남부 클럽 특유의 찬가를 진심 어린 목소리로 부른다. "로마 로마 로마, 이 도시의 심장, 수많은 사람의 오직 하나뿐인 사랑"이라는 가사로 유명한 이 노래는 로마 출신 싱어송라이터 안토니오 벤디티Antonio Venditti의 작품으로, 1970년대 중반부터 클럽의 주제곡이 됐다. 그리고 그가 AS 로마AS Roma를 '역사적인 도시의 노동자 계층 밀집 지역의 진정한 심장'이라 표현한 것은 결코 과장이 아니다.

로마는 이탈리아에서 가장 열정적이고 흥미로운 도시 중 하나로, 축구에 대한 애정이 남다르다. 하지만 이 도시의 축구팬들은 두 클럽으로 나뉜다. AS 로마는 수도의 노동자 계층이 주로 지지하는 도시 대표 팀이고, SS 라치오SS Lazio는 중산층과 라치오 지방 농촌 지역에 뿌리를 둔 외곽 팀으로 알려져 있다. 흥미롭게도, 한때 두 클럽은 북부 팀들이 장악하고 있던 이탈리아 축구의 패권에 맞서기 위해 합병을 논의한 적도 있었다.

1922년 베니토 무솔리니와 그의 국가 파시스트당PNF이 권력을 잡은 뒤, 정부는 로마제국의 영광을 되살리는 데 집착했다. 그 중심에는 당연히 로마가 있었다. 축구는 이러한 국가주의 프로젝트에서 핵심적인 도구로 활용됐다. 1920년대 후반 파시스트 정권은 로마에 있는 모든 축구 클럽을 하나의 스포츠 단체로 통합해, 당시 이탈리아 축구를 지배하던 북부 팀들에 맞서려 했다. 제노바, 토리노, 밀라노를 기반으로 한 북부 클럽들은 이미 이탈리아 리그 챔피언십(현재의 세리에 A)에서 확고한 우위를 점하고 있었다.

결국 로마 스포츠협회 회장이자 파시스트 지도자였던 이탈로 포스키Italo Foschi가 주도해, 로마의 주요 클럽들을 하나의 팀으로 합병하는 계획이 추진됐다. 그 결과 1927년 포르티투도Fortitudo, 알바 로마Alba Roma, 그리고 로마의 공식 색상을 유니폼에 사용하던 소규모 귀족 클럽 로마 축구클럽Foot Ball Club di Roma이 통합되어 AS 로마가 창설됐다. 한편 SS 라치오는 이 합병에 참여하지 않았다. 클럽의 명예회장이자 파시스트 장군이었던 조르조 바카로Giorgio Vaccaro가 정권의 압력에도 불구하고 클럽의 독립을 끝까지 지켜냈기 때문이다.

새롭게 창설된 AS 로마는 이탈리아 수도와 완전히 동일시되는 클럽을 목표로, 로마를 진정으로 대표하는 축구팀이 되고자 했다. 이에 따라 로마 축구클럽에서 도시의 이름과 색상을 가져왔고, 엠블럼에는 로마 건국 신화 속 카피톨리누스 늑대가 로물루스와 레무스를 젖 먹이는 장면을 담았다. 이를 통해 팬들은 전설적인 '영원한 도시' 로마의 상징과 전통이 깃든 깃발을 흔들 수 있게 됐다.

AS 로마는 창단 초기부터 SS 라치오와 치열한 라이벌 관계를 형성했으며, 이 경쟁은 단순한 스포츠 차원을 넘어 정치적·사회적 의미를 띠게 됐다. 두 클럽 모두 파시스트 정권과 일정한 연관이 있었지만, 그 지지 기반에는 분명한 사회 계층의 차이가 존재했다. SS 라치오는 로마 부르주아지의 중심지인 파리올리 지구를 기반으로 했고, AS 로마는 노동자 계층이 밀집한 테스타치오 지역에 뿌리를 두고 있었다. 이 뚜렷한 구도는 SS 라치오가 라치오 지역의 도시 및 농촌 지배층의 지지를 받고, AS 로마는 수도 중심부에서 대중적 지지를 얻는다는 인식을 점점 더 강화시켰다.

이러한 인식은 SS 라치오와 파시즘의 관계가 강화되면서 더욱 고착됐다. 특히 1929년 무솔리니가 SS 라치오의 회원이 되면서 이 연결은 더욱 뚜렷해졌다. 오늘날까지도 SS 라치오와 파시즘의 연관성은 끊이지 않으며, 다수의 팬이 극우 성향을 공개적으로 드러내면서, SS 라치오는 우파 클럽, AS 로마는 좌파 클럽

이라는 대중적 인식이 확고히 자리 잡았다.

SS 라치오가 파시즘과 밀접하게 연관됐음에도, 무솔리니의 독재 시기 동안 한 번도 우승하지 못했다는 점은 주목할 만하다. 당시 리그 챔피언십은 주로 북부 팀들이 석권했으며, 특히 무솔리니의 고향인 에밀리아로마냐 지역을 대표하는 볼로냐 FC 1909Bologna FC 1909는 이 시기 여섯 차례나 리그 우승을 차지했다.

이러한 북부 중심의 축구 헤게모니를 처음으로 깬 팀은 AS 로마였다. 제2차 세계대전 중이던 1942년, AS 로마는 스쿠데토를 차지하며 '남부' 팀으로는 처음으로 전국 챔피언십 우승을 거머쥐었다. 이는 이탈리아 축구사에서 혁명적인 사건으로 평가된다.

AS 로마의 첫 우승을 둘러싼 해석은 다양하며, 때로는 상반되기도 한다. 작가 마리오 솔다티와 언론인 지안니 브레라Gianni Brera는 무솔리니가 로마제국의 영광을 상징하기 위해 클럽의 우승을 도왔다고 주장했다. 이 주장은 한때 AS 로마를 지휘했던 엘레니오 에레라Helenio Herrera의 발언과도 일맥상통한다. 그는 팀 성적에 대한 팬들의 비판에 이렇게 응수했다.

> "여기서 이기는 건 불가능하다. 이 팀은 1942년 이후 우승한 적이 없다. 그때는 무솔리니가 감독이었기 때문에 가능했던 거다."

그러나 다른 출처들은 무솔리니가 AS 로마의 우승을 위해 어떤 특혜를 줬다는 주장을 단호히 부인한다. 실제로 정권이 클럽에 제공한 유일한 혜택은 군 복무를 해야 했던 선수들이 로마에서 복무할 수 있도록 허용한 것뿐이었다. 덕분에 선수들은 동료들과 함께 훈련할 수 있었고, 매주 장거리 원정을 피할 수 있었다. 그 당시 우승 팀의 주전 공격수였던 아마데오 아마데이Amedeo Amadei는 이 타이틀이 경기장에서 정정당당하게 획득된 것이라 주장했다. 그는 클럽이 심판의 편파적인 판정에 기대지 않았을 뿐만 아니라, 오히려 토리노 FC와의 결정전에서는 심판의 오심 때문에 우승 가능성이 낮아졌다고 강조했다.

무솔리니는 볼로냐 FC 1909와 SS 라치오를 지지한 것으로 알려져 있다. 전쟁이 격화되던 당시, 독재자가 직면한 수많은 정치적 과제를 고려할 때 AS 로마에 유리한 개입이 있었을 가능성은 낮다. 게다가 무솔리니 정권은 20년 동안 지속됐고, 충분히 축구에 영향을 미칠 수 있는 위치에 있었음에도 불구하고, AS 로마는 그 기간에 뚜렷한 성과를 거두지 못했다.

파시즘이 몰락한 이후, 로마 지역 사회 내에서 축구를 둘러싼 갈등은 오히려 심화됐다. AS 로마는 더욱 뚜렷한 노동자 계층의 색채를 띠게 됐고, SS 라치오는 파시즘 시절을 그리워하는 극우 세력의 안식처로 여겨졌다. 시간이 흐르면서 이러한 단순한 구분은 점차 모호해졌다.

AS 로마 팬들은 라이벌 SS 라치오 팬들을 '부리니burini'(촌뜨기)라고 부르며 경멸하곤 한다. 이는 도시적 성향의 로마 팬들과 농촌적 배경을 지닌 라치오 팬들 사이의 사회적 분열을 반영하는 표현이다. 반대로 SS 라치오 팬들 또한 AS 로마 팬들을 향해 노골적인 공격을 서슴지 않았다. 극우 성향을 공개적으로 드러내는 일부 팬들은 AS 로마 팬들을 '유대인'이라 비하하며, 충격적인 내용의 현수막을 여러 차례 내걸었다. 대표적인 문구로는 "아우슈비츠가 너희 고향, 가스실이 너희 집", "유대인이 지지하는 흑인 팀" 등이 있다.

1970년대에는 양측 극단적 팬들 간의 이념적 충돌이 특히 격화됐다. AS 로마의 관중석에는 극좌 성향의 쾨드라로 지역 팬 그룹 페다인Fedayn이 등장했고, 이들은 정치적 긴장이 고조되던 시기에 SS 라치오의 극우 팬들과 강하게 대립했다.

AS 로마는 여전히 대중적이고 좌파 성향의 클럽이라는 이미지가 강하다. 그러나 같은 해인 1972년, 극우 성향의 팬 그룹 '더 보이즈The Boys'도 결성됐고, 이후 이들은 경기장에서 가장 열성적인 팬들이 모이는 전설적인 '남쪽 스탠드'를 차지하는 데 성공했다. '더 보이즈'는 페다인과 같은 해에 출범했지만, 서로 다른 사회적 배경과 정반대의 정치 성향을 바탕으로 로마 팬 문화 안에서 점차 영향력을 키워 나갔다.

이러한 배경 속에서, 로마 팬들 사이에 파시스트 상징과 표현이 점점 더 자주 등장하게 된 것은 매우 안타까운 일이다. 이는 AS 로마가 오랫동안 노동자 계층과 좌파 정치와 깊은 연관을 맺어왔다는 점을 고려할 때 특히 역설적이다. 그럼에도 불구하고 이러한 모순은 AS 로마가 여전히 '영원한 도시' 로마의 대중적 중심이자, 벤디티가 노래한 "이 도시의 진정한 심장"으로 남아 있는 현실을 바꾸지 못했다.

인터 밀란

'이탈리아답지 않다'는 이유로 지워진 이름

1922년 검은 셔츠단Blackshirts[12]의 대규모 로마 진군 이후 베니토 무솔리니와 파시스트 정권이 권력을 장악했다. 이로써 이탈리아 역사상 가장 암울한 시기가 시작됐고, 이 시기는 강렬한 민족주의로 특징지어졌다. 그중 대표적인 정책이 '이탈리아화italianizzazione'였다. 이 정책은 중앙집권을 강화하고, 로마가 식민지화한 지역에서 이탈리아어 사용을 강요했으며, 외국 문화의 흔적을 지우고 외국어식 이름과 용어를 이탈리아식으로 바꾸려는 시도였다.

---

12 1923년 무솔리니 정권에 의해 창설된 준군사 조직. 검은 유니폼을 착용해 '검은 셔츠단'이라 불렸으며, 파시스트 운동의 상징적 존재로, 좌파 세력 탄압과 파업 진압, 반대자에 대한 폭력 등에 앞장섰다. 1922년 '로마 진군'을 주도하며 무솔리니의 집권을 가능케 한 핵심 세력이었다.

하지만 이탈리아화는 파시즘만의 전유물이 아니었다. 20세기 초반 이탈리아 사회 전반에 걸쳐 유사한 문화 동화의 흐름이 있었고, 이는 스포츠에도 큰 영향을 미쳤다. 예컨대 1898년, 영국식 이름인 페데라치오네 이탈리아나 델 풋볼Federazione Italiana del Football로 설립된 이탈리아 축구연맹은 1909년 보다 이탈리아적인 명칭인 페데라치오네 이탈리아나 데 주오코 칼초Federazione Italiana de Giuoco Calcio로 이름을 바꿨다.

그보다 앞선 1907년, 이탈리아 축구연맹은 외국인 선수의 자국 리그 출전을 금지하는 결정을 내렸다. 이 조치는 밀라노의 대표 클럽 중 하나였던 밀란 풋볼&크리켓 클럽Milan Football&Cricket Club 내에서 격렬한 논쟁을 불러일으켰다. 클럽은 처음에는 이 규정에 반대했으나, 결국 연맹과의 협상 끝에 이를 수용했다. 하지만 외국인 선수 배제를 받아들이는 결정에 불만을 품은 일부 경영진은 클럽을 떠나, 국적과 상관없이 모든 선수를 받아들이는 새로운 팀을 만들기로 결심했다. 창립자들은 이러한 정체성을 반영해 팀 이름을 쉽게 정할 수 있었고, 창립 헌장에는 이렇게 쓰여 있었다.

"우리는 세계의 형제이기에 이 팀의 이름은 인터내셔널이라 한다."

이처럼 모두에게 열려 있는 축구 클럽, FC 인테르나치오날레 밀라노FC Internazionale Milano(통칭 인터 밀란)가 탄생했으며, 이는 민족주의적 이탈리아화를 거부하는 상징이 됐다.

이후 파시즘 정권하에서 이탈리아화 정책이 부활하고 더욱 강화되자, 인터 밀란은 당국의 표적이 됐다. 이는 아이러니하게도, 당시 클럽의 사회적 기반이 주로 밀라노의 부유층이었음에도 벌어진 일이었다. 그리고 이 부유층은 당시 정치적 불안과 사회적 혼란 속에서 무솔리니를 누구보다 열렬히 환영했던 계층이기도 했다.

인터 밀란은 밀란 풋볼&크리켓 클럽과의 라이벌 관계 덕분에 점차 지역 부유층의 클럽으로 여겨지기 시작했다. 두 팀 간의 적대감은 1910년대부터 깊어졌고, 이는 단순한 스포츠 경쟁을 넘어, 주로 상류층이었던 인터 밀란 팬들과 노동자 계층 출신이 많은 밀란 풋볼&크리켓 클럽 팬들 사이의 사회적 차이에서 비롯된 것이었다. 이러한 계층 갈등 속에서 인터 밀란 팬들은 상대 측을 '카시아비트casciavit'(드라이버)라고 불렀는데, 이는 노동자 계층을 비하하는 표현이었다. 반대로 밀란 풋볼&크리켓 클럽 팬들은 인터 밀란 팬들을 '바우시아bauscia'라고 불렀는데, 이는 외국 자본과 협력해 부를 축적한 부르주아 계층을 경멸하는 밀라노 지역의 속어였다.

보수적이고 부르주아적인 배경을 가진 인터 밀란도 파시스트 정권의 '이탈리아화' 정책을 피해갈 수는 없었다. 국가 파시스트 당은 이 클럽의 이름을 탐탁지 않게 여겼다. 이는 단지 '이탈리아답지 않은' 명칭이라는 이유뿐 아니라, 레닌과 볼셰비키가 창설한 국제 공산주의 조직 '인터내셔널(코민테른)'을 연상케 했기 때문이다. 코민테른은 1921년에 창당된 이탈리아 공산당을 포함해 전 세계 공산당을 하나로 묶는 조직이었고, 이들은 무솔리니의 파시즘에 정면으로 맞섰다.

이에 따라 정권은 도시별 주요 팀 수를 제한하는 클럽 시스템 개혁을 명분으로 삼아, 인터 밀란에서 국제주의적 색채를 지우고자 했다. 파시스트 당국은 인터 밀란과 롬바르디아주 내 세 번째 주요 클럽인 우니오네 스포르티바 밀라네세Unione Sportiva Milanese를 강제로 합병시켰다. 그 결과, 더 이탈리아적인 이름을 지닌 소시에타 스포르티바 암브로시아나Società Sportiva Ambrosiana, SSA라는 새로운 클럽이 탄생했다. 이 클럽명은 밀라노의 수호성인 성 암브로시우스를 따온 것이었으며, 가톨릭적 의미도 강하게 내포하고 있었다. 유니폼 또한 변화했는데, 밀라노의 엠블럼을 본떠 흰색 바탕에 붉은 십자가가 새겨졌고, 여기에 파시즘의 상징인 도끼와 막대 다발 문양인 파시오 리토리오fascio littorio까지 장식됐다.

새 클럽의 주력 선수 대부분은 기존 인터 밀란 출신이었지만, 회장직은 우니오네 스포르티바 밀라네세 회장이었던 에르네스토 토루시오Ernesto Torrusio에게 돌아갔다. 이는 그가 파시스트당 당원이었고, 롬바르디아 지역 최초의 파시스트 준군사 조직인 파시 디 콤바티멘토Fasci di combattimento의 창립자 중 한 명이었기 때문으로 보인다. 토루시오는 단 한 시즌만 클럽을 이끌었지만,

1909년부터 클럽 운영에 관여해온 인물로, 산업화된 밀라노의 보수적 정치·경제 엘리트층에 속해 있었다.

그러나 그의 재임기는 특히 재정 문제로 인해 완전히 실패로 끝났다. 확고한 파시스트 이력조차 그를 구하지 못했고, 정권 수뇌부는 클럽 유지를 위해 외부 자본을 끌어들이기로 결정했다. 그 결과, 오레스테 시모노티Oreste Simonotti가 막대한 재정 지원과 함께 새 회장으로 선임됐다. 이 과정에서 클럽의 공식 명칭은 소시에타 스포르티바에서 아소차치오네 스포르티바로 다소 변경됐으며, 인터 밀란의 전통 색상인 푸른색과 검은색이 유니폼에 다시 도입됐다.

1932년, 여론의 압력에 따라 클럽은 '인터Inter'를 명칭에 다시 포함할 수 있게 됐고, 공식 이름은 암브로시아나-인터Ambrosiana-Inter로 변경됐다. 이 새 이름은 인터 밀란의 정체성을 일정 부분 회복하면서도 '국제주의'를 직접적으로 드러내지 않음으로써 파시스트 정권이 우려했던 코민테른과의 이념적 연관성을 피해가려는 절충의 결과였다. 이러한 결정은 팬들의 거센 반발뿐 아니라, 우니오네 스포르티바 밀라네세가 더 이상 독립 클럽으로서 이탈리아 공식 대회에 참가할 수 없게 되더라도, 클럽의 상징적 독립성과 정체성을 유지하겠다는 내부 판단에 따른 것이기도 했다.

파시즘 시기 동안 암브로시아나-인터가 강력한 팀으로 떠오르면서, 밀라노의 또 다른 클럽인 AC 밀란AC Milan은 '천덕꾸러

기' 신세로 전락했다. 이로 인해 이탈리아 중부와 남부 지역의 클럽들 사이에서는 불만이 고조됐고, 특히 정치와 경제의 중심지로 각각 자리 잡은 로마와 밀라노 간 전통적인 경쟁 구도 때문에 로마에서의 반발은 더욱 격렬했다.

이 시기 암브로시아나-인터는 클럽명에 '인터'를 다시 포함하는 데는 성공했지만, 파시스트 정권의 '이탈리아화' 정책은 한층 더 강화됐다. 이 정책은 스포츠계에도 큰 영향을 미쳤으며, 특히 영어식 클럽명들이 집중 타깃이 됐다. 그 결과, 제노아 CFCGenoa CFC는 제노아 치르콜로 델 칼초Genoa Circolo del Calcio로, AC 밀란은 아소차치오네 칼초 밀란Associazione Calcio Milan으로 이름을 바꿔야 했다.

이탈리아화 정책은 1945년 4월, 롬바르디아의 줄리노 디 메체그라에서 베니토 무솔리니와 그의 연인 클라라 페타치Clara Petacci가 파르티잔에 의해 처형되면서 막을 내렸다. 이후 반파시스트 민병대는 두 사람의 시신을 과거 파시스트 정권이 '이탈리아답지 않다'며 탄압했던 인터 밀란이 창단된 장소로 옮겼고, 곧 밀라노 로레토 광장에 전시했다. 이곳은 1년 전 극우 세력이 나치 트럭 폭탄 테러 혐의로 15명의 파르티잔을 학살하고 시신을 공개 전시했던 장소이기도 하다.

그로부터 몇 달 뒤인 1945년 10월 27일, 인터 밀란 팬들이 오랫동안 기다려온 소식이 전해졌다. 클럽 회장이자 사업가였던 카를로 마세로니Carlo Masseroni가 "오늘부터 암브로시아나-인터는 오직 FC 인테르나치오날레 밀라노라는 이름만을 사용할 것"이라고 공식 선언한 것이다.

수십 년 후 인터 밀란은 창단 100주년을 맞아 과거 '암브로시아나-인터' 시절을 기념하기 위해 성 암브로시우스의 십자가가 새겨진 유니폼을 다시 선보였다. 하지만 이 결정은 논란을 불러일으켰다. 유러피언컵 경기에서 페네르바흐체 SK Fenerbahçe SK와 맞붙었을 당시, 이 유니폼을 본 한 튀르키예 변호사가 "이슬람교도에게 모욕적이다"라며 법적 소송을 제기한 것이다.

게다가 성 암브로시우스의 십자가가 새겨진 유니폼을 입는 것은 인터 밀란의 역사를 정의한 어두운 시기를 돌아보는 일이었다. 그 시기는 무솔리니 정권이 '이탈리아답지 않다'는 이유로 '인테르나치오날레'라는 이름을 바꾸게 한 암울한 시기였다.

3장
이베리아반도

마드리드 FC 선수들이 경기 직전 공화국군 제21혼성여단을 기리며
주먹을 들어올리고 있다.

★★★
아소시아상 아카데미카 데 코임브라
독재에 저항한 학생팀

1968년 포르투갈 역사상 가장 오래 지속된 독재정권이 대외 이미지를 쇄신하려는 시도를 시작했다. 1932년부터 우파 정권인 에스타두 노부Estado Novo(신국가)를 이끌어온 안토니우 데 올리베이라 살라자르Antonio de Oliveira Salazar가 총리직에서 물러나고, 법학 교수 출신인 마르셀루 카에타누Marcelo Caetano가 그 뒤를 이었다.

살라자르는 에스토릴에서 휴가를 보내던 중 뜻밖의 사고로 넘어졌고, '통치 불능' 판정을 받아 권력을 상실했다. 그러나 그의 측근들은 1970년 그가 사망할 때까지 이 사실을 숨겼다. 후임자로 지명된 카에타누는 살라자르의 오랜 지지자였지만, 1958년 내각 위기 당시 권력의 중심에서 밀려난 인물이었다. 당시 포르투갈은 세 가지 'F', 즉 파티마Fátima, 파두fado, 풋볼

football의 나라로 불렸다. 이는 정권을 떠받치는 세 기둥으로 여겨졌다. 파티마는 성모 마리아가 발현했다는 목동들의 증언으로 유명한 성지 순례지로 가톨릭 신앙을 대표했고, 파두는 사회 최빈층에서 비롯된 민속 음악으로 국민 정서를 대변했으며, 축구는 특히 SL 벤피카가 유럽 무대에서 거둔 성과를 통해 정권에 국제적 명성을 안겨줬다. 새 총리 카에타누는 여러 방면에서 도전에 직면한 권위주의 정권을 이어받은 셈이었다.

1961년 앙골라를 시작으로 1963년 기니, 1964년 모잠비크에서 벌어진 식민지 전쟁은 에스타두 노부 정권이 내세워온 '포르투갈 제국'의 개념을 뒤흔들었다. 더불어 1962년과 1965년에는 노동자, 지식인, 학생들이 주도한 사회적 저항이 잇따랐고, 경찰이 이를 무자비하게 진압하면서 국민의 불만은 더욱 커졌다.

카에타누는 이러한 상황에서 총리직을 맡게 됐고, 살라자르와 가까운 독재정권의 핵심 세력은 물론, 체제 유지를 전제로 한 현대화를 요구하는 기술관료 집단 모두를 만족시켜야 하는 과제를 떠안았다. 그가 단행한 개혁 가운데 하나는 아소시아상 아카데미카 데 코임브라Associação Académica de Coimbra에서 학생회 선거를 허용한 것이었다. 이 단체는 포르투갈에서 가장 오래된 대학인 코임브라 대학교의 학생회로, 살라자르 자신도 이 대학에서 법학 학위를 받고 경제학 박사 학위를 취득했으며, 한때 경제학을 강의하기도 했다.

이 활기 넘치는 학생회는 스포츠 분야에서도 두각을 나타냈고, 특히 축구 클럽의 활동이 두드러졌다. 이 팀은 1939년 포르투갈컵에서 우승했으며, 코임브라 학생들의 전통 복장을 반영해 검은색 유니폼을 입었다.

카에타누의 이 같은 조처는 특히 코임브라에서 확산되던 학생운동의 기세를 꺾기 위한 것이었다. 그는 1968년 5월 프랑스에서 촉발된 시위가 포르투갈 학생들에게 미칠 영향을 우려했고, 대학생들이 야당의 주요 지지 기반이라는 사실도 잘 알고 있었다. 이는 1962년 코임브라에서 예정돼 있던 최초의 전국 학생회의가 금지됐을 때 대규모 항의 시위가 벌어진 사건에서 분명히 드러났다.

1969년 2월 반독재 성향의 학생들로 구성된 '공화국 평의회를 위하여For the Council of the Republic'라는 이름의 선거 연합이 코임브라 학생회 선거에서 75%의 압도적인 득표율로 승리했다. 그러나 학생회장으로 선출된 알베르토 마르틴스Albert Martins가 이 대학의 신축 수학부 건물 개관식에서 연설하는 것이 금지되자, 독재정권 수립 이래 최대 규모의 학생 시위가 촉발됐다.

학생들은 아메리코 토마스Américo Tomás 대통령에게 민주적인 대학을 요구하려 했지만, 발언 기회조차 박탈당했다. 여기에 정권의 정치 경찰인 PIDE가 가한 잔혹한 탄압은 시위를 오히려 전국적으로 확산시키는 계기가 됐다.

4월 22일 아소시아상 아카데미카 데 코임브라는 '학문적 애도Academic Mourning'를 선포했다. 이는 원래 교육 공동체의 일원이 사망했을 때 학생들이 전통적으로 지키는 추모 기간이었지만, 이번에는 탄압과 자유 박탈에 대한 항의의 의미로 선언된 것이었다. 이 애도 기간 동안 학생회는 대학 내 점거, 문화 행사 등 수십 개의 활동을 조직해 학생들의 민주적 요구를 표출할 장을 마련했다.

시위가 계속되는 가운데 코임브라 학생 조직의 축구팀은 포르투갈컵 8강전에 출전했다. 팀은 대부분 시위의 선봉에 섰던 코임브라 대학생들로 구성돼 있었기에, 축구는 정권에 맞선 저항의 도구가 될 수 있었다. 이는 1960년대 초 살라자르가 SL 벤피카의 성공을 독재정권의 정당성을 홍보하는 데 이용했던 이미지에 균열을 내는 기회이기도 했다.

아소시아상 아카데미카 데 코임브라는 8강 1차전에서 비토리아 데 기마랑이스Vitória de Guimarães(비토리아 SC)에 2-1로 패했지만, 선수들은 2차전에서 반드시 역전해 대부분 대학생인 팬들에게 승리를 안기겠다고 다짐했다.

한 달 전 교육부 장관의 명령으로 코임브라 대학이 시험 기간 동안 폐쇄된 가운데, 1969년 6월 1일 열린 2차전은 긴장감 속에서 치러졌다. 아소시아상 아카데미카 데 코임브라는 전통의 검은색 유니폼을 입고 출전해 5-0의 대승을 거두며 준결승에 진출했다. 다음 상대는 스포르팅 CPSporting CP였다. 이 승리는 학생들이 싸우고 있던 민주주의의 대의를 위해 축구를 어떻게 활용할 수 있는지를 극적으로 보여주는 장면이었다.

준결승 1차전은 6월 8일, 리스본의 이스타디우 주제 알발라드에서 열렸다. 코임브라 팀은 전통의 검은 유니폼 대신 과감히 흰색 유니폼을 착용하고, '학문적 애도'와 당시 전국적으로 벌어지던 반체제 시위에 대한 연대를 상징하기 위해 검은색 완장을 팔에 둘렀다. 학생들의 열띤 응원 속에서 코임브라 팀은 스포르팅 CP를 2-1로 꺾었다.

대학 시위가 포르투갈 축구의 중심 무대로 번지자, 축구가 대중적으로 가장 인기 있는 스포츠였던 만큼 정권은 위기감을 느꼈다. 이에 따라 축구연맹은 정권의 지시에 따라 코임브라 팀에 유니폼 색상 변경과 완장 착용을 금지한다고 통보했다. 코임브라에서 열린 준결승 2차전에서 선수들은 눈에 띄는 항의를 이어가기 위해 최대한 창의적인 방법을 찾아야 했다. 이들은 기존의 검은 유니폼에 흰색 띠를 덧대 애도의 의미를 표현하고자 했으나, 이마저 금지되자 결국 유니폼 엠블럼 위에 흰색 스티커를 붙인 채 경기장에 나섰다. 이는 '학문적 애도'에 대한 침묵의 연대를 상징했다.

그해 6월 15일 이스타디우 두 칼하베(현재의 이스타디우 시다드 드 코임브라) 경기장은 정권의 탄압에 맞서 싸우는 자신들의 팀을 응원하려는 학생들로 가득 찼다. 경기장 곳곳에는 시위 현수막이 걸렸고, 수많은 관중이 코임브라 시내에서 시위를 마친 뒤 경기장으로 몰려들었다. 코임브라 팀은 스포르팅 CP를 1-0으로 꺾고, 일주일 뒤 리스본에서 열릴 결승전에서 강호 SL 벤피카와 맞붙게 됐다.

코임브라 팀의 결승 진출은 당국에 큰 골칫거리가 됐다. 결승전은 독재정권의 상징적 공간인 이스타디우 나시오날에서 열릴 예정이었고, 학생들과 반정부 세력이 이 경기를 정권에 대한 항의의 장으로 활용할 가능성이 매우 높았다.

이에 당국은 전례 없는 결정을 내렸다. 결승전 생중계를 금지해 경기장에서 벌어질 시위를 국민에게 노출시키지 않기로 한 것이다. 이는 방송을 통한 시위 확산을 원천 차단하기 위한 조치였다. 대통령과 카에타누 내각 인사들도 결승전에 일절 참석하지 않았고, 대신 대규모 경찰병력을 배치해 시위에 대비했다.

당국은 사태 악화를 우려해 코임브라 팀의 결승전 출전을 막는 방안까지 검토했고, 이에 대해 스포르팅 CP 측에 사전 통보까지 한 것으로 알려졌다. 그러나 결국 코임브라 팀은 경기장에 나섰고, '우승이야말로 독재정권에 맞서는 가장 강력한 저항'이라는 각오로 경기에 임했다.

결승전을 앞두고 코임브라 팀과 학생운동 세력은 치밀한 준비에 들어갔다. 경기 며칠 전, 몇몇 학생 대표가 리스본으로 내려가 수도의 반정부 세력과 협력했다. 그들의 목표는 결승전을 독재정권 역사상 최대 규모의 항의 시위로 만드는 것이었다. 지하 인쇄소에서는 학생들의 요구를 담은 35종의 전단이 밤낮없이 인쇄됐고, 이는 경기 당일 관중에게 배포될 예정이었다.

6월 22일 결승전 당일, 코임브라 대학생들이 깃발과 현수막을 들고 리스본으로 모여들었다. 이들은 선수들을 응원하는 동시에 정치적 요구를 분명히 전달하고자 했다. 축구연맹으로부터 또다시 유니폼 규제를 통보받은 코임브라 팀은 학생운동과의 연대를 상징하기 위해 전통적인 검은색 유니폼 위에 학사 가운을 걸치기로 결정했다.

이스타디우 나시오날은 관중으로 가득 찼고, 코임브라 학생들이 내건 수십 개의 현수막은 경기장을 단숨에 정권 반대의 거대한 연단으로 바꾸어 놓았다. 실제로 1969년 포르투갈컵 결승전은 그해 최대 규모의 정치 집회로 평가되기도 한다.

관중석을 가득 메운 구호들은 대학의 자유를 요구하고 경찰 폭력을 규탄했으며, 학생 시위 중 체포된 이들의 석방을 촉구했다. 정치 경찰의 감시를 피해 학생들은 현수막을 빠르게 펼쳤다가 재빨리 숨기며 경찰이 시위 주동자를 특정하지 못하도록 했다.

경기 81분, 코임브라 팀의 공격수 마누엘 안토니오Manuel Antonio가 선제골을 넣자 경기장은 환호로 뒤덮였다. 그러나 그 기쁨은 오래가지 못했다. 불과 4분 뒤 벤피카의 시몽이스Simões가 동점골을 넣었고, 경기는 연장전에 돌입했다.

연장전에서 SL 벤피카의 에우제비우Eusébio가 결승골을 넣으며, 코임브라 팀이 꿈꿨던 우승은 눈앞에서 좌절됐다. 벤피카 팬들조차 코임브라 팀의 정치적 입장에 공감하며 그들의 승리를 바랐지만, 결과는 바뀌지 않았다.

비록 우승은 놓쳤지만, 코임브라 팀은 학교로 돌아와 학생운동 지도자들의 뜨거운 환영을 받았다. 당초 우승 시 학생회장 마르틴스가 선수들과 함께 승리 퍼레이드에 나설 계획이었지만, 안타깝게도 그 꿈은 이뤄지지 않았다.

그럼에도 코임브라 팀의 저항은 포르투갈 독재정권에 대한 강력한 도전이었으며, 학생운동의 목소리를 캠퍼스 너머 전국으로 확산시키는 계기가 됐다. 축구는 종종 독재정권이 정당성을 뒷받침하는 수단으로 이용됐지만, 이 순간만큼은 민주주의와 자유를 위한 무대가 됐다.

역사는 때로 불공평하다. 그러나 40여 년이 지난 2012년. 프로팀이 된 아소시아상 아카데미카 데 코임브라가 마침내 포르투갈컵 우승컵을 들어올리며, 독재에 맞섰던 그 학생팀에게 늦게나마 정의가 돌아갔다.

아틀레티코 마드리드
천 개의 얼굴을 가진 클럽

2014년 5월 아르헨티나 출신의 디에고 시메오네Diego Simeone 감독이 이끄는 아틀레티코 마드리드Atlético de Madrid가 바르셀로나 캄프 누에서 리그 우승을 차지했다. 40년 동안 씌워졌던 '불운의 팀El Pupas'이라는 오명을 마침내 떨쳐낸 순간이었다.

하지만 2014년 리스본, 2016년 밀라노에서 열린 UEFA 챔피언스리그 결승에서 '로히블랑코스Rojiblancos'(빨강과 흰색의 팀, 아틀레티코 마드리드의 별칭)는 지역 라이벌 레알 마드리드에 막판에 무릎을 꿇었다. 1974년 헤이젤에서 열린 유러피언컵 결승전에서의 패배와 놀랍도록 닮은 비극적인 결말이었다. '불운의 팀'이라는 별명은 바로 이때 처음 붙여졌고, 이후로도 쉽게 지워지지 않았다.

'매트리스 제작자Mattress Makers'[1]라는 별명으로도 불리는 이 클럽의 역사는, 스페인 현대사를 고스란히 비추는 '천 개의 얼굴'을 품고 있다. 오늘날의 아틀레티코 마드리드는 1903년 4월 마드리드의 카사 바스카Casa Vasca(바스크인 커뮤니티센터)에서 탄생했다. 이곳은 비스카야 출신의 광산공학과 학생들과 마드리드에 거주하는 바스크계 이주민들이 모이던 공간이었다. 이들이 아틀레틱 빌바오의 마드리드 지부로 클럽을 창설한 것이다. 당시 비스카야의 아틀레틱 빌바오는 마드리드 풋볼 클럽을 꺾고 첫 코파 델 레이Copa del Rey(스페인컵) 우승을 차지한 상태였다. 이 마드리드 풋볼 클럽은 훗날 레알 마드리드로 성장해 아틀레티코 마드리드의 가장 큰 라이벌이 된다.

초기에 아틀레티코 마드리드는 '아틀레틱 클루브Athletic Club 마드리드 지부'라는 이름으로 알려졌으며, 바스크 팀인 아틀레틱 빌바오의 하부 조직에 불과했다. 이들은 아틀레틱 빌바오와 경기를 치를 수 없었고, 요청이 있을 때마다 유망한 선수를 빌려주기도 했다. 유니폼 역시 같은 디자인을 채택했으며, 처음에는 파란색과 흰색이었지만 1910년부터는 클럽을 상징하는 빨간색과 흰색 줄무늬 유니폼을 입기 시작했다.

■

1   아틀레티코 마드리드의 유니폼인 빨간색과 흰색 줄무늬가 전통적인 매트리스 디자인을 연상시킨 데서 유래한 별칭으로, 스페인어로는 '콜초네로스Colchoneros'라 불린다.

클럽 내에 마드리드 출신 선수가 바스크 출신보다 많아지면서, 마드리드 지부는 하부 조직 지위를 포기하고 완전히 독립한 스포츠 클럽으로 전환했다. 그럼에도 원래 이름인 '아틀레틱 클루브'를 유지하기로 했다.

아틀레틱 빌바오의 후원에서 벗어난 1923년, 오늘날 '아틀레티Atleti'로 불리는 이 클럽은 전설적인 메트로폴리타노 경기장으로 이전했다. 이곳에서 '매트리스 제작자들'은 스페인 내전이 발발하기 전까지 격동의 세월을 보내며 경기를 치렀다.

아틀레티의 최악의 기억 중 하나도 바로 이 역사적 시기에 발생했다. 1936년 프란시스코 프랑코 장군의 쿠데타 직전, 아틀레틱 클루브는 끔찍한 시즌 끝에 2부 리그로 강등됐다. 그해 리그 우승 트로피는 옛 바스크 후원팀 아틀레틱 빌바오의 품에 돌아갔다.

하지만 클럽의 불운은 거기서 그치지 않았다. 극우 세력의 쿠데타와 그로 인한 전선이 마드리드까지 확산하면서 클럽 활동은 사실상 중단됐다. 설상가상으로 경기장이 격전지였던 대학가 근처에 위치해 있었고, 전투에 휘말려 파괴되는 사태까지 벌어졌다.

클럽 활동이 중단된 동안, 아틀레티코 마드리드는 몇 차례의 자선 경기를 제외하고 거의 경기를 치르지 않았다. 이 자선 경기는 민병대, 수혈 병원, 반파시스트 연합이 운영하는 아동 병원 등 공화파 단체의 기금 마련을 위한 것이었다. 전선에 나가

지 않은 아틀레티코 마드리드 선수들이 참여한 이 경기들은 몇몇 인상적인 장면을 남겼다. 특히 선수들이 공화주의 운동에 연대하며 주먹을 불끈 쥐어 올린 장면은 상징적인 순간으로 기억된다.

전쟁 발발 이후 라리가 소속 다수의 클럽이 공화파에 대한 지지를 공개적으로 드러냈다. 이에 맞서 파시스트 장군들은 축구의 정치적 효용을 인식하고 새로운 팀들을 만들기 시작했다. 그중 가장 대표적인 팀이 바로 훗날 아틀레티코 마드리드의 전신 중 하나가 되는 클루브 아비아시온 나시오날Club Aviación Nacional이었다.

이 클럽은 1937년 살라망카의 마타칸 공군기지에서 창설됐다. 초창기에는 군인들로만 구성됐으며, 주요 목적은 파시스트 진영의 자금 조달이었다. 1938년 여름 에브로 전투가 시작되면서 프랑코 군의 본부가 사라고사(아라곤)로 옮겨졌고, 다수의 공군 부대도 함께 이동했다. 이에 따라 클럽 역시 아라곤으로 옮겨져 공식 경기에 출전했고, 지역 챔피언 자리에 올랐다. 이를 통해 파시스트판 코파 델 레이인 '총사령관컵' 출전 자격을 얻었으며, 8강까지 진출했지만 결국 세비야 FCSevilla FC에 패해 탈락했다.

프랑코 군이 전쟁에서 승리한 후에도 클루브 아비아시온 나시오날은 해체되지 않았고, 본부를 마드리드로 옮겼다. 전쟁으로 중단됐던 '국가 리그 챔피언십'이 1939년에 재개되자, 클럽은

1부 또는 2부 리그 진입을 목표로 전력을 다했다.

당시 클럽의 초기 목표가 1부 리그 진출이 유력했던 마드리드 풋볼 클럽(현재의 레알 마드리드 CF)과의 합병이었다는 사실은 잘 알려져 있지 않다. 그러나 이 합병은 성사되지 않았다. 이는 이념적 이유 때문이 아니라, 마드리드 풋볼 클럽 측이 클럽 운영권을 공군에 넘겨주는 것을 거부했기 때문이었다.

첫 번째 합병 시도가 실패하자 클루브 아비아시온 나시오날은 마드리드의 다른 두 클럽으로 눈을 돌렸다. 하나는 전쟁 전 2부 리그에서 활동하던 참베리 지역의 클루브 데포르티보 나시오날Club Deportivo Nacional, 다른 하나는 직전 챔피언십에서 2부로 강등된 아틀레틱 클루브였다.

아틀레틱 마드리드는 경기장이 파괴되는 등 심각한 위기에 처해 있었고, 결국 클루브 아비아시온 나시오날과의 합병을 피할 수 없었다. 이렇게 탄생한 팀이 바로 아틀레틱 아비아시온 클루브Athletic Aviación Club다. 새로 출범한 이 팀은 아틀레틱 클루브의 유니폼을 그대로 유지했지만, 프랑코 공군의 지휘관 프란시스코 비베스Francisco Vives가 초대 회장으로 임명되면서 과거와 단절하기 시작했다. 비베스의 지휘 아래 여러 공군 장교가 이사회에 합류했고, 클럽의 로고 역시 공군의 공식 엠블럼을 포함하도록 수정되면서 변화는 더욱 분명해졌다.

클럽이 프랑코 정권과 공모했다는 사실은, 전후 첫 1부 리그 챔피언십에서 레알 오비에도Real Oviedo의 자리를 차지하라는 요청을 받으면서 분명히 드러났다. 아스투리아스 지역의 레알 오비에도 역시 경기장이 파괴된 데다 심각한 재정 위기까지 겪고 있었다. 축구연맹은 1부 리그 초청이 불공정하다는 비판을 피하기 위해, 1932년 강등됐던 두 팀인 아틀레틱 아비아시온 클럽와 팜플로나 지역의 CA 오사수나CA Osasuna 간에 플레이오프를 개최했다.

아틀레틱 아비아시온 클럽는 이 기회를 놓치지 않고 발렌시아의 메스타야 경기장에서 CA 오사수나를 가볍게 제압했다. 이 승리는 클럽에 중요한 전환점이 됐고, 이후 프랑코 정권하에서 두 시즌 연속 리그 우승을 차지하며 새로운 위상을 얻게 됐다. 클럽의 군사적 배경은 정권과의 밀접한 연계에 결정적 역할을 했다. 이러한 인식은 제2차 세계대전 중 클럽이 이탈리아 파시스트 공군팀이나 독일 루프트바페Luftwaffe와의 친선경기 같은 선전 행사에 동원되면서 더욱 강해졌다. 당시 스페인 정권은 표면적으로는 중립을 표방했지만, 이러한 경기는 그 정치적 성향을 노골적으로 드러내는 상징적 장면이었다.

리그 첫 두 시즌의 우승은 클럽이 이름을 다시 바꾼 1940년과 맞물려 있었다. 이때 클럽 이름은 '클루브 아틀레티코 아비아시온Club Atlético Aviación'으로 변경됐으며, 이는 모든 기관의 '외국어 사용'을 금지한 이른바 '히스패닉화Hispanicisation' 법을 준수하기 위한 조치였다. 이 법은 극우 정당 팔랑헤Falange의 지도자 라몬 세라노 수녜르Ramón Serrano Suñer가 제정한 것으로, 영어 문화의 영향을 받은 거의 모든 축구 클럽이 이름을 바꿔야 했다.

흥미롭게도, 이후 이 규제가 완화됐을 때 아틀레티코 마드리드는 이전의 이름으로 돌아가지 않았다. 오히려 클럽은 파시즘에 의해 부여된 히스패닉 이름을 유지하기로 결정했고, 그 이름은 오늘날까지 이어지고 있다. 이는 원래의 이름을 되찾은 아틀레틱 빌바오나 FC 바르셀로나와는 뚜렷한 대조를 이룬다.

1947년 클루브 아틀레티코 아비아시온은 다시 한 번 이름을 바꿨다. 당시 스페인 공군은 리그 챔피언십에 군과 관련된 팀이 존재해서는 안 된다고 판단해 '아비아시온'이라는 명칭의 삭제를 요구했다. 이에 따라 군 장교들은 클럽 운영진에서 물러났고, 클럽은 완전한 민간 팀으로 전환됐다.

그러나 아틀레티코 마드리드가 '프랑코주의'와 동일시되는 현상은 사라지지 않았다. 이는 비센테 칼데론Vicente Calderon이 이끄는 클럽 수뇌부가 정권과 밀접한 연관을 맺고 있었기 때문이다. 일설에 따르면, 칼데론은 프랑코 정권 고위층과의 인맥을 활용해 마드리드의 주요 고속도로 위에 만사나레스 경기장을 건설할 수 있었고, 이 도로는 훗날 M-30 고속도로로 발전했다. 당시 마드리드 시장이자 이후 스페인 총리를 지낸 카를로스 아리아스 나바로Carlos Arias Navarro는 이 위치에 반대했다. 그는 해당 경기장이 시의 건축 허가를 받지 않았다는 이유로 경찰을 보내 공사를 중단시키고 관중석 철거를 경고했다. 그러나 프랑코 관저에서 걸려온 전화 한 통에 물러설 수밖에 없었고, 만사나레스 경기장(훗날의 에스타디오 비센테 칼데론)은 1966년 공식 개장했다.

1970년대 아틀레티코 마드리드는 '엘 푸파스el Pupas'라는 별명을 얻었다. 이는 늘 불운이 따르는 사람을 뜻하는 표현으로, 1974년 유러피언컵 결승전에서 급부상한 FC 바이에른 뮌헨FC Bayern Munich에게 패한 일이 계기가 됐다. 이후 FC 바이에른 뮌헨은 유러피언컵 우승을 이어가며 유럽 최강의 자리를 굳혔다.

아틀레티코 마드리드는 그 경기에서 가혹한 패배를 당했다. 브뤼셀에서 열린 두 번의 결승전 중 첫 경기에서 루이스 아라고네스Luis Aragonés가 연장 종료 6분 전 선제골을 넣으며 승리를 눈앞에 두는 듯했다. 그러나 경기 종료 직전 FC 바이에른 뮌헨의 중앙 수비수 슈바르첸베크Schwarzenbeck가 동점골을 터뜨리며 아틀레티코 마드리드의 우승은 무산됐다. 이어진 재경기에서 FC 바이에른 뮌헨은 일방적인 경기를 펼쳐 4-0으로 압승했다.

긍정적으로 보면, 이 '불운의 전설'은 아틀레티코 마드리드에게 '서민의 클럽'이라는 이미지를 안겨줬다. 이는 권력층 및 축구계의 성공과 밀접하게 연결된 영원한 라이벌 레알 마드리드와 뚜렷이 대비되는 이미지다. 실제로 '불운의 팀' 전통을 깨기 직전까지 갔던 디에고 시메오네 감독조차 아틀레티코를 '서민의 팀'이라고 불렀다.

그의 말은 절반은 맞지만, 아틀레티코 마드리드의 정체성을 온전히 이해하려면 더 많은 측면을 함께 살펴야 한다. 이 클럽은 아틀레틱 빌바오의 하부 조직으로 출발해 군사 클럽, 프랑코 정권과 결합된 클럽으로 이어졌으며, 최근에는 악명 높은 헤수스 힐Jesús Gil과도 연결돼 있다. 건설업계의 거물이자 클럽 회장이었던 힐은 프랑코 정권에 의해 과실치사 혐의로부터 사면됐고, 이후 1990년대 스페인의 부패와 과잉을 상징하는 인물이 됐다. 이처럼 100년이 넘는 세월 동안 아틀레티코 마드리드는 수많은 얼굴을 거쳐 결국 '천 개의 얼굴을 가진 클럽'으로 남았다.

레알 마드리드 CF
공산주의자가 이끌던 '왕실' 클럽

레알 마드리드는 화려한 트로피 진열장과 함께 자신들의 역사를 자랑한다. 하지만 이 클럽의 100년 역사에는 제2공화국(1931~39), 특히 스페인 내전(1936~39) 시기를 다룰 때 분명한 공백이 존재한다. 이는 클럽이 안토니오 오르테가 구티에레스 Antonio Ortega Gutiérrez를 의도적으로 외면하고 있다는 점에서 드러난다. 오르테가는 공산주의 군 장교로, 레알 마드리드가 가장 어려웠던 시기에 클럽 회장을 맡았으며 이후 프랑코 정권에 의해 처형됐다.

그럼에도 레알 마드리드의 공식 역사에는 오르테가 대령이 차마르틴 지역에 기반을 둔 이 스포츠 클럽을 운영했다는 언급조차 없다. 클럽 웹사이트의 역대 회장 사진 갤러리, 클럽이 승인한 수많은 출판물, 그리고 특히 클럽 박물관의 역사 전시를 통해 이를 확인할 수 있다. 가장 절박했던 시기에 클럽을 이끌었던 인물에 대한 기록은 단 한 줄도 남아 있지 않다.

레알 마드리드가 자국 역사를 해석하는 방식은, 클럽이 안토니오 오르테가의 기억을 지우려 한다는 점을 여지없이 보여준다. 그러나 그것은 레알 마드리드의 지울 수 없는 과거의 일부다. 1937년부터 1939년 파시스트가 마드리드를 점령하기 전까지 공화파 대령이자 스페인 공산당PCE 당원이었던 오르테가는 당대 공화주의 가치를 상징하던 이 클럽을 이끌었다. 그렇다면 공화주의 시절 레알 마드리드의 공산주의자 회장은 누구였는가? 그리고 스페인을 대표하는 권력의 상징, 에스타디오 산티아고 베르나베우의 '명예의 전당'을 지켜온 이들은 왜 그의 기억이 사라지도록 내버려뒀는가?

이 질문에 답하려면 1939년 봄으로 돌아가야 한다. 제2공화국의 마지막 거점 중 하나였던 알리칸테에는 프랑코의 승리가 기정사실이 된 가운데 필사적으로 도망치려는 수만 명의 공화주의자들이 몰려 있었다. 오랑(알제리)으로 망명할 배를 타지 못한 이들은 1939년 3월 30일, 프랑코 민족주의자들이 전쟁의 승리를 공식 선언하기 이틀 전에 세워진 로스 알멘드로스 수용소에 감금됐다. 이곳에는 약 2만 명의 공화파 군인과 민간인 포로가 끔찍한 환경 속에서 수감됐다.

죄수복을 입은 포로 중에는 오르테가 대령도 있었다. 임시 수용소가 해체된 뒤 오르테가는 다른 강제 수용소인 알바테라로 이송됐고, 이후에는 군인 전용 수용소인 산타 바르바라 성으로 옮겨졌다. 알리칸테 중심부 베나칸틸 산에 위치한 이 성은 이전까지 공화파가 민족주의자 포로를 가두던 곳이었으나, 이제는 정권에 의해 공화파 포로를 수감하는 장소가 됐다. 오르테가는 로스 알멘드로스보다 이곳에 더 오래 머물렀지만, 그 또한 고작 몇 달에 불과했다. 신속히 진행된 군사 재판 끝에 공화파 대령 오르테가는 1939년 7월 15일 50세의 나이로 처형됐다. 중세 시대의 잔혹한 처형 도구인 가로테garrote[2]로 삶을 마감한 그의 마지막 순간을, 산타 바르바라 성은 묵묵히 지켜봤다. 이처럼 빠른 처형은 오르테가가 전쟁 중 얼마나 중대한 위치에 있었는지를 잘 보여준다. 그는 공화군의 최고 지휘관까지 올랐으며, 동시에 대표적인 공산주의자이기도 했다.

흥미롭게도, 전쟁 이전의 오르테가는 정치적 성향보다는 군 경력으로 두각을 나타냈다. 1906년 군 복무를 시작한 그는 제2공화국 시기에 여러 차례 진급하며 경력을 쌓았다. 1936년 7월 프랑코의 반란이 일어나자, 그는 바스크의 이룬에서 의용 경찰 중위로 복무하며 반란군 저지에 적극 나섰고, 그 공로로 8월 6일 기푸스코아 지방 행정 장관으로 임명됐다. 곧이어 그는 같은 지역에서 공화군을 이끌었다. 그러나 이로 인해 민족주의 언론의 집중적인 공격을 받았고, 언론은 그를 '밀수업자', '무식하고

---

2 중세부터 근대까지 사용된 처형 도구로, 목을 조이는 방식으로 사형을 집행했다. 금속 막대나 나사식 장치로 목을 서서히 조여 질식시키는 방식이었으며, 스페인에서는 1970년대까지도 사용됐다. 이 방식은 잔혹하고 고통스러운 처형법으로 악명이 높았다.

못 배운 자로 비난했다.

1936년 9월 파시스트들이 기푸스코아를 점령한 이후 오르테가는 마드리드로 배치되어 프랑코 군대에 맞서 도시 방어에 결정적인 역할을 했다. 스페인 수도에 도착하자마자, 그는 바스크 출신 병사 300명으로 구성된 부대의 지휘를 맡아 카사 데 캄포와 시우다드 우니베르시타리아 전선에서 치열한 전투를 벌이며 파시스트 진격을 저지했다.

이러한 활약으로 오르테가는 공화군 대령으로 승진했다. 마드리드 방어 총책임자였던 호세 미아하José Miaja와의 친분, 그리고 공화군의 실권을 장악한 스페인 공산당 소속이었다는 점도 그의 승진에 영향을 미쳤다.

오르테가 대령이 전쟁 중 맡았던 여러 직책 중 특히 중요한 두 가지가 있다. 첫째, 그는 네그린Negrín 정부의 보안국장으로 임명됐다. 역사학자 휴 토마스Hugh Thomas에 따르면, 이는 그가 마르크스주의 통일노동자당POUM 지도자들, 특히 반체제 마르크스주의자 안드레우 닌Andreu Nin의 체포에 관여했음을 의미한다. 안드레우 닌은 소련 비밀경찰 NKVD(KGB의 전신)의 요원이자 오르테가의 측근이었던 알렉산드르 오를로프Alexander Orlov가 주도한 작전 중 실종됐다.

둘째, 공산주의자였던 오르테가는 마드리드 축구단Madrid Football Club의 회장으로 임명됐다. 당시 레알 마드리드는 사회주의 성향의 조직인 노동자 문화스포츠재단FCDA의 관할 아래 있었다. 이러한 배경을 고려하면, 전쟁 중 공화군의 고위 장교이자 확고한 공산주의자였던 오르테가가 마드리드 최대 축구 클럽의 수장 자리에 오른 것은 파시스트 정권의 탄압 대상이 될 수밖에 없는 일이었다. 하지만 오늘날의 레알 마드리드를 떠올리면, 오르테가와 같은 인물이 이 클럽을 이끌었다는 사실이 낯설게 느껴질 수 있다. 레알 마드리드는 왕실과의 긴밀한 관계를 바탕으로 '레알'(왕실)이라는 칭호를 부여받았고, 엠블럼에도 부르봉 왕가의 왕관을 새길 수 있었다. 클럽은 그에 대한 감사로 아스투리아스 공이자 알폰소 13세의 장남인 알폰소 왕자에게 명예 회장직을 수여하기도 했다.

1931년 4월 14일 스페인 제2공화국이 선포된 후 마드리드는 왕실 지위를 박탈당했고, 공공생활에서 모든 왕실 상징이 제거됐다. 레알 마드리드 역시 '마드리드 축구단'으로 불리게 됐으며, 엠블럼에서 왕관을 없애는 대신 보라색 줄무늬를 추가했다. 이 보라색은 카스티야 지방의 색으로, 공화국이 스페인 국기에 새롭게 추가한 색이기도 했다.

마드리드 축구단은 엠블럼 변경에 그치지 않고, 20세기 초 마드리드 엘리트들과의 연관성을 끊고 클럽의 정체성을 크게 변화시켰다. 이 시기 다수의 강경 공화주의자들이 클럽 운영에 참여했으며, 그중 한 명이 라파엘 산체스 게라Rafael Sánchez Guerra였다. 그는 왕당파 정치인의 아들이었지만, 1933년 회장 선거에서의 패배를 딛고 재도전해 1935년 클럽 회장에 선출됐다.

1935년 선거는 마드리드 축구단의 주도권을 둘러싼 치열한 정치 투쟁으로 이어졌다. 산체스 게라의 승리는 클럽에 새로 합류한 공화주의자들의 지지 덕분이었고, 산티아고 베르나베우를 비롯한 보수 세력의 저지 시도는 실패했다. 당시 마드리드 축구단은 전통적으로 보수적이고 왕당파 성향의 사회 기반을 가졌으며, 지도부 다수는 스페인 자치우익연합CEDA이나 파시스트 정당인 팔랑헤와 연계돼 있었다.

산체스 게라는 레알 마드리드 공식 역사상 공화국 시기에 인정된 마지막 회장으로, 1935년 5월 31일부터 1936년 8월 4일까지 재임했다. 이후 클럽은 노동자 문화스포츠재단의 통제를 받게 됐다. 그의 임기는 짧았지만, 클럽 역사에서 가장 의미 있는 승리 중 하나를 남겼다. 바로 스페인 공화국 대통령컵(이전의 국왕컵, 코파 델 레이) 우승이었다. 1936년 6월 21일 발렌시아에서 열린 결승전은 스페인 내전 직전 마지막으로 열린 공식 경기였다. 이날 경기는 '머랭'[3]이 2-1로 근소하게 승리했다. 이 승리는 전설적인 골키퍼 리카르도 사모라Ricardo Zamora의 활약에 힘입은 바 컸다. 그는 경기 막판 FC 바르셀로나의 공격수 에스콜라Escolà의 결정적인 슛을 막아내며 승리를 지켜냈다.

스페인 내전이 발발하면서 공화파가 장악하고 있던 마드리드

---

3   레알 마드리드 CF의 별칭으로, 흰색 유니폼이 머랭 과자(달걀 흰자와 설탕을 거품 낸 디저트)와 닮았다는 데서 유래했다.

의 클럽 운영권도 변화했다. 노동자 문화스포츠재단은 후안 호세 바예호Juan José Vallejo를 클럽 책임자로 임명했다. 당시 레알 마드리드는 6,000명의 회원과 2만 2,000명을 수용할 수 있는 경기장, 대형 수영장, 다수의 테니스 코트를 갖춘 대규모 스포츠 복합 단지였으며, 전쟁 중에도 충분히 장악할 만한 가치를 지닌 시설이었다.

1937년 오르테가 대령이 바예호를 대신해 클럽 회장직을 맡았다. 그러나 1936년 여름부터 실질적인 실권자로 활동해온 파블로 에르난데스 코로나도Pablo Hernández Coronado가 비서직을 유지했기 때문에 이 인사 이동은 큰 파장을 일으키지 않았다. 공산주의자이자 공화주의자인 인물이 클럽 회장에 임명된 것은, 스페인 공산당이 정치뿐 아니라 스포츠 같은 사회 전반에 영향력을 확대하고자 했음을 보여주는 사례였다. 당시 스페인에서 스포츠는 정치적으로 매우 중요한 의미를 지니고 있었다.

전쟁 중 공식 경기가 열리지 않았음에도 레알 마드리드는 활동을 멈추지 않았다. 에스타디오 데 차마르틴에서는 수많은 퍼레이드와 스포츠 및 군사 행사가 열렸다. 한 예로, 1937년 9월 26일에는 통일사회주의청년JSU이 주최한 군사 퍼레이드와 스포츠 경기, 공화국 보병부대 시범 행사가 열렸다. 이날 경기장에서는 축구 선수 대신 군인들이 훈련을 펼쳤고, 오르테가를 비롯해 미아하 장군, '농민 장군'으로 알려진 발렌틴 곤살레스Valentín González 대령, 훗날 스페인 공산당을 이끌게 되는 통일사회주의 청년 지도자 산티아고 카리요Santiago Carrillo 등 저명한 공화주의 정치·군사 인사들이 이를 지켜보았다.

이러한 행사는 오르테가의 지휘 아래 마드리드 경기장에서 자주 열렸다. 당시 에스타디오 데 차마르틴은 공화국 스포츠 대대의 본거지이기도 했다. 이 대대는 인민전선 소속 인사들이 1936년 초기에 조직한 부대로, 스포츠를 즐기던 시민들이 무장 투쟁에 나설 수 있도록 독려하는 데 목적이 있었다. 이들은 같은 해 8월 18일부터 마드리드 클럽 시설을 사용하며 병사들의 체력 증진과 사기 고양을 위한 다양한 활동을 벌였다. 이러한 정치 및 스포츠 행사는 경기장뿐 아니라 클럽의 다른 시설에서도 열렸다. 특히 수영장은 매우 인기가 높아 각종 수영 강습이 활발히 진행됐다.

이 모든 활동은 전쟁 중이던 마드리드의 상황에 맞춰 조정됐으며, 지나치게 경쟁적인 분위기는 지양하려는 경향이 있었다. 에스타디오 데 차마르틴에서 열린 중앙군 우승컵 대회도 마찬가지였다. 이 대회에는 여러 군부대 팀이 참가했으며, 일부 프로 축구 선수들도 팀당 최대 5명까지 합류할 수 있었다. 이 대회의 특징 중 하나는 우승팀에게 트로피가 수여되지 않았다는 점이다. 이는 축구에서 경쟁과 상업화를 배제하고자 했던 오르테가 대령의 원칙을 반영한 것이었다.

오르테가가 마드리드 축구단 회장으로서 밝힌 입장은 거의 남아 있지 않다. 몇 안 되는 기록 중 하나는 1938년 11월, 잡지

『블랑코 이 네그로Blanco y Negro』에 실린 '더비Derby'와의 인터뷰다. 공산당 장교였던 그는 전쟁 중에도 에스타디오 데 차마르틴에서 스포츠 활동을 지속하는 것에 대해 다음과 같이 옹호했다.

> "전쟁에 맞춰 새롭게 변모한 스포츠는 불필요한 화려함과 보여주기식 요소를 배제하고, 대신 병사들이 근육을 키우고 폐에 산소를 공급하며, 오늘날의 전투에서 요구되는 체력을 기를 수 있도록 하고 있다."

더 나아가 오르테가는 축구가 상업적 이해관계에서 벗어나야 한다고 강조했다.

> "미래의 축구는 7월 18일[4] 이전의 축구와는 전혀 다를 것이다. 축구가 운영되는 방식이 완전히 달라질 것이라는 뜻이다. 베팅권, 스타 선수, 청소년 선수를 사고파는 일은 더 이상 없을 것이다."

이러한 스포츠관은 전쟁 중 에스타디오 데 차마르틴에서 열린 경기들에서도 드러났다. 대부분의 경기는 정치적 성격을 띠었으며, 공화국 군대는 물론, 스페인 공산당과 연계된 반파시스트 여성 단체 등을 위한 자선 모금 행사로 치러졌다. 정규 리그

---

4 스페인 내전 발발일.

가 중단된 상황에서 마드리드 축구단은 1937년 카탈루냐와 발렌시아 클럽들이 주최한 '지중해 리그'에 참가하려 했지만, FC 바르셀로나는 마드리드가 전쟁의 최전선에 가까워 위험하다는 이유로 이를 반대했다.

이 일화를 제쳐두더라도, 오르테가 회장이 꿈꿨던 '비상업적인 축구'는 공화국의 패배와 함께 무너졌다. 공화국의 군사 및 스포츠 행사들이 열렸던 에스타디오 데 차마르틴은 폐허로 변했고, 쿠데타 세력은 이곳을 수용소로 전환시켰다. 이는 전쟁이 스페인 사회에 남긴 깊은 상흔을 상징적으로 보여주는 장면이었다.

프랑코가 최종 승리를 거두면서 마드리드 축구의 혼란스러웠던 공화국 시대는 막을 내렸다. 마드리드 축구단은 '레알'이라는 왕실 칭호와 지위를 되찾았고, 클럽은 다시 보수 세력의 손에 넘어갔다. 특히 1943년, 파시스트 측에서 내전에 참여했던 산티아고 베르나베우가 회장에 취임하면서 클럽 수뇌부는 새 정권과 긴밀한 관계를 맺게 됐다.

이런 이유로, 내전 이후 레알 마드리드는 안토니오 오르테가를 전임 회장으로 인정하지 않았다. 클럽의 공식 역사에서 1936년부터 1939년까지의 시기는 마치 존재하지 않았던 것처럼 완전히 생략됐고, 후안 호세 바예호와 안토니오 오르테가가 차마르틴을 운영했다는 기록 역시 남아 있지 않다.

레알 마드리드의 역사는 의심할 여지 없이 전쟁에서 승리한

자들에 의해 쓰였고, 그들은 오르테가 대령 같은 인물을 의도적으로 지워냈다. 그의 공화주의·공산주의적 신념은 클럽과 연관된 상류층의 전통적 가치관과 충돌했을 뿐 아니라, 구체적인 쟁점들에서도 갈등을 빚었기 때문이다. 흥미롭게도 오르테가는 투우 폐지 운동을 주도했고, 1938년부터 1939년까지 공화국 정부가 통제한 지역에서는 모든 투우 경기를 금지하는 데 성공했다.

또한 그는 바스크 페로타Basque pelota[5]나 개 경주에서 벌어지는 스포츠 도박을 근절하려 했으나, 재정이 절박했던 공화국 정부의 중요한 수입원이었던 도박 수익을 위협한 탓에 큰 성과를 거두지는 못했다.

그는 회장과 운동가로서의 역할 외에도, 반파시스트 지식인 동맹이 편집한 저명한 잡지 『쿠아데르노스 데 마드리드Cuadernos de Madrid』에 기고한 바 있다. 이는 그를 '무식하고 교육받지 못한 인물'로 몰아갔던 일부 파시스트 출판물의 주장을 반박하는 근거가 된다.

안토니오 오르테가는 레알 마드리드 역사에서 철저히 잊힌 인물이다. 처형된 회장이었음에도, 클럽은 기념관조차 그의 존재를 언급하지 않는다. 프랑코 지지자였던 산티아고 베르나베우

---

5 바스크 지방에서 유래한 전통 구기 종목으로, 라켓이나 손, 벽을 이용해 공을 주고받는 경기. 다양한 변형이 존재하며, 하이알라이jai alai로도 알려진 버전은 특히 속도가 빠르고 도박과 결합되면서 널리 퍼졌다. 20세기 초중반 스페인과 라틴아메리카 지역에서 큰 인기를 끌었으며, 경기 결과를 놓고 내기하는 것이 일반적이었다.

를 화려하게 기리는 것과 극명한 대비를 이룬다. 마치 클럽의 역사가 카탈루냐를 점령한 베르나베우로부터 시작된 듯하다. 그러나 오르테가와 베르나베우 사이에는 중요한 공통점이 있었다. 바로 레알 마드리드를 위한 대형 경기장을 세우고자 했던 열망이다. 공화주의자였던 오르테가는 『블랑코 이 네그로』와의 인터뷰에서 이렇게 말했다.

> "마드리드는, 그리고 나는 그렇게 되도록 노력할 것이다. 스페인에서 가장 중요한 경기장, 최고의 구장을 가져야 한다. 수도로서의 자격을 얻은 마드리드는 전쟁에 더 관대했던 다른 도시들이 가진 모든 것을 갖춰야 한다. 따라서 우리 모두가 이 위대한 클럽을 위해 힘을 모아야 한다."

아이러니하게도 그 꿈은 프랑코를 지지한 후임자에 의해 실현됐다. 레알 마드리드가 공화국 시절의 기억, 특히 오르테가 회장을 외면한 또 하나의 사례다. 클럽이 '레알'이 아니었던 시절은 그렇게 지워졌다.

라요 바예카노
바예카스의 심장, 노동자의 팀

2024년 11월 21일, 마드리드의 노동자 계층 지역 바예카스는 2008년 세계 금융 위기가 빈곤 지역에 남긴 여파로 또 하나의 사회적 비극을 겪었다. 적은 연금으로 근근이 살아가던 85세의 과부 카르멘 마르티네스-아이우소Carmen Martínez-Ayuso는 반세기 넘게 살아온 바예카스 시에라 데 팔로메라스 거리의 아파트에서 쫓겨났다. 아들이 어머니 명의로 보증한 개인 대출금을 갚지 못했고, 대출금은 시간이 지나며 원금의 세 배로 불어났다.

카르멘이 퇴거당하는 충격적인 장면은 사진작가 안드레스 쿠다키Andrés Kudacki의 카메라에 포착됐다. 그의 사진은 평생 살아온 집에서 쫓겨나는 그녀의 고통을 생생히 담아냈다. 이 장면이 기록되지 않았다면, 카르멘의 퇴거는 언론의 관심을 받지 못한 채 또 하나의 평범한 사례로 묻혔을 것이다. 스페인에서는 세계 금융 위기 이후 수십만 명이 집에서 쫓겨났다.

하지만 바예카스 주민의 퇴거는 라요 바예카노 팀과 파코 헤메스Paco Jémez 감독이 신문에 실린 카르멘의 사진을 보고 그를 돕기로 나서면서 큰 이슈로 떠올랐다. 이들은 카르멘이 머물 수 있도록 적절한 주택의 임대료를 지원했다.

은행 빚으로 고통받는 노인을 돕기 위해 축구 클럽이 직접 나섰다는 점에서, 이 사건은 전 세계적인 화제가 됐다. 특히 스페인 1부 리그가 '라 리가 산탄데르La Liga Santander'라는 은행 이름을 달고 있고, 거액의 연봉이 오가는 상업화된 환경이라는 점에서 이 행동은 축구에 인간미를 되찾아 준 사례로 주목받았다. 수익 추구에만 몰두하는 스포츠 세계가 잃어버린 줄 알았던 따뜻한 마음의 본보기로 평가됐다.

사실 라요 바예카노에서 이런 연대의 행동이 나온 것은 전혀 놀라운 일이 아니다. 이 일은 클럽의 모기업 루마사가 금융 위기를 겪으며 선수들이 1년 넘게 급여를 받지 못한 직후에 벌어진 일이었다.

겸손, 지역에 대한 자부심, 그리고 계급의식은 라요 바예카노를 상징하는 핵심 요소다. 이 클럽은 사회적 헌신과 연대, 노동자 투쟁의 오랜 전통을 지닌 지역에 깊이 뿌리내리고 있다. 아마도 이런 정체성 때문에, 클럽은 팬들의 요청에 따라 2010년 9월 29일 사파테로Zapatero 정부의 노동시장 '개혁'에 반대하는 총파업에 유일하게 동참한 팀이었을 것이다. 이날 클럽은 사무실을 폐쇄하고 노동자 투쟁에 대한 명확한 연대의 뜻을 밝혔다.

또 2012년 3월 29일, 마리아노 라호이Mariano Rajoy 우파 정부의 노동 조건 개악에 맞서 노동조합이 주도한 전국 총파업에도 자발적으로 참여했다.

이어 2012년 11월 14일에는 유럽 여러 나라에서 EU 주도의 긴축 정책에 반대해 동시다발적인 파업이 벌어졌고, 라요 바예카노는 다시금 연대의 뜻을 표명했다. 당시 1부 리그 클럽 가운데 파업에 공식 동참한 팀은 갈리시아의 셀타 비고Celta de Vigo 뿐이었다. 라요 바예카노는 공식 참여는 하지 않았지만, 클럽은 체육관 훈련만 진행하고 파업의 배경이 된 문제에 대해 공개적으로 우려를 밝혔다.

라요 바예카노의 열렬한 팬클럽인 '부카네로스Bukaneros'[6]의 주도로 팬들 역시 총파업 시위에 동참했다. 이 그룹은 마드리드의 사회운동, 공화주의, 좌파 정치에 적극적으로 참여해 왔으며, 그 결과 많은 구성원이 공산주의와 아나키즘 사상을 받아들이게 됐다. 부카네로스는 파업 활동에도 활발히 참여했는데, 그중 알폰Alfon이라는 별명으로 알려진 알폰소 페르난데스Alfor.so Fernández는 피켓 시위 중 배낭에 폭죽과 발화 물질을 소지한 혐의로 체포되기도 했다.

▪

6   1992년 결성된 라요 바예카노의 열성 서포터 그룹. 반파시즘, 반인종주의, 반상업주의를 표방하며, 마드리드 내 좌파 사회운동과 긴밀히 연대해 왔다.

알폰이 체포되어 수감된 후, 보수 성향의 스페인 정부 지역 대표 크리스티나 시푸엔테스Cristina Cifuentes는 라요 바예카노 팬들을 범죄 집단으로 몰아세웠다. 이 같은 공격은 축구팀에 대한 지지뿐 아니라 지역 노동자 계층을 중시하는 팬들에 대한 연대와 동정의 물결로 이어졌다.

그 이후로 에스타디오 데 바예카스 관중석에는 알폰을 지지하는 현수막이 스페인 공화국 깃발과 함께 자주 등장했다. 이와 함께 2007년 마드리드에서 극우 성향의 군인에게 살해된 젊은 반파시스트 카를로스 팔로미노Carlos Palomino를 기리는 메시지도 걸렸다. 팔로미노는 부카네로스의 단골 관중이었으며, 그의 죽음은 라요 바예카노 팬들의 정체성 중 하나인 반파시즘을 더욱 부각시켰다.

라요 바예카노 팬들의 좌파 전통의 핵심은 부카네로스 자체보다 이 지역이 지닌 노동자 계급적 성격에 있다. 이러한 분위기는 클럽에서 가장 시끌벅적하고 유쾌한 팬클럽 중 하나인 페냐 로스 페타스Peña Los Petas에도 영향을 미쳤다. 이들은 체 게바라 깃발을 들고 다니며, 바예카스(대다수 대안적 성향의 주민은 이를 '발레카스Vallekas'로 표기했다)를 독립국으로 선언하기도 했다.

지역 자치권에 대한 요구는 생각만큼 비현실적인 것이 아니다. 과거를 돌아보면 이는 더욱 분명해진다. 1924년 라요 바예카노가 창단될 당시, 바예카스는 마드리드와 별개의 도시였고, 스페인 수도 마드리드에 편입된 것은 1950년의 일이었다.

이러한 지역적 특성과, 라요 바예카노가 마드리드와의 관계를 부인해온 전통은 악명 높은 호세 마리아 루이스 마테오스José-María Ruiz-Mateos가 클럽을 인수한 지 4년 후인 1995년까지 굳건히 유지됐다. 이 보수적 사업가는 논란 끝에, 클럽의 전통적 이름인 아소시아시온 데포르티바 라요 바예카노Asociación Deportiva Rayo Vallecano, ADRV를 폐기하고, 라요 바예카노 데 마드리드Rayo Vallecano de Madrid라는 명칭을 도입했다. 의식 있는 팬들은 이 이름이 클럽의 '마드리드화'를 상징한다고 여겨 줄곧 거부했다.

마드리드의 간섭에 맞서온 바예카스 지역에 대한 자부심은 라요 바예카노의 대표적인 특징 중 하나였다. 그럼에도 불구하고 라요 바예카노는 스페인에서 대중적인 지지를 얻는 동시에 엘리트 클럽으로 확고히 자리 잡은 유일한 지역 클럽이다. 특히 1977년 처음으로 1부 리그에 승격한 이후로는 이러한 입지를 더욱 굳혔다.

라요 바예카노의 또 다른 특징은 창단 이래 이어져온 노동자 계급적 성격이다. 실제로 클럽이 처음 참가한 공식 대회는 1931년 노동자 스포츠연맹FDO이 주최한 것이었으며, 이 연맹은 같은 해 4월 14일 제2공화국 선포 이전부터 노동자 계층의 스포츠 참여를 장려해 왔다.

노동자 스포츠 연맹은 이러한 활동을 통해 사회주의와 공산주의 이념 확산에도 기여했다. 이 연맹에서 분화된 노동자 문화 스포츠연맹FCDO은 노동자 중심 조직으로, 나치 정권을 배제하고 공식 올림픽과 병행해 열린 국제 노동자 올림피아드를 주관했다.

라요 바예카노가 처음 참가한 대회를 주최한 이 연맹은 그 성격상 1936~39년 스페인 내전에서 프랑코가 승리한 후 해체될 수밖에 없었다. 이후 라요 바예카노는 카스티야 축구연맹에 가입해 새로 구성된 스페인 축구연맹 소속 대회에 출전하게 됐다.

라요 바예카노는 노동자 계급과 지역 사회에 뿌리를 두고 있지만, 동시에 이를 통제하려 했던 마드리드 지배층과도 중요한 관계를 맺어왔다. 이를 보여주는 대표적인 사례는, 극우 정권 시절 라요 바예카노와 가장 밀접히 협력했던 인물이 파시스트로 알려진 레알 마드리드 회장 산티아고 베르나베우였다는 점이다. 1960년대 라요 바예카노는 그를 명예 회원으로 임명하고, 금과 다이아몬드로 장식된 엠블럼을 수여했다. 이는 여전히 하위 리그에 머물던 클럽에 대한 그의 공헌에 보답하기 위한 것이었다.

한편, 논란 많은 사업가 호세 마리아 루이스 마테오스는 라요 바예카노의 역사적 정체성을 왜곡하려 했던 또 다른 인물이다. 그는 1991년 클럽이 주식회사로 전환될 당시 최대 주주가 됐으며, 1994년에는 자신의 아내 테레사 리베로Teresa Rivero를 클럽 회장으로 임명했다. 테레사는 스페인 1부 리그 역사상 최초의 여성 회장이 됐다.

이 독특한 상황으로 인해 2004년, 라요 바예카노의 홈구장은 테레사 리베로의 이름을 따 명명됐다. 이 결정은 구단 내 투표를 통해 승인됐으나, 2011년 또 다른 투표를 거쳐 철회됐다. 이 모든 과정은 민주적 절차의 본보기가 됐고, 경기장은 오늘날까지 사용되고 있는 이름인 에스타디오 데 바예카스로 불리게 됐다.

초기에는 많은 팬이 루이스 마테오스의 구단 운영에 열광했지만, 시간이 흐르면서 그 열기는 식어갔다. 결국 2011년 클럽이 파산 절차에 들어가면서 상황은 최악으로 치달았다. 이때 선수단은 팬들과 함께 "라요는 지키되, 루마사는 안 된다!Rayo, yes; Rumasa, no!"라는 슬로건을 내걸고 클럽을 지키기 위해 적극적으로 나섰다.

클럽의 고유한 정체성을 지우려는 시도는 라울 마르틴 프레사Raúl Martín Presa가 회장직을 맡은 이후에도 계속됐다. 그럼에도 팬들은 라요 바예카노의 노동자 계급 전통을 굳건히 지켜왔다. 그 역사의 한 장면에는 강제 퇴거당한 이웃 카르멘 마르티네스를 돕기 위해 클럽이 나섰던 일화처럼, 바예카스의 정신을 드러내는 이야기가 포함되어 있다. 이는 빈곤과 어려움 속에서도 라요의 심장을 뛰게 하는 바예카스의 상징적인 모습이다. 비록 규모는 작지만, 라요 바예카노는 많은 경쟁 팀이 잃어버린 존엄성을 간직한 클럽이며, 자신의 뿌리를 자랑스럽게 여기는 노동자 계층의 팀이다.

FC 바르셀로나
비무장 민중의 군대

카탈루냐는 폭력적 사건으로 점철된 격동의 역사를 지니고 있다. 그러나 프랑코 파시즘의 도래 이후, 역사학자 자우메 비센스 이 비베스Jaume Vicens i Vives가 카탈루냐인을 '평화로운 정신을 지닌 민족'으로 묘사한 견해가 확산하면서, 평화주의 문화가 카탈루냐 사회에 깊이 뿌리내렸다.

카탈루냐 민족주의는 바스크 민족주의와 달리 폭력적으로 표출된 경우가 드물었고, 양심적 병역 거부와 병역 기피 운동이 이 지역에서 널리 지지를 받았다. 이는 스페인 군대가 카탈루냐에 깊이 자리 잡지 못한 주요한 이유 중 하나였다. 실제로 스페인 군은 외세로 인식되기도 했다.

이론적으로는 국가 군대가 영토 방어를 책임지지만, 카탈루냐에서는 실제로 군대와 무관한 조직들이 그 역할을 대신해 왔다. 그중에서도 카탈루냐의 정체성을 고취하고 수호하는 데 핵심적 역할을 해온 스포츠 단체가 바로 '바르사Barça'라는 이름으로 더 널리 알려진 FC 바르셀로나다.

마누엘 바스케스 몬탈반Manuel Vázquez Montalbán은 바르셀로나를 대표하는 지식인 중 한 명으로, 자신을 '기자, 소설가, 시인, 수필가, 편집자, 서문 작가, 유머리스트, 비평가, 미식가, 바르사 팬, 그리고 전반적으로 다작하는 사람'이라고 소개했다. 그는 공산주의와 반파시즘 정치에 대한 헌신, 그리고 FC 바르셀로나에 대한 깊은 애정으로 특히 잘 알려져 있다. 그는 이 축구 클럽을 "정체성이 짓밟힌 나라의 비무장 군대"라고 정의한 바 있다.

이 비유는 다소 과장처럼 들릴 수 있으나, 1899년 한스 감퍼가 창립한 이래 FC 바르셀로나가 수행해온 가장 핵심적인 역할 중 하나를 정확히 짚어낸다. 그것은 다름 아닌 카탈루냐와 그 민족 정체성을 지키는 일이다.

카탈루냐 문화의 국제 홍보를 목표로 여러 언어로 발행된 잡지 『카탈루냐Catalònia』는 바스케스 몬탈반의 이 정의를 인용했고, 몇 년 뒤에는 보비 롭슨Bobby Robson이 다시 이를 언급했다. 1996-1997시즌 '블라우그라나blaugrana'[7] 팀의 감독이었던 롭슨은 클럽의 사회적·정치적·문화적 중요성을 깊이 이해하며, "카

---

7   FC 바르셀로나를 상징하는 두 색상, 파란색blau과 자홍색grana을 합친 표현. 클럽과 선수단, 팬덤 전체를 가리키는 별칭으로 자주 사용된다.

탈루냐는 하나의 국가이고, 바르사는 그 나라의 군대다"라고 말했다. 탐정 '페페 카르발류Pepe Carvalho'[8]를 주인공으로 한 시리즈를 쓴 바스케스 몬탈반과 마찬가지로 군대라는 비유를 사용한 이유에 대해, 롭슨은 "스페인에서 경기할 때마다 전쟁 같았다. 우리가 카탈루냐를 대표하고 있었기 때문이다"라고 밝혔다.

'군대'라는 비유만으로 바르사의 상징성을 모두 설명할 수는 없다. 바스케스 몬탈반은 오랜 글쓰기 경력 동안 클럽에 관해 쓴 수많은 글에서 바르사를 다음과 같이 묘사했다. "카탈루냐 민중의 역사를 체험하는 수단", "국가와의 감정적 유대를 형성하는 도구", "정체성의 상징", "카탈루냐의 핵심 기관: 국가에서 일어나는 거의 모든 일이 통과하는 섬세한 집단적 기관", "카탈루냐의 영원한 정신적 원천", "서사적 대항수단", 그리고 "카탈루냐인으로 존재한다는 것에 대한 원칙 선언". 이것은 결코 과장이 아니다.

군대든, 핵심 기관이든, 교류의 수단이든, 정신적 원천이든, 어떤 비유를 쓰더라도 FC 바르셀로나는 카탈루냐와 깊이 연결되어 있으며, 그 결과 오늘날 카탈루냐를 대표하는 가장 상징적인 존재 중 하나가 됐다. 흔히 생각하듯, 바르사와 카탈루냐의

---

8   마누엘 바스케스 몬탈반이 창조한 대표적 탐정 소설 시리즈의 주인공. 정치적 통찰과 사회 비판이 어우러진 문학적 캐릭터로, 바르셀로나를 배경으로 한 작품에서 카탈루냐의 정체성과 현실을 반영한다.

관계는 프랑코 독재 시기에만 형성된 것이 아니라, 클럽 창립 순간부터 이미 시작된 역사였다.

바르사가 카탈루냐의 대의를 대표하는 클럽으로 부상한 첫 번째 중요한 사건은 1908년에 있었다. 그해 총회에서 '스포츠 진흥'이라는 기존 목표에 더해 "클럽이 회원·시민·카탈루냐에 대한 변함없는 충성과 봉사의 전통으로 쌓아온 대표성과 공적 이미지를 유지하는 데 필요한 사회·문화·예술·과학·오락 활동의 촉진과 참여"가 규정에 추가됐다.

이 사명은 점차 구체적인 조치를 통해 실현됐다. 1916년 클럽 본부에는 스페인 국기와 클럽 깃발 옆에 붉고 노란색의 카탈루냐 깃발 세녜라Senyera가 게양됐다. 같은 해 친親카탈루냐 성향의 가스파르 로세스Gaspar Rosés가 회장에 취임하면서 카탈루냐어가 클럽의 일상 언어로 자리 잡았다. 1919년부터 바르사는 카탈루냐 국경일인 라 디아다La Diada[9] 기념행사에 참여했고, 1922년에는 클럽 규정을 전부 카탈루냐어로 작성했다.

이러한 결정들은 FC 바르셀로나가 처음으로 명확한 정치적 입장을 표명한 사례였다. 클럽은 카탈루냐 지방 의원 협의회가 주도하는 카탈루냐 자치 법규 제정을 지지했다. 부르주아 친카탈루냐 정당 라 리가 레지오날리스타la Lliga Regionalista와 연관된

---

9   매년 9월 11일에 열리는 카탈루냐 국가의 날로, 1714년 바르셀로나가 스페인 부르봉 왕가 군대에 함락된 것을 기린다.

신문 〈라 베우 데 카탈루냐La Veu de Catalunya〉는 바르사의 행보를 높이 평가하며 "FC 바르셀로나는 이제 단순히 카탈루냐에 있는 클럽이 아니라, 카탈루냐를 대표하는 클럽이 됐다"라고 찬사를 보냈다.

그 이후 FC 바르셀로나는 점차 카탈루냐의 상징으로 자리 잡았다. 1920년 클럽 연례 보고서에서는 "우리는 카탈루냐인이기 때문에 FC 바르셀로나다. 우리는 조국을 건설하기 위해 스포츠를 한다"라고 선언했다.

그 시기 초반, 카탈루냐 독립을 명확히 지지하는 첫 정당들이 등장하면서 FC 바르셀로나는 민족주의 전통과 한층 밀접하게 연결됐다. 1920년 클럽은 네 번째 팀에 '분리주의자들'이라는 이름을 붙였고, 1922년 레스 코르츠에 지을 새 경기장 설계안 가운데 하나에는 메인스탠드에 카탈루냐 독립을 상징하는 국기 '에스텔라다estelada'를 게양하는 계획이 포함됐다. 또한 1920년 아일랜드 독립전쟁 중 신페인Sinn Féin 소속 코크 시장[10]이 정치범으로 단식 투쟁하다 사망하자, 클럽은 이틀간 애도 기간을 가졌다.

예상대로, 미겔 프리모 데 리베라Miguel Primo de Rivera 독재정권은 이러한 움직임에 강경하게 대응하며 클럽 활동을 탄압했다.

---

10 테런스 맥스위니Terence MacSwiney(1879~1920). 1920년 영국에 체포돼 옥중에서 74일간 단식 투쟁을 벌인 끝에 사망했으며, 그의 죽음은 전 세계에 아일랜드 독립운동에 대한 관심과 지지를 확산시켰다.

정권은 카탈루냐어 사용을 금지했고, 클럽의 라 디아다 행사 참여도 막았다.

그러나 리베라 정권이 FC 바르셀로나를 가장 강하게 탄압한 사건은 1925년에 일어났다. 당시 바르사는 클럽 에스포르티우 주피터Esportiu Júpiter와 친선 경기를 치렀는데, 이는 정권의 위협을 받고 있던 또 다른 친카탈루냐 단체 오르페오 카탈라Orfeó Català 합창단을 기리기 위한 경기였다.

경기 시작 전 스페인 국가 '왕의 행진Marcha Real'이 연주되자, 경기장을 가득 메운 관중들은 큰 소리로 야유를 보냈다. 이는 독재정권과 친카탈루냐 활동 탄압에 반대하는 평화적 항의였지만, 처벌은 엄중했다. FC 바르셀로나 홈구장은 6개월간 폐쇄 명령을 받았고, 이후 3개월로 감경됐으나 클럽 회장은 망명해야 했다. 이러한 탄압은 오히려 클럽의 상징적 위상을 더욱 강화했다.

독재정권이 무너지고 제2공화국이 선포되자, FC 바르셀로나는 프리모 데 리베라가 금지했던 활동을 다시 시작했다. 클럽은 카탈루냐어를 공식 언어로 재채택했고, 1930년대에는 카탈루냐어 문법 강좌를 개설할 정도로 이 언어 장려에 적극적이었다. 강사 중에는 현대 카탈루냐어 규칙을 정립한 저명한 언어학자 폼페우 파브라Pompeu Fabra도 있었다. 클럽은 다시 라 디아다 행사에 참여해, 1714년 부르봉 왕가에 의해 바르셀로나가 함락될 때 순교한 이들에게 전통적인 방식으로 경의를 표했다.

이와 동시에 FC 바르셀로나는 카탈루냐 민족주의 내 서로 다른 정치 세력, 즉 라 리가 레지오날리스타와 카탈루냐 공화좌파당ERC 지지자들 간의 치열한 권력 다툼의 표적이 됐다. 클럽의 정치적 성향은 1935년 주제프 수뇰Josep Suñol이 회장으로 선출되면서 다시 한번 드러났다. 수뇰은 마드리드에서 활동하던 공화좌파당 소속 국회의원이자, 스포츠와 공화주의 시민 의식을 연결하려 했던 신문 〈라 람블라La Rambla〉의 편집자였다.

그러나 그의 임기는 오래가지 못했다. 1936년 7월 18일 파시스트 반란 직후, 그는 〈라 람블라〉 동료 기자와 함께 공화파 전선을 방문했다가 과다라마 산맥에서 민족주의 군에 체포돼 재판 없이 즉결 처형됐다. 이는 프랑코 정권이 FC 바르셀로나를 '정권에 적대적인 존재'로 간주하며 가한 극단적 폭력의 대표적 사례였다. 수뇰이 사망한 후에도 탄압은 계속됐고, 독재정권은 1939년 '적색 반란을 조장한 자의 죄를 묻겠다'는 정치적 책임법에 따라 이미 사망한 그를 기소했다.

스페인 내전 후 프랑코 정권은 FC 바르셀로나가 수십 년간, 특히 전쟁 중 공화파를 지지한 것에 대해 가혹하게 응징했다. 정권은 클럽을 굴복시키기 위해 자신들의 지지자를 경영진에 앉히고, 경기장을 파시스트 깃발로 채웠다. 선수들에게는 '신과 스페인을 위해 (프랑코 측에서) 싸우다 전사한' 클럽 회원들을 기리는 기념비 앞에서 파시스트 경례를 하도록 강요했다.

1940년 파시스트 정권이 통과시킨 히스패닉화 법령에 따라

FC 바르셀로나는 아틀레틱 마드리드 등 다른 클럽들과 마찬가지로 클럽명을 스페인식인 '클루브 데 풋볼 바르셀로나Club de Fútbol Barcelona'로 바꿔야 했다. 엠블럼에 있던 카탈루냐 깃발 세 녜라도 스페인 국기와 유사한 디자인으로 교체됐다.

그보다 앞선 1938년, 프랑코 정권이 장악한 지역에서 창간된 스포츠 신문 〈마르카Marca〉는 클럽이 카탈루냐 민족주의를 지지한다는 이유로 이름을 '에스파냐España'로 바꿔야 한다고 주장했다. 비록 실현되지는 않았지만, 이는 바르사의 정체성이 새 정권 지지자들에게 얼마나 큰 반감을 불러일으켰는지를 보여준다.

이러한 탄압과 독재정권 지지자들의 경영 개입 속에서도, 대다수 바르사 팬은 작지만 의미 있는 평화적 행동으로 신념을 지켰다. 대표적 사례가 1951년의 '트램 보이콧'이었다. 레스 코르츠 경기장에서 라싱 산탄데르Racing de Santander와의 경기를 마친 팬들은 비가 오는 날씨에도 트램을 타지 않고 걸어서 귀가했다. 이는 트램 요금 인상에 반대하는 파업에 동참한 것으로, 프랑코 정권하에서 벌어진 최초의 대규모 사회적 저항 중 하나였다.

FC 바르셀로나는 정부의 개입으로 스타 선수 알프레도 디 스테파노Alfredo Di Stefano가 레알 마드리드로 이적하는 모욕도 겪었다. 그러나 이러한 사건들은 오히려 바르사에 대한 지지를 전국적으로 확산시켰고, FC 바르셀로나는 독재정권에 평화적으로 맞서는 반권위주의의 상징으로 자리매김했다.

바스케스 몬탈반은 스페인 내전 후 FC 바르셀로나 회원이 되는 것이 곧 카탈루냐 정체성을 표현하는 방식이 됐다고 지적했다. 극우 정권은 이를 일종의 저항으로 보면서도 묵인했다. 거리 시위나 지하 정치 활동보다 일요일 저녁 경기장에서 구호를 외치는 편이 더 낫다고 여겼기 때문이다.

프랑코 정권의 암울한 시기에 클럽의 정체성을 가장 잘 드러내는 문구가 탄생했다. 바로 FC 바르셀로나를 '클럽 이상의 클럽més que un club'이라 부르는 표현이다. 이 말은 1968년 나르시스 데 카레라스Narcís de Carreras가 회장으로 취임하며 처음 사용했다(다만, 그는 보수 성향의 라 리가 레지오날리스타 전 당원이자, 여전히 정권에 충실한 부르주아 계층을 대표하는 인물이었다).

이 표현은 1973년 회장 재선 운동 중 아구스티 몬탈Agustí Montal에 의해 널리 알려졌다. 바르셀로나 섬유업계를 대표하며 카탈루냐의 가치를 재발견한 몬탈은 1969년부터 1977년까지 회장직을 맡으며 클럽 역사에서 중요한 역할을 했다. 그의 임기는 프랑코 말기와 스페인 민주화 전환기에 맞물려 있었다.

몬탈의 임기 동안 FC 바르셀로나는 클럽 소식지와 경기장 안내 방송에서 다시 카탈루냐어를 사용하기 시작했다. 무엇보다 지배층에 가장 강한 메시지를 보낸 사건은 1974년 2월 17일 베르나베우에서 레알 마드리드를 5-0으로 꺾은 경기였다. 다소 과장된 평가이긴 하지만, 이 경기를 스페인 민주화 전환의 시작으로 보기도 한다. 경기 결과는 독재의 상징인 레알 마드리드와 민주적 변화를 상징하는 FC 바르셀로나 사이에서 힘의 균형이 변하고 있음을 보여줬다. 〈디오리오 데 바르셀로나Diario de Barcelona〉의 기자 알렉스 J. 보티네스Àlex J. Botines는 이 경기를 "현대사에 대한 교훈"이라 표현하며, 곧 다가올 정권 교체를 예고했다고 평가했다(비록 프랑코는 1975년 가을 평화롭게 사망했지만 말이다).

극우 독재가 끝나자 FC 바르셀로나는 '클럽 이상의 클럽'임을 다시금 보여주는 행동에 나섰다. 독재자가 사망한 지 한 달 후, 여전히 그의 체제가 유지되고 카탈루냐 국기가 금지된 상황에서 바르사 팬들은 레알 마드리드와의 경기 중 수백 개의 카탈루냐 국기를 흔들었다. 이후 클럽 이사 자우메 로셀Jaume Rosell은 클럽 사무실에 전시돼 있던 프랑코 흉상을 철거했고, 캄프 누는 마침내 망명을 마치고 귀국한 카탈루냐 자치정부 수반 주제프 타라데야스Josep Tarradellas를 맞이할 준비를 했다.

그 이후 FC 바르셀로나는 오랫동안 클럽의 대중적 기반이었던 카탈라니즘Catalanisme[11]의 풀뿌리 정서와는 거리가 먼 경영진에 의해 운영됐다. 그러나 카탈루냐 민족주의와의 유대를 강조하는 정치적 행동은 오히려 늘어났다. 이는 1925년처럼 코파 델 레이 결승전에서 스페인 국가가 연주될 때 관중들이 야유를 보낸 사건부터, 클럽이 자결권을 위한 국가협약에 참여한 일까지

---

11 19세기 후반 스페인에서 발전한 카탈루냐 민족주의 사상으로, 카탈루냐의 고유한 언어·문화·정체성을 보존하고 정치적 자치와 독립을 추구하는 운동을 뜻한다.

다양한 방식으로 나타났다. 최근에는 비구속적 주민투표, 카탈루냐 전역을 잇는 인간 사슬, 자유를 위한 콘서트 등 자결권을 지지하는 대규모 행사에 캄프 누를 제공하기도 했다.

2017년 10월 1일, FC 바르셀로나가 UD 라스팔마스UD Las Palmas와의 경기를 무관중 경기로 치른 결정도 상징적인 사건이었다. 같은 날 스페인 경찰이 카탈루냐 독립 주민투표를 강경 진압하자, 클럽은 이에 대한 대응으로 무관중 경기를 택했다. 팬들은 경찰 폭력으로 수백 명이 부상당한 카탈루냐인들과 연대하기 위해 경기 취소를 요구했으나, 이 결정은 팬들 사이에서 '미온적'이라는 비판을 받았다.

홈경기에서 팬들이 경기 시작 17분 14초에 "독립"을 외치는 구호도 매우 상징적이다. 이 시각은 1714년 바르셀로나가 포위·점령되며 희생된 이들을 기리는 것으로, 당시 패배는 부르봉 왕조가 카탈루냐의 제도와 언어를 금지하는 계기가 됐다. FC 바르셀로나는 1919년 처음 라 디아다 행사에 참여한 이래 역사적 패배의 희생자들을 여러 방식으로 추모해왔다. 이 구호는 2012년 9월 19일 FC 바르셀로나와 FC 스파르타크 모스크바FC Spartak Moscow의 챔피언스리그 경기에서 처음 울려 퍼졌다. 이는 카탈루냐 독립을 지지하는 대규모 시위가 바르셀로나 거리를 가득 메운 지불과 일주일 뒤였다.

카탈라니즘이 역사적으로 클럽의 정체성을 형성해왔지만, 대다수 캄프 누 팬이 독립을 공개적으로 지지한 것은 이때가 처음이었다. 카탈루냐의 열렬한 지지자이자, 1977년 사망할 때까지 망명 생활을 이어간 카탈루냐 국가평의회Catalan National Council 소속 주제프 트루에타Josep Trueta는 "캄프 누가 독립을 외치는 날, 카탈루냐는 완전한 주권 국가가 될 것"이라고 말했다.

경기장 전체가 독립 구호를 외친 날은 스페인 공산당 전 총서기 산티아고 카리요가 사망한 다음날이었다. 그는 카탈루냐가 언젠가 독립국이 될 것이라 예언했지만, 자신은 그날을 보지 못할 것이라고 말했다. 트루에타와 카리요의 예언대로라면, 카탈루냐의 독립은 언젠가 실현될 것이다. 그때 비로소 FC 바르셀로나는 고故 바스케스 몬탈반이 묘사한 것처럼 '무장하지 않은 사람들의 군대'라는 역할에서 벗어날 수 있을 것이다.

★★★
CE 주피터
별을 깃발 삼아

20세기 초 유럽의 많은 축구 클럽들처럼, 클럽 에스포르티우 주피터도 맥줏집에서 시작됐다. 1909년 5월 12일, 바르셀로나의 노동계급 지역 포블레노우 중심부의 '세브리안'이 그 장소였다. 주요 설립자는 데이비드 모우찬David Mauchan으로, 그는 산트 안드레우 지역의 섬유 공장 파브라 이 코츠Fabra i Coats가 글래스고 외곽의 섬유 제조업체와 합병하면서 함께 이주해온 다수의 스코틀랜드 노동자 중 한 명이었다.

모우찬은 지역의 소규모 클럽들을 하나로 묶는 새로운 스포츠 단체를 만들었고, '에스코세스Escocés'(스코틀랜드인) 팀에서 함께 뛰던 형제 장Jean과 윌리엄William의 도움을 받았다. 여기에 스타디움 나시오날Stadium Nacional과 앵글로 에스파뇰Anglo-Espanyol에서 활약하던 지역 선수들도 합류했다.

5월 어느 밤, CE 주피터가 창단됐다. 이름은 로마 신화의 최고신을 뜻하는 것이 아니라, 인근 마르 벨라 해변에서 열린 대회에서 우승한 열기구에서 따왔다. 설립자들은 맥주를 마시며 정한 이 이름이 훗날 20세기 초 카탈루냐 정치사와 깊이 얽히게 될 줄은 전혀 예상하지 못했다.

창단 초기부터 CE 주피터는 포블레노우와 그곳 노동자 계층 주민들과 밀접하게 연계된 클럽으로 두각을 나타냈다. 당시 지역 공장들은 사회적 갈등이 심화하고 있었고, 이 팀은 노동운동의 주요 세력이던 노동자들을 빠르게 끌어들였다. 이들은 캄프 데 라 보타Camp de la Bota라는 황무지에서 축구를 하며 여가를 보냈다. 이곳은 바르셀로나 역사에서 중요한 의미를 지닌 곳으로, CE 주피터가 첫 경기를 치른 장소이자 1929년 바르셀로나 국제박람회 당시 일자리를 찾아온 사람들이 판자촌을 세운 곳이었다. 1939년 파시스트 승리 후에는 수백 명의 공화주의자 포로가 처형됐고, 1950~60년대 카탈루냐 대규모 이주 시기에는 다시 빈민가로 변했다. 2004년에는 바르셀로나 시청이 주최한 세계문화포럼 행사장으로 사용되기도 했다.

1912년 카탈루냐 축구연맹에 가입하면서 주피터는 캄프 데 라 보타를 떠나 포블레노우의 타울라트 거리 경기장으로 이전했다. 클럽은 이곳에서 경기를 치르며 지역 사회에 깊이 뿌리내렸고, 1921년에는 근처 유이Llull 거리로 옮기며 황금기를 맞았다. 그즈음 CE 주피터는 세네라 위에 파란 별이 그려진 상징적 엠블럼을 도입했다. 이 파란 별은 훗날 카탈루냐 독립을 상징하는 에스텔라다Estelada(파란색과 별이 포함된 깃발)의 전신이 됐다. 에스텔라다는 1918년 9월 11일, 국제연맹에서 카탈루냐의 국가 인정을 받기 위해 설립된 친카탈루냐 위원회Pro-Catalonia Committee 문서에서 처음 등장했다. 이는 사용자와 노동자 간 갈등이 빈번하던 시기에 CE 주피터의 친노동자·친카탈루냐 정체성을 더욱 강화했다.

이러한 정체성은 선수들에 관한 전설을 낳았다. 클럽 시설을 무기 보관소로 사용했다거나, 원정 경기 때 가죽 축구공에 무기를 숨겨 무장 아나키스트 조직 로스 솔리다리오스Los Solidarios에 전달했다는 등의 이야기였다. 실제로 많은 선수가 무정부주의적 노동조합주의와 깊은 연관을 맺고 있었다.

노동운동과 카탈루냐 민족주의의 결합은 곧 대가를 불렀다. 1923년 미겔 프리모 데 리베라 장군이 쿠데타를 일으켜 군사독재정권을 수립하자, 두 운동 모두에 대한 탄압이 시작됐다. 1924년 4월 크리스토발 페르난데스Cristóbal Fernández 판사는 주피터의 친카탈루냐 엠블럼을 문제 삼아 바르셀로나 민정장관에게 고발했다. 그는 이 엠블럼이 '카탈루냐 분리주의 깃발'을 위장한 것이라고 주장했다. 이 깃발은 1922년 프란체스 마시아Francesc Macià가 창당한 독립 지향 정당 에스타트 카탈라Estat Català가 대중화한 것이었다. 결국 민정장관은 엠블럼 사용을 금지했고, 주피터는 세녜라와 별 대신 바르셀로나시의 왕관과 팀 색깔로 구성된 새로운 엠블럼을 사용해야 했다.

아이러니하게도, 독재정권의 탄압을 받던 1920년대는 CE 주피터가 가장 큰 성과를 거둔 시기였다. 특히 1925년에는 스페인 2부 리그와 카탈루냐 2부 리그에서 모두 우승했다. 같은 해 FC 바르셀로나도 스페인 각 지역 리그 챔피언이 참가하는 컵대회에서 우승했는데, 이 대회는 당시 사실상 '스페인 챔피언십'으로 여겨졌다. 두 팀의 동시 우승은 바르셀로나에서 큰 환영을 받았고, 양측 팬들은 함께 그 성과를 축하했다.

FC 바르셀로나는 CE 주피터의 2부 리그 우승을 기념해 1925년 6월 14일 친선 경기를 열었다. 이 경기는 군사 독재정권의 탄압을 받던 카탈루냐 민족주의의 상징, 오르페오 카탈라 합창단에 경의를 표하기 위해 마련된 자리였다.

경기는 긴장된 분위기 속에서 시작됐다. 경기 전, 영국 왕립 해병대가 영국 국가 '신이시여, 국왕 폐하를 보호하소서God Save the King'를 연주하자 관중들은 침묵으로 경의를 표했다. 그러나 이어 스페인 국가 '왕의 행진'이 연주되자, 캄프 데 레스 코르츠를 가득 메운 1만 4,000명의 관중이 일제히 거센 야유를 보냈다.

당국은 경기 중 발생한 야유뿐 아니라, 경기 허가 신청서에 오르페오 카탈라에 대한 헌정 경기임을 명시하지 않은 점을 문제 삼았다. 그 결과 오르페오 카탈라는 몇 달간 활동이 금지됐고, FC 바르셀로나는 구장 폐쇄와 회장 망명이라는 가혹한 제재를 받았다.

독재정권이 무너지고 스페인 제2공화국이 선포되자 CE 주피터의 역사는 다시 한 번 바뀌었다. 클럽은 원래 엠블럼을 되찾았고, 이를 기념하는 상징적인 행사가 1931년 9월 25일 CF 팔라프루젤CF Palafrugell과의 경기 전 열렸다. 이날 클럽 주장은 복원된 카탈루냐 자치정부 수반 프란체스 마시아에게 세네라와 별이 새겨진 옛 엠블럼을 전달했다.

1930년대 초반 CE 주피터는 두 번째 황금기를 맞았다. 절정은 1934년에 찾아왔으며, 구단은 스페인 2부 리그에 진출해 두 시즌 동안 그 자리를 지켰다.

1936년 스페인 내전이 발발한 격동의 시기에도 CE 주피터는 정치적 신념을 드러냈다. 클럽은 인민 올림피아드를 조직하고, 대중을 위한 스포츠 활성화를 목표로 한 카탈루냐 인민 스포츠 위원회에 합류했다.

같은 해 7월 열릴 예정이었으나 내전으로 무산된 인민 올림피아드에 앞서, 위원회는 나치에 의해 투옥된 독일 공산당 지도자 에른스트 텔만Ernst Thälmann과의 연대를 표하며, 스페인 각지의 노동자 팀이 참가한 대회를 개최했다. 결승전은 주피터 홈구장에서 열렸고, 아스투리아스 대표팀이 승리하자 1934년 아스투리아스 광부 봉기에 연대하는 관중들의 뜨거운 환호가 터져 나왔다.

CE 주피터와 노동운동의 전설적인 연대는 1936년 7월 18일 발생한 파시스트 반란으로 더욱 굳건해졌다. 이 반란으로 다음

날 개막 예정이던 바르셀로나 인민 올림피아드도 무산됐다. 쿠데타가 시작되자 CE 주피터의 경기장은 노동자 정당 지지자들의 집결지가 됐고, 이들 대부분은 경기장 인근에 거주하며 극우 반란에 맞선 민중 봉기를 조직하려 했다. 노동자 활동가들은 바르셀로나 장악 시도를 저지하기 위해 상당량의 무기를 이곳에 비축했다.

지역 쿠데타가 실패한 뒤 이어진 내전 기간에도 CE 주피터는 경기를 멈추지 않았고, 카탈루냐 2부 리그에서 우승을 차지했다. 그러나 당시 홈구장에서 열린 가장 중요한 경기는 적십자, 혈액은행, 민병대 등 공화국 단체를 지원하기 위한 자선 경기였다. 이는 클럽이 반파시스트 운동에 꾸준히 헌신하고 있음을 다시 한번 보여줬다.

하지만 이러한 정치적 헌신은 큰 대가를 치르게 했다. 일부 선수는 전선에 징집돼 전사했고, 전쟁이 끝난 뒤에는 카를로스 이바녜스Carlos Ibáñez 선수가 클럽의 첫 경기장이었던 캄프 데 라 보타에서 총살됐다.

이러한 역사로 인해 프랑코 정권은 CE 주피터를 '반체제 클럽'으로 규정하고, 프리모 데 리베라 시절과 같은 방식의 탄압을 가했다. 그 결과 클럽은 별이 새겨진 엠블럼을 버리고, 이전 독재정권 시절 사용했던 엠블럼으로 되돌아가야 했다. 이번에는 클럽의 친노동계급·친카탈루냐·혁명적 정체성을 말살하려는 시도가 더욱 거세졌다. 프랑코 정권은 엠블럼뿐 아니라 클럽 이름까지 '클루브 데포르티보 에르쿨레스Club Deportivo Hércules'(CD 에르쿨레스)로 강제 변경했다. 로마 신의 이름을 그리스 영웅의 이름으로 바꾼 것은, 클럽이 지난 30년간 쌓아온 상징성을 완전히 지우려는 의도였다.

CE 주피터의 정체성을 말살하기 위해, 바르셀로나의 레알 클루브 데포르티보 에스파뇰Real Club Deportivo Español(RCD 에스파뇰)과 합병해 그 하위 팀으로 만들려는 시도도 있었다. 그러나 두 클럽 팬들 간의 뚜렷한 이념적 차이와 RCD 에스파뇰 지지자들의 반대로 이 계획은 무산됐다.

'CD 에르쿨레스'라는 이름은 한 시즌도 채 유지되지 못했고, 1940년 클럽은 원래 이름을 되찾았다. 그러나 이는 탄압이 완화된 것이 아니라, 완화된 것처럼 보이려는 형식적 조치에 불과했다. 프랑코 정권은 여전히 자신들이 혐오하는 가치를 대변하는 CE 주피터를 지속적으로 억압했다.

이후 클럽은 쇠퇴기에 접어들었고, 한때 2,000명의 회원을 자랑하며 FC 바르셀로나·RCD 에스파뇰과 함께 바르셀로나 축구 왕좌를 놓고 경쟁하던 30년의 영광도 점차 희미해졌다. 시련은 계속돼 1948년, 오랜 터전이던 포블레노우에서 강제로 쫓겨났다. 유이 거리 경기장에 익숙했던 클럽은 산 마르티 지구의 베르네다 경기장으로 옮겨야 했다. 포블레노우에서의 추방은 지역과 긴밀히 연결돼 있던 클럽의 정체성에 큰 타격을 줬고, 자연스럽게 그 기반을 상당 부분 잃게 했다. 이로 인해 클럽은 존립 위기에 몰렸다.

　독재정권 시절 CE 주피터의 원형을 되살리려는 첫 시도는 1959년에 이뤄졌다. 클럽은 1920년대에 착용했던 회색과 자주색 유니폼을 다시 도입했고, 이는 제2공화국 시기와 프랑코 집권 초기에 입었던 녹색·흰색 유니폼을 버리겠다는 선언이기도 했다(다만, 창단 당시의 흰색·하늘색 줄무늬 유니폼으로 돌아가지는 않았다).

　클럽 복원의 진정한 전환점은 극우 독재가 끝난 뒤 몇 해가 지난 1989년 회의에서 원래 엠블럼 복원을 결정하면서 찾아왔다. 그 결과 1990년 9월 2일, 새 시즌 첫 경기에서 CE 주피터는 유니폼 가슴에 4개의 줄무늬와 별을 다시 달았다. 이 별은 클럽의 상징이자 독립의 표식이었으며, 동시에 프리모 데 리베라와 프랑코 독재정권 시절 혹독한 탄압을 불러온 상징이기도 했다. 작지만 깊은 의미를 지닌 이 선택은, CE 주피터가 20세기 내내 카탈루냐의 아픈 역사와 함께해 왔음을 일깨워주는 복원이 됐다.

★★★
스패니시 걸스 클럽
제1차 세계대전에 꺾인 꿈

다른 많은 스포츠와 마찬가지로 여자 축구도 19세기 말 영국에서 시작됐다. 특히 1895년에는 페미니스트 귀족 플로렌스 딕시Florence Dixie의 주도로 최초의 여성 전용 축구 클럽인 브리티시 레이디스British Ladies가 창설됐다.

이 클럽은 약 1년밖에 지속되지 않았지만, 짧은 활동 기간에도 영국 외 지역에서 여자 축구를 장려하려는 움직임에 큰 영향을 줬다. 그 대표적인 사례가 1914년 4월 카탈루냐에서 창단된, 이베리아반도 최초의 여자 축구 클럽 '스패니시 걸스 클럽Spanish Girl's Club'[12]이었다.

---

12 영어판 역주에 따르면, 이 클럽의 이름은 스페인에서 영어 사용자가 거의 없던 시기에 영

스패니시 걸스라는 이름은 브리티시 레이디스에서 영향을 받은 것으로 보이며, 이는 당시 RCD 에스파뇰 선수였던 파코 브루Paco Bru가 주도했다. 마드리드 출신인 그는 카탈루냐에서 선수 생활을 하며, 스페인 내전 이전 카탈루냐 축구계의 중요한 인물로 자리매김했다. 선수, 감독, 심판, 클럽 임원, 기자 등 다양한 역할을 소화한 다재다능한 인물이기도 했다.

　여성의 스포츠 잠재력을 확신한 파코 브루는, 브리티시 레이디스가 영국축구협회BFA의 방해에도 불구하고 잠시나마 실현했던 아이디어를 카탈루냐에 도입했다. 그는 50명의 여성 축구 지망생과 그 가족을 모아 이베리아반도 최초의 여자 축구팀인 스패니시 걸스 클럽을 창단했다.

　그 과정에서 그는 여자 축구팀에 대한 사회적 반대, 특히 젊은 여성들이 짧은 바지를 입거나 경기 후 함께 샤워하는 것에 대한 거부감을 극복해야 했다. 당시 카탈루냐 사회에는 성차별이 깊게 뿌리내려 있었고, 대부분은 여성이 자유를 누리거나 남성만 즐기던 스포츠에 참여하는 것을 반대했다. 이 때문에 스패니시 걸스 클럽은 종종 '남자 같다'거나 '거칠다'는 비난을 받았다. 그러나 파코 브루는 이 용감한 여성들을 '스포츠우

어식으로 지어졌다. 원래 명칭은 '클루브 데 치카스 에스파뇰라스Club de chicas españolas'였으며, 이를 번역해 '스패니시 영 우먼스 클럽Spanish Young Women's Club'으로 불렀을 가능성이 크다. 여기서 '치카스Chicas'는 문맥에 따라 '걸스girls' 또는 '영 우먼young women'으로 해석될 수 있다.

먼sportswoman'[13]이라 부르며 옹호했고, 이 용어 또한 팀 이름처럼 영국에서 들여온 것이었다.

파코 브루는 클럽의 목표를 밝히고 팀을 선발한 뒤 한 달 반 동안 초기 훈련을 진행했다. 이 기간 스패니시 걸스 클럽은 완전한 조직을 갖춘 클럽으로 자리 잡았고, 바르셀로나 콘셀 데 센트 거리에는 자체 사무실까지 마련했다. 이곳은 클럽의 모임 장소로 사용됐으며, 친목과 여가 활동도 열렸다.

이베리아반도 최초의 여자 축구 경기는 1914년 6월 9일, 바르셀로나 인두스트리아 거리에 있는 RCD 에스파뇰 홈구장에서 열렸다. 자선 경기였음에도 스패니시 걸스 클럽은 함께 경기를 치를 남성팀을 찾지 못했다. 이는 당시 여자 축구에 대한 전반적인 무시 때문이었겠지만, 1902년 영국축구협회가 남녀 혼성 경기를 자선 경기까지 포함해 금지한 규정도 영향을 미쳤을 가능성이 크다.

그럼에도 파코 브루와 선수들은 포기하지 않고 자선 활동을 이어가기로 했다. 목표는 결핵 퇴치를 위한 기금 마련이었다. 스패니시 걸스 클럽은 '몬세라트Montserrat'와 '히랄다Giralda'라는 두 팀으로 나뉘었는데, 각각 카탈루냐의 몬세라트 수도원과 세비야의 상징인 히랄다 탑에서 이름을 따왔다. 두 팀은 1914년 6월 9

---

13 앞의 주석 참조. 파코 브루는 정확히 여기 쓰인 그대로 'sportswoman'이라는 영어 단어를 사용했다. 다만, 복수형인 'sportswomen'이 더 적절했을 것이다.

일, RCD 에스파뇰 홈구장에서 이베리아반도 최초의 여자 축구 경기를 치렀다.

이 경기는 큰 관심을 모았고, 많은 관중이 파라케츠Parakeet[14] 경기장에 모여들었다. 특히 당시 카탈루냐 총사령관 세사르 빅토르 아우구스토 델 비야르César Víctor Augusto del Villar가 직접 참관해, 히랄다 팀이 몬세라트 팀을 2-1로 꺾는 경기를 지켜봤다.

그러나 브리티시 레이디스의 사례와 마찬가지로, 그리고 당시 여성들이 축구를 시작한 거의 모든 곳에서 그랬듯, 스패니시 걸스 클럽 역시 성차별과 전통주의가 만연한 사회의 거센 거부감에 직면했다. 이를 보여주는 한 예로, 스포츠 신문 〈엘 문도 데 포르티보El Mundo Deportivo〉는 다음과 같이 보도했다.

"우리는 여성이 격렬한 축구 경기에 첫 등장한 것이 달갑지 않다. 이는 단순히 경기력 부족 때문만은 아니다. 우리 어머니 이브의 후손들이 부적절하고 보기 흉한 자세를 취해 여성의 아름다움을 해쳤기 때문이다."

거센 비난에도 불구하고, 스패니시 걸스 클럽의 두 팀은 이틀 뒤 재경기를 벌여 1-1 무승부를 기록했다. 이어 6월 14일 사바

---

14 RCD 에스파뇰의 별칭 로스 페리키토스Los Periquitos(앵무새들)에서 유래한 표현으로, 당시 에스파뇰 홈구장을 가리키는 별칭으로 사용됐다.

델에서 열린 경기에서는 처음으로 바르셀로나 외 지역에서 경기를 치렀고, 몬세라트 팀이 4-1로 대승을 거뒀다.

사바델 경기 이후, 1914년 6월에는 바르셀로나와 인근 마타로에서 경기가 이어졌다. 이어 스패니시 걸스 클럽은 바르셀로나 외곽 레우스로 이동해 경기를 치렀다.

그러나 기록에 따르면, 레우스전이 이 선구적인 카탈루냐 여자 축구팀의 마지막 경기였다. 클럽은 타라고나, 발렌시아, 팔마, 팜플로나에서의 원정 경기와, 그해 8월 프랑스 남부 투어까지 계획하고 있었다. 하지만 1914년 여름 제1차 세계대전이 발발하면서 유럽 전역이 혼란에 빠졌고, 스패니시 걸스 클럽의 모든 경기는 취소됐다.

결국 1914년 7월부터 1918년 11월까지 전 세계를 파괴한 전쟁의 첫 희생자 중 하나가 이 선구적인 여자 축구팀이었다. 아이러니하게도 스페인에서 여자 축구가 사라진 것과 달리, 전쟁 중이던 여러 나라에서는 오히려 여자 축구가 부활했다. 이는 전투 연령의 남성 상당수가 전장에 투입되면서, 후방의 사기를 유지하기 위해 여가와 스포츠 활동이 필요했기 때문이다.

스패니시 걸스 클럽의 짧은 역사 이후, 이베리아반도의 여자 축구는 오랜 침체기에 들어갔다가 1960년대 후반 카탈루냐에서 다시 모습을 드러냈다. 절정은 1970년 크리스마스 날이었다. 이날 6만 명의 관중이 캄프 누를 가득 메운 가운데, 오늘날 FC 바르셀로나 페메니FC Barcelona Femení의 모태가 된 셀레시오

데 라 시우타트 데 바르셀로나Selecció de la Ciutat de Barcelona(바르셀로나 시청 대표팀)와 우니오 에스포르티바 센트세예스Unió Esportiva Centcelles가 맞붙었다.

스패니시 걸스 클럽과, 그 후 반세기 이상 이어진 다양한 시도들은 오늘날 카탈루냐 여자 축구 성공의 초석이 됐다. 그 대표적인 예가 최근 바르셀로나 여자 축구팀의 승리다. 이 선수들은 1914년 봄, 비록 전쟁으로 꿈이 좌절됐더라도 당시 사회를 지배하던 성차별에 도전했던 선구자들의 자랑스러운 후계자들이다.

4장
중앙유럽과 스칸디나비아

유대인 클럽이 홈경기를 치르던 빈 프라터 경기장에 선 하코아 빈 선수들.

★★★
베를리너 FC 뒤나모
슈타지의 클럽

"축구에서의 성공은 스포츠 분야에서 우리 사회주의 체제의 우월함을 더욱 명확히 보여줄 것이다." 이 과장된 발언은 동독에서 가장 두려운 인물이었던 에리히 밀케Erich Mielke의 말이다. 그는 국가보안부 장관이자 막강한 정치경찰 슈타지Stasi[1]의 수장이었다. 그 이전에는 1세대 공산주의 운동가로서 스페인 내전에 국제여단으로 참전한 경력이 있었다. 정치만큼이나 그를 사로잡은 또 다른 열정은 다름 아닌 축구였다.

그 열정 덕분에 그는 1957~89년 베를리너 푸스발 클루프 뒤나모Berliner Fußball Club Dynamo의 명예 회장을 맡게 됐다. 이 클

---

1 동독의 국가보안부Ministerium für Staatssicherheit로, 1950~90년 존속한 비밀정보기관이자 정치경찰. '슈타지'는 독일어 명칭의 줄임말이며, 광범위한 감시·도청·첩보 활동을 통해 체제 비판 세력을 탄압하고 사회 전반을 통제했다.

럽의 기원은 1949년, 새롭게 건설된 사회주의 독일의 일환으로 창설된 '베를린 인민경찰 스포츠 공동체Sportgemeinde Deutsche Volkspolizei Berlin'였다. 이 조직은 1년 뒤 창설된 슈타지와 연결돼 있었으며, 슈타지는 '당의 방패이자 칼'로서 공산주의 이념에 반대하는 이들을 탄압하는 국가기관이었다.

1954년 클럽은 SC 뒤나모 베를린Sports Club Dynamo Berlin으로 개명하고 슈타지 산하에 편입됐고, 곧 밀케가 팀을 이끌게 됐다. 당시 SC 뒤나모 베를린은 동독 축구 하위 리그를 전전하는, 그다지 주목받지 못하는 팀이었다.

1954년 슈타지 수뇌부는 베를린에 전국과 유럽 무대에서 경쟁력을 갖춘 클럽을 만들겠다는 정치적 의도로, 당시 최강팀이던 뒤나모 드레스덴Dynamo Dresden의 핵심 선수들을 베를린 팀으로 이적시키라는 지시를 내렸다.

이렇게 SC 뒤나모 베를린은 동독 1부 리그로 승격했고, 1959년 컵대회에서 첫 우승을 차지했다. 그러나 동독을 지배하고 유럽에 '사회주의 스포츠의 우월성'을 입증할 팀을 만들겠다는 슈타지의 계획은 뜻대로 풀리지 않았다. 오히려 이러한 정치적 개입은 뒤나모 드레스덴과의 치열한 경쟁을 불러왔고, 갈등은 남부의 다른 클럽들로 확산됐다. 결국 상대적으로 선수 평균 연령이 높았던 SC 뒤나모 베를린은 2부 리그로 강등되고 말았다.

밀케는 팀의 세대교체 필요성을 인식하고 클럽에 큰 변화를 단행했다. 축구 부문을 공식적으로 다종목 스포츠 구단에서 분리해 '베를리너 FC 뒤나모Berliner FC Dynamo'로 이름을 변경한 것이다. 그러나 슈타지의 의도와 달리, 클럽의 성장은 더뎠다. 밀케는 1970년대 초, 서독의 '자본주의 팀' FC 바이에른 뮌헨이 유럽 무대에서 성공하고, 옛 자매 클럽인 뒤나모 드레스덴이 동독에서 다시 최강자로 자리 잡는 모습을 보며 큰 좌절을 맛봤다.

오랜 기다림 끝에 1970년대가 되어서야 '슈타지의 팀'은 동독 축구에서 절대적 강자로 군림하기 시작했다. 밀케가 축구의 정치적 의미를 깊이 깨달은 계기는 1974년 월드컵이었다. 동독이 서독의 홈에서 숙적 서독을 꺾은 것이다. 비록 서독이 대회 우승을 차지했지만, 공산주의 국가 동독이 자본주의 국가 서독을 물리친 승리는 강력한 상징성을 지니고 있었다.

1978년 6월, 베를린의 주요 라이벌 팀이 1970년대 들어 다섯 번째 1부 리그 우승을 차지하자 밀케의 인내심은 한계에 이르렀다. 그는 뒤나모 드레스덴의 탈의실로 들이닥쳐 "내년에는 반드시 내 팀, 즉 베를린의 뒤나모가 오버리가Oberliga[2] 챔피언이 될 것"이라고 소리쳤다.

그의 말은 적중했다. 1979년부터 1988년까지 10시즌 동안 베를리너 FC 뒤나모는 동독 리그 챔피언 자리를 연속으로 차지했

---

2   1950~91년 동독 축구 1부 리그의 공식 명칭. 통일 전까지 동독 축구의 최고 수준 리그였으며, 리그 우승 팀은 유럽대항전에 출전할 자격을 얻었다.

다. 그러나 이 승리는 순전히 실력 덕분이 아니라, 클럽과 심판진, 여러 기관 간의 부정한 결탁 덕에 가능했다.

밀케의 슈타지는 독일 축구계 전반에 광범위한 협력 네트워크를 구축했다. 선수, 감독, 연맹 관계자 등 어느 분야도 이 정치경찰의 통제를 벗어날 수 없었다. 이들은 '사회주의 우월성'을 과시하기 위해 스포츠를 철저히 통제했으며, 특히 선수들이 자본주의 국가와 자주 접촉하는 축구를 체제에 위협적인 분야로 여겼다.

밀케가 선수들을 통제한 방식은 베를리너 FC 뒤나모의 유망주였던 루츠 아이겐도르프Lutz Eigendorf 사건에서 잘 드러난다. 그는 1979년 3월 20일 FC 카이저슬라우테른FC Kaiserslautern과의 친선경기 후 서독으로 망명하며 막강한 상사였던 밀케를 배신했다. 클럽이 첫 우승을 앞둔 시기에 주요 선수가 '사회주의 낙원'을 떠나자 밀케는 격분했고, 비밀리에 그의 암살을 지시했다. 4년 뒤 아이겐도르프는 의문의 교통사고로 사망했고, 통일 후 공개된 슈타지 파일을 통해 그의 죽음이 정치경찰이 계획한 보복 암살임이 드러났다.

비록 베를리너 FC 뒤나모가 동독 축구를 지배했지만, 유럽 무대에서는 힘을 쓰지 못했다. 유럽 대회에서는 슈타지 수장이 심판이나 연맹 관계자에게 영향력을 행사할 수 없었기 때문이다. 결국 클럽은 국내의 영광을 재현하지 못했고, 오히려 굴욕적인 패배를 당했다. 특히 마지막 유럽 경기에서는 '자본주의 팀'

인 SV 베르더 브레멘SV Werder Bremen에 5-0으로 참패했다.

　이처럼 베를리너 FC 뒤나모의 국내 리그 우승은 축구 실력보다 권력층과의 부패한 유착 덕에 얻은 경우가 많았다. 정치적 개입이 가장 노골적으로 드러난 사건은 1986년에 벌어졌다. 그해 FC 로코모티프 라이프치히FC Lokomotive Leipzig는 뒤나모의 장기 집권에 도전했다. 시즌 18번째 경기에서 로코모티프는 뒤나모를 홈으로 불러들여 우승 향방을 가를 승부를 벌였다. 홈팀이 앞서던 경기 막판, 95분에 잘못된 페널티 판정이 내려졌고, 뒤나모는 이 덕분에 동점 골을 넣어 리그 선두를 유지했다. 이 노골적인 부정에 대한 분노는 경기장을 넘어 전국적인 항의로 번졌고, 여론이 거세지자 밀케는 베른트 스툼프Bernd Stumpf 심판을 희생양 삼아 중징계를 내렸다.

　밀케가 막강한 권력을 쥐고 있었지만, 그의 뒤나모가 끝내 얻지 못한 것은 팬들의 사랑이었다. 베를리너 FC 뒤나모는 동독 대부분의 경기장에서 '부정행위 챔피언'이라는 조롱과 함께 적대적인 반응을 받았다. 1989년 11월, 베를린 장벽이 무너질 무렵 열린 주중 경기에는 고작 2,000명만이 관중석을 채웠다. 같은 시기 뒤나모 드레스덴의 경기에는 3만 명이 몰려, 동독 리그 최다 우승을 차지한 두 팀의 팬 지지율 차이를 극명하게 드러냈다.

　장벽 붕괴와 독일 통일로 밀케는 몰락했고, 베를리너 FC 뒤나모는 방향도 정체성도 미래도 잃은 클럽으로 전락했다. 1990년, 논란 많은 과거와 반체제 인사 탄압의 상징인 슈타지와의 연관성을 끊기 위해 클럽은 '뒤나모'라는 이름을 버리고 FC 베를린FC Berlin으로 개명했다. 그러나 이름만 바꾼다고 성공이 따라오진 않았다. 클럽은 서베를린의 헤르타 BSCHerta BSC, 동베를린의 FC 우니온 베를린FC Union Berlin과 경쟁해야 했고, 과거의 무거운 그림자는 여전히 클럽을 짓눌렀다.

재정난 속에서 명확한 방향을 찾지 못하던 FC 베를린은 결국 옛 이름인 베를리너 FC 뒤나모로 돌아가 과거의 영광을 되살리려 했지만, 결과는 실패였다. 현재 클럽은 독일 4부 리그에 머물러 있으며, 과거 동독 리그 10회 우승을 기념하는 금색 별 세 개를 엠블럼 위에 달고 있다.

그러나 오늘날의 뒤나모는 한때 밀케의 절대적 후원을 받던 클럽과는 전혀 다르다. 국제여단 출신이자 평생 파시즘과 맞섰던 슈타지 수장 밀케가 살아 있다면, '자신의' 뒤나모 팬들이 공개적으로 극우를 지지하고 파시즘의 상징을 거리낌 없이 드러내는 모습을 보고 경악했을 것이다. 이는 베를리너 FC 뒤나모가 냉전의 산물이자, 축구 또한 그 갈등의 일부였음을 보여주는 기이한 역설이다.

FC 우니온 베를린
슈타지와 자본에 맞선 팀

1986년 9월 13일 동베를린은 뜨거운 더비 경기derby match[3]로 들끓었다. 슈타지의 팀이자 공포의 인물 에리히 밀케가 이끄는 베를리너 FC 뒤나모와 1.FC 우니온1.Fußball Club Union의 맞대결이었다. 1.FC 우니온은 동독 축구 시스템에 따라, 공산주의 체제 아래 단일 노조운동을 주도한 자유독일노동조합연맹FDGB의 후원을 받는 또 다른 베를린 팀이었다.

동베를린의 두 팀이 맞붙는 더비 경기는 단순한 스포츠를 넘어 정치적 갈등을 그대로 드러내는 무대였다. 베를리너 FC 뒤나

---

[3] 같은 도시나 지역을 연고로 하는 두 팀 간의 경기로, 강한 라이벌 의식과 상징성을 지닌 대결을 뜻한다.

모는 권력자들의 팀으로, 그해 가을 8년 연속 리그 우승을 차지했다. 반면, 1.FC 우니온은 '민중의 팀'으로 불리며, 경기장에는 체제 비판적인 지식인, 장발의 청년, 그리고 동독 최초의 펑크족들이 모여들었다.

1986년 9월, 베를리너 FC 뒤나모는 1.FC 우니온을 8-1로 꺾으며 또다시 승리를 거뒀다. 우니온은 이미 여러 차례 권력층의 총애를 받는 뒤나모에 큰 점수 차로 패했기에 이번 대패도 그다지 충격적이지 않았다. 이날 경기에는 1만 명의 우니온 팬이 원정 경기장에 모였고, 규모는 홈팬과 맞먹었으나 패배에는 익숙한 분위기였다.

그러나 경기 후, 우니온 팬들은 경기장을 떠나며 큰 소리로 구호를 외쳤고, 이는 뒤나모를 후원하는 당국에 대한 도전으로 간주됐다. 이 자발적 시위는 우니온 팬들이 체제 반대 세력의 핵심임을 보여주는 정치적 행위였다.

이런 행동은 슈타지에겐 놀라운 일이 아니었다. 노동자 계층이 사는 쾨페니크 지역의 우니온 홈구장, 슈타디온 안 데어 알텐 푀르스테라이 관중석에는 반체제 인사와 체제 전복 세력이 가득하다는 사실을 이미 알고 있었기 때문이다.

예를 들어, 우니온이 홈경기에서 페널티 구역 근처 프리킥을 얻어 상대 팀이 수비벽을 세우면 팬들은 "장벽을 허물어라!"라는 구호를 외쳤다. 명백한 이중 의미를 담은 이 구호는 당국을 불쾌하게 했지만, 경기장의 절반을 체포할 수는 없었기에 제재하기 어려웠다. 대신 슈타지는 가장 열성적인 팬들을 찾아내 감시하고 기록을 남겼다. 독일 통일 후 슈타지 문서가 공개되면서 일부 팬들은 취업이 거절된 배경에 슈타지 개입이 있었다는 사실을 알게 됐다. 우니온 팬이라는 이유로 반체제 인물로 분류돼 '부적합' 판정을 받았던 것이다.

1.FC 우니온은 노동자 계층의 팀으로 동베를린 시민들의 사랑을 받았지만, 제도적 지원은 전혀 없었다. 공식 노동조합과 연계돼 있었음에도 체제와 언론의 환영은커녕 오히려 냉대받았다. 1970년대 후반부터 동독 언론은 오로지 밀케의 클럽만 조명했고, 그 팀은 다른 클럽의 최고 선수를 강제로 영입해 리그를 지배했다. 우니온 역시 라이벌 팀 전력 강화를 위한 '선수 빼앗기'의 반복적인 희생양이었다. 이런 왜곡된 경쟁 구도에서 노동자 계층의 팀이 막강한 슈타지 클럽과 실력으로 맞서기란 사실상 불가능했다.

하지만 뒤나모가 1979년 승승장구하기 전, 우니온은 한 차례 한계를 넘어 처음이자 유일한 주요 타이틀을 거머쥐었다. 1968년 우승한 동독컵이 그것으로, 공교롭게도 대회 명칭은 우니온이 연계된 노동조합과 같은 이름인 FDGB 포칼FDGB Pokal(자유독일노동조합연맹컵)이었다.

1989년 베를린의 역사적 사건과 독일 통일은 동독 리그의 소멸과 함께 동독 축구계를 지배했던 여러 팀의 몰락을 가져왔다. 우니온 역시 새로운 환경에서 살아남기 위해 변화해야 했고, 이후 독일 연방 리그 하위권에서 경쟁하게 됐다. 하지만 이는 클럽이 처음 겪는 일이 아니었다. 실제로, 1906년 '올림피아 06 오버쇠네바이데Olympia 06 Oberschöneweide'로 창단된 이래, 우니온은 여러 차례 비슷한 부침을 경험했다. 클럽명은 훗날 쾨페니크 지역에 편입된 오버쇠네바이데에서 유래했으며, 이 지역은 노동계급 정체성을 확립하는 데 중요한 기반이 됐다.

초창기 우니온 팬들은 팀의 파란색 유니폼이 지역 공장 노동자들의 작업복과 비슷했던 이유로 '금속공 소년들schlosserjung'이라는 별명을 붙였다. 이 시기에 만들어진 구호 "철의 우니온!Eisern Union!"은 오늘날까지도 슈타디온 안 데어 알텐 푀르스테라이에서 울려 퍼진다.

지역 노동자 계층과 깊이 맞닿은 이런 역사는 클럽의 발전 방향을 결정지었고, 부유한 배경의 다른 베를린 팀들과는 뚜렷이 대비되는 노동계급 정체성을 구축하게 했다.

우니온은 1923년 독일 챔피언십 준우승으로 큰 성공을 거뒀지만, 1933년 나치 정권의 축구 리그 재편으로 1945년까지 여러 리그를 전전하며 어려움을 겪었다. 그러나 가장 큰 시련은 제2차 세계대전 직후 찾아왔다. 독일을 점령한 연합군이 모든 스포츠 조직의 해체를 명령한 것이다. 1945년 올림피아 06 오버쇠네바이데는 SG 오버쇠네바이데SG Oberschöneweide로 재창단해 전후 첫 베를린 리그에 참가했으나, 냉전이 심화되면서 결국 두 개의 클럽으로 분리됐다. 서베를린에 거주하던 선수들이 하나의 팀을 구성했고, 동베를린에 남은 선수들은 '우니온'이라는 이름을 처음 사용해 우니온 오버쇠네바이데Union Oberschöneweide를 결성했다.

1949년 동독 수립 후, 축구 재편과 공산 정권의 스포츠 통제로 이 베를린 클럽은 여러 차례 이름을 바꿔야 했다. 1966년 1.FC 우니온 베를린1.FC Union Berlin이라는 이름을 채택해 오늘까지 사용하고 있다.

우니온은 역사적으로 많은 변화를 겪어온 덕분에 독일 통일 과정에서 상대적으로 큰 혼란을 피했다. 특히 슈타지의 지원을 받던 베를리너 FC 뒤나모가 몰락하면서, 우니온은 동베를린을 대표하는 팀으로 자리매김했다.

그러나 통일 후 독일 통합 리그에 적응하는 과정에서 가장 큰 장애물은 재정난이었다. 과거 공산주의 체제로 운영되던 이 지역 클럽은 자본주의식 경영에 익숙지 않았다. 1994년 독일 2부 리그(2. 분데스리가)로 승격했지만 재정 문제로 자격을 박탈당했고, 1997년에는 파산 직전까지 몰렸다.

우니온이 파산 위기를 넘길 수 있었던 것은 팬들의 적극적인 지원 덕분이었다. 지역 사회에서 중요한 역사를 지닌 클럽을 지키기 위해 팬들은 '우니온은 동베를린 시민의 자유의 상징'임을 내세우며 살리기 운동에 나섰다. 이 시기 펑크 가수 니나 하겐Nina Hagen은 팀의 응원 구호를 바탕으로 클럽 찬가 '철의 우니온'을 만들었고, 또 다른 구호인 '절대 잊지 말자!'도 인기를 끌었다. 이 구호에는 노동자 계급의 기억, 힘겨운 시절, 그리고 동독 스포츠 유산을 잊지 않겠다는 뜻이 담겨 있었다.

클럽은 서서히 회복했으나 재정난으로 2부 리그 승격은 번번이 좌절됐다. 그러다 2001년, 영광스러운 시즌 끝에 마침내 승격에 성공했고 독일컵 결승에도 진출했다. 결승전에서는 FC 샬케 04FC Schalke 04에 0-4로 패했지만, 구단 역사에서 의미 있는 성과였다.

그럼에도 재정 문제는 계속됐다. 2004년 청산 위기에 몰리자 팬들은 '우니온을 위해 피를 흘리자Bluten für Union' 캠페인을 벌였다. 병원에서 헌혈해 받은 수당을 클럽에 기부한 이 캠페인은 큰 성공을 거두며 우니온을 구했고, 금융 투기가 지배하는 축구계에서 재정난에 시달리는 다른 독일 클럽에도 귀감이 됐다.

2008년에도 비슷한 일이 있었다. 우니온은 경기장을 현대화하려 했으나 개보수 비용을 감당할 수 없었고, 이에 팬들에게 도움을 요청했다. 2,400명의 자원봉사자가 모여 1년이 채 안 돼 공사를 마쳤으며, 이들이 헌신한 시간은 총 14만 시간에 달했다. 팬들은 4개 관중석 중 3개를 입석으로 유지할 것을 강력히 요구했고, 독일축구연맹과의 긴 줄다리기 끝에 이를 관철했다.

1년 뒤, 팬들은 클럽 이사진이 1,000만 유로를 후원한 인터내셔널 스포츠 프로모션과의 계약을 파기하도록 압박했다. 임원 중 한 명이 과거 슈타지에서 활동한 경력이 있었기 때문이다. 이는 팬들이 클럽의 반권위주의 전통을 얼마나 중시하는지를 보여주는 또 하나의 사례였다.

우니온은 노동자 계층의 정체성을 유지하면서도 동독 시절 많은 클럽에 만연했던 인종차별과 파시즘을 거부해왔다. 또한 선수 이적료를 지불하지 않는 독특한 정책을 최근까지 이어왔다. 이런 모습은 우니온이 과거 슈타지와 동독 정권에 반대했던 것처럼, 오늘날 축구의 '비즈니스화'에도 반대하고 있음을 드러낸다.

새천년 초반 힘든 시기를 견딘 우니온은 2019년, 클럽 역사상 가장 큰 성과를 거뒀다. 2. 분데스리가에서 3위를 기록한 뒤 VfB 슈투트가르트VfB Stuttgart와의 극적인 플레이오프에서 승리하며 마침내 1부 리그 승격에 성공했다.

또한 우니온 팬들은 2003년부터 매년 함께 크리스마스를 축하해 왔다. 경기가 없는 날에도 경기장을 가득 메운 채 캐럴을 부르고, 조명탄을 터뜨리며, 독일 전통 음료인 글뤼바인을 나눈다. 처음 89명으로 시작된 이 전통은 이제 3만 명이 모이는 대규모 행사로 발전했다. 이는 축구의 낭만적 가치를 지키려는 공동체 의식을 잘 보여준다. 슈타지와 자본 중심 축구에 맞서 온 우니온은 가족 같은 공동체이자 진정한 '연대union'의 상징이다.

SC 타스마니아 폰 1900 베를린 e.V.
냉전의 산물

독일 분데스리가 역대 기록을 살펴보면, 유럽 주요 리그에서 '최악의 팀'으로 손꼽힐 만한 이름이 하나 등장한다. 바로 SC 타스마니아 폰 1900 베를린 e.V.SC Tasmania von 1900 Berlin e.V.다. 이 클럽은 한 시즌 최저 승점인 8점을 기록했을 뿐 아니라, 15득점 108실점이라는 최악의 골 득실차라는 불명예도 안고 있다. 이 기록은 타스마니아가 1부 리그에서 뛴 유일한 시즌인 1965-1966시즌에 세워졌다.

이 처참한 성적은 선수들의 기량 부족에서 비롯된 측면이 크지만, 그 근본적인 원인은 지정학적 상황, 정확히 말해 1945년 이후 냉전 시대에 베를린이 놓였던 특수한 환경에서 찾을 수 있다.

타스마니아는 1900년 현재의 노이쾰른 지역에서 창단했으며, 클럽명은 호주 태즈메이니아섬을 두고 벌어진 선원들의 술자리

언쟁에서 유래했다. 1965년까지 이 팀은 서베를린 지역 리그에서 뛰었는데, 이 리그는 여러 지역 리그로 나뉘어 운영되던 서독 2부 리그의 성격을 지녔다.

1963년 분데스리가가 출범하자 타스마니아는 새로 생긴 서독 리그에 참가할 베를린 대표 자리를 놓고 이웃 팀 헤르타 BSC_{Hertha Berliner Sport Club}와 경쟁했다. 그러나 이후 몇 년간은 지역 리그에 머물렀고, 다음 해에는 그 리그에서 우승을 차지했다.

1965년 여름, 하위 리그에 있던 타스마니아에 큰 변화가 찾아왔다. 서베를린의 라이벌 헤르타 BSC가 분데스리가 첫 시즌에 진출하면서 타스마니아의 기회를 가로챈 것이다. 하지만 헤르타 BSC는 선수 영입과 보수 지급 과정에서 규정을 위반했고, 분데스리가 조사관들은 구단 회계에서 20만 마르크의 손실을 발견했다. 그 결과 헤르타 BSC는 1부 리그 잔류가 불가능해졌다.

이 재정난의 원인 중 하나는 선수 영입의 어려움이었다. 선수들은 분단된 베를린 서쪽, 즉 1961년 동독이 세운 장벽으로 고립된 지역에서 생활해야 했기 때문이다. 결국 분데스리가는 부실 운영을 용납하지 않았고, 1964-1965시즌 종료 직후 헤르타 BSC를 강등시켰다.

이 결정으로 서독 최고 리그에서 베를린 대표팀이 사라졌고, 이는 부인할 수 없는 지정학적 파장을 불러일으켰다. 서독 당국은 냉전으로 분단된 베를린의 일부가 여전히 자본주의 서독의 영향권에 있음을 보여주기 위해, 1부 리그에 서베를린 팀이 빠지는 상황을 막으려 했다.

악셀 슈프링어Axel Springer 그룹이 발행하는 〈디 벨트Die Welt〉와 〈빌트Bild〉 등 주요 신문의 적극적인 지원 속에, 독일축구연맹은 당초 계획했던 지역 챔피언 간 승격 플레이오프를 취소하고 서베를린 클럽을 위한 승격 자리를 만들었다.

이에 따라 분데스리가는 기존 15개 팀에서 18개 팀으로 확대됐고, 경기 성적으로 승격한 보루시아 묀헨글라트바흐Borussia Mönchengladbach와 FC 바이에른 뮌헨, 강등 예정이었던 카를스루어 SCKarlsruher SC와 FC 샬케 04, 그리고 새로운 서베를린 팀이 합류하게 됐다.

냉전 속에서 만들어진 이 마지막 승격 자리는 처음에는 해당 시즌 지역 리그 우승팀인 테니스 보루시아 베를린Tennis Borussia Berlin에게 돌아갔다. 그러나 이들은 승격 플레이오프에서 FC 바이에른 뮌헨에 패한 데다 제안을 거절했다. 이어 차순위인 베를린 리그 2위 슈판다우어 SVSpandauer SV도 승격을 거부했다.

결국 지역 리그 3위였던 타스마니아가 1부 리그 진출권을 얻었다. 그러나 이 소식은 리그 개막 불과 2주 전에 전해졌고, 예상치 못한 승격에 대비할 시간은 턱없이 부족했다. 대부분의 선수가 축구 외 다른 직업을 가진 상황에서, 클럽은 갑작스레 완전한 프로팀으로 전환해야 했고 각종 문제가 뒤따랐다.

하지만 클럽은 분데스리가에서 옛 독일 수도를 대표하겠다는 열망이 있었고, 이는 두 독일 간의 이념 대립이 극심하던 시기에 분명한 정치적 의미를 지닌 행보였다. 이러한 열망 속에서, 20세기 초 호주의 섬 이름을 딴 지역 클럽 타스마니아는 힘차게 리그 경쟁에 뛰어들었다. 1965년 8월 14일 열린 데뷔전에는 무려 8만 1,534명의 관중이 베를린 올림픽 스타디움을 가득 메웠고, 팀이 카를스루어 SC를 2-0으로 꺾자 경기장은 열광에 휩싸였다. 베를린 시민들은 서베를린을 대표하게 된 이 클럽에 호감을 보이기 시작했고, 그때까지만 해도 곧 다가올 비극의 기운은 감지되지 않았다.

그러나 이 열기는 오래가지 않았다. 개막전 승리는 한낱 신기루였고, 타스마니아는 두 번째이자 마지막 승리를 1966년 5월에야 거둘 수 있었다. 당시 보루시아 노인키르헨Borussia Neunkirchen을 2-1로 꺾었지만, 그 사이 무려 31경기 동안 단 한 번도 이기지 못하며 독일 축구 역사상 최장 연패 기록을 세웠다.

이는 그들이 한 시즌 동안 세운 수많은 불명예 기록 중 하나일 뿐이었다. 그중에서도 가장 상징적인 장면은 1966년 1월 15일 보루시아 묀헨글라트바흐와의 경기였다. 이 경기는 분데스리가 역사상 최저 관중 수인 827명을 기록했는데, 불과 5개월 전만 해도 같은 경기장에서 8만 명을 모았던 팀이었기에 더욱 쓸쓸한 대조를 이뤘다.

베를린 팀을 실력과 무관하게 승격시키려는 정치적 도박은 결국 실패로 끝났다. 물론 이 시도로 매주 주말마다 '베를린'이라는 이름이 경기장에서 울려 퍼졌고, 이는 연방 독일 국민에게 베를린이 여전히 자신들의 영향권 안에 있다는 인식을 심어주는 효과가 있었다. 그러나 타스마니아가 매주 참담한 성적을 거두면서, 팀과 도시에 대한 부정적 이미지만 커졌고, 이는 정치적 승격의 의도와 정반대의 결과를 낳았다.

타스마니아는 1965-1966시즌을 최하위로 마쳤고, 시즌 최저 승점, 최소 승리, 최다 패배, 원정 전패, 최대 골득실차, 최다 연패, 최장 무승 등 지금까지도 깨지지 않은 불명예 기록을 남겼다. 그들의 성적은 처참했고, 다음 시즌 지역 리그 강등과 함께 1965년의 승격 결정은 사실상 철회됐다. 이후 베를린 팀이 정치적 이유로 분데스리가에 포함되는 일은 더 이상 없었다.

결국 타스마니아가 1부 리그에 머문 두 시즌 동안 서베를린을 대표하는 팀은 없었고, 이 상황은 1968-1969시즌 헤르타 BSC가 복귀할 때까지 이어졌다. 이후 타스마니아는 실력만으로 재승격을 노렸으나, 여러 차례 지역 챔피언에 올랐음에도 꿈을 이루지 못했다.

이 독특한 클럽의 역사는 1973년 재정 파산으로 막을 내렸다. 그들은 냉전 시기 정치적 승격의 상징이자, 분데스리가 역사상 최악의 팀이라는 불명예를 남긴 채 사라졌다.

★★★
FC 장크트파울리
세 번의 반항

전통적으로 성차별과 동성애 혐오가 만연한 축구계에서, 동성애자이자 성소수자 인권 운동가가 공개적으로 클럽을 이끌었다는 사실은 믿기 어려울 수 있다. 그는 팬들의 목소리에 귀 기울여, 여성에게 모욕적이라 느껴지는 광고를 경기장에서 철거하기도 했다.

이런 클럽이 실제로 존재하며, 지금도 활발히 활동 중이다. 그 주인공은 함부르크의 축구 클럽 FC 장크트파울리Fußball Club St Pauli다. 이 팀은 반파시스트를 비롯한 전 세계 사람들에게 자신들이 왜 '컬트 클럽cult club'인지 몸소 증명해왔다.

2002년부터 2010년까지 코니 리트만Corny Littmann이 회장을 맡으며 이 독일 클럽은 더욱 특별해졌다. 그는 최초로 커밍아웃한 축구 클럽 회장이자 연극배우였고, 성차별과 동성애 혐오가 뿌리 깊은 축구계에서 보통 대기업가나 부도덕한 백만장자가 차지하던 자리에 교양 있고 지적인 인물로 등장했다.

코니 리트만이 클럽의 수장이 되면서 FC 장크트파울리의 반성차별주의는 한층 두드러졌다. 그는 부임 첫해, 팬들의 요구에 따라 잡지 『맥심Maxim』의 성차별적 광고를 밀레른토어 경기장에서 철거했다. 이 사건은 FC 장크트파울리가 반파시즘과 반인종차별주의를 정관에 명시한 세계 몇 안 되는 스포츠 단체이며, 축구계에서 흔히 볼 수 있는 상징적 인종차별 근절 캠페인을 넘어 성차별과 동성애 혐오에 대한 반대 입장까지 공식적으로 밝힌 클럽임을 잘 보여준다.

이로써 FC 장크트파울리는 공식적으로 세 가지 측면에서 '반항적인 클럽'이 됐다. 이는 카탈루냐 작가 마리아 메르세 마르살 Maria Mercè Marçal이 자신의 시 〈신조Divisa〉에서 묘사한 반항 정신을 떠올리게 한다.

"나는 우연히 얻은 세 가지 선물에 감사한다. 여자로 태어난 것, 하층 계급으로 태어난 것, 그리고 억압받는 민족의 일원으로 태어난 것. 그리하여 나는 세 번 반항하는 구름 같은 푸르름을 가진다."

FC 장크트파울리를 중심으로 한 반항적 성향은 클럽을 넘어 지역 전반으로 퍼져 있다. 그 뿌리는 클럽명과 같은 이름을 지닌 장크트 파울리 지역에 있다. 이곳은 성매매 업소가 늘어선 리퍼반 거리와 함부르크 최고의 술집들이 모인 대안적 성격의 동네다.

장크트 파울리는 활기찬 밤 문화를 지닌 노동자 계층의 거주지이자, 독일 무단 점유 운동의 중심지이기도 했다. 이로 인해 FC 장크트파울리와 무단 점유 운동은 자연스럽게 긴밀한 관계를 맺었다. 밀레른토어 경기장에서도 무단 점유자들을 쉽게 볼 수 있었고, 특히 1986~1992년 팀의 골키퍼였던 볼커 이피그Volker Ippig는 지역의 무단 점유 건물에서 살며 팬들의 큰 사랑을 받았다. 그는 니카라과 집권 세력이던 좌파 성향의 산디니스타 민족해방전선FSLN과의 연대 행사에도 참여해 자신의 정치적 신념을 적극적으로 드러냈다.

하지만 오늘날 주목받는 반항적 성격과 달리, FC 장크트파울리가 처음부터 그런 클럽이었던 것은 아니다. 1899년 창단해 1910년에 공식 등록됐지만, 나치 시기에는 특별한 정치적 입장을 취하지 않았고 다른 독일 노동자들처럼 제3제국에 순응했다.

1970년대까지 FC 장크트파울리는 서독의 여러 리그를 전전하며 힘든 시기를 보냈다. 1977년 분데스리가에 승격했으나 다음 시즌 곧바로 강등돼 기쁨은 오래가지 않았다. 그럼에도 경기장은 여전히 조용했고, 관중은 몇천 명에 불과했다. FC 장크트파울리가 컬트적인 팀으로 변모하기 시작한 것은 1980년대에 들어서였으며, 이 시기 리퍼반을 중심으로 공산주의나 자유주의 성향의 대안적 청년들이 모이면서 팀의 정체성이 본격적으로 형성됐다.

밀레른토어 경기장이 함부르크의 거친 밤 문화 지역과 인접해 있었다는 점 외에도, 클럽 변화의 또 다른 계기는 같은 도시의 함부르크 SV Hamburger SV였다. 함부르크 SV의 관중석이 점차 극우 세력에 잠식되자, 젊은 급진주의자들은 네오나치와 인종차별주의자들과 같은 공간을 공유하기를 거부하고, 반파시스트 축구팬의 이상을 구현한 FC 장크트파울리로 발길을 돌렸다.

이들이 밀레른토어 경기장에 모여들면서 관중석 분위기는 완전히 달라졌다. 대안적 성향의 젊은이들이 자주 모습을 드러냈고, 경기장은 지역 펑크족의 성지가 됐다. 새로운 팬층의 유입은 부정적인 영향을 주기보다 클럽을 더욱 단단하게 만들었고, 전설적인 팀으로 성장하는 발판이 됐다. 반파시즘 이미지는 관중 수 증가로 이어져 약 2만 명에 달했다.

이 팬들은 오늘날 FC 장크트파울리를 정의하는 독특한 정체성을 형성했다. 해적 깃발인 졸리 로저Jolly Roger를 클럽의 상징으로 삼았고, 이는 지금도 공식 마케팅에 널리 활용되고 있다. 그 영향으로 클럽은 경기장에서 나치 및 극우 상징을 전면 금지했다. 당시 유럽 전역의 축구 경기장에는 네오나치 활동가들이 활개를 치고 있었기에, 이 조치는 클럽이 공식적으로 반파시즘·반인종차별·반성차별을 선언하는 출발점이 됐다.

이처럼 명확한 정치적 입장은 FC 장크트파울리를 펑크와 대안적 이미지를 지닌 독특한 컬트 클럽으로 만들며 전 세계 팬들을 끌어모았다. 많은 밴드가 이 클럽을 가사에 언급하거나 콘서트에 클럽 티셔츠를 입고 등장했다. 클럽은 음악을 통해서도 이미지를 강화했다. 홈경기 입장곡으로는 AC/DC의 'Hells Bells'를, 골이 터질 때는 블러Blur의 'Song 2'를 사용해 분위기를 끌어올렸다.

　이러한 문화적 코드 덕분에 FC 장크트파울리는 글래스고 셀틱과 강한 유대를 맺었다. 셀틱은 아일랜드 공화주의를 지지하고 종파주의에 반대하는 정치적 성향을 가진 팀이다. 두 팀 관계의 정점은 2009년 11월, 셀틱이 유로파리그 조별리그에서 함부르크 SV와 맞붙었을 때였다. 함부르크를 찾은 셀틱 팬들을 맞이한 것은, 라이벌 팀의 패배를 기대하는 수많은 장크트파울리 팬들이었다. 비록 셀틱이 승리하지는 못했지만, 이 만남은 두 팀의 특별한 유대를 더욱 굳건히 했다.

　셀틱과 장크트파울리의 우정을 알고 있던 함부르크 SV 팬들은 영국 국기를 흔들고 왕당파 구호를 외치며 스코틀랜드 팬들을 자극했다. 그러나 이는 오히려 두 클럽의 유대를 더욱 단단하게 만들었다. 2010년 FC 장크트파울리는 창단 100주년을 맞아 글래스고 셀틱을 초청해 밀레른토어 경기장에서 친선경기를 열었다.

　FC 장크트파울리의 독특한 성격은 전 세계에 수백 개의 팬

클럽이 생겨나는 계기가 됐다. 이 팬클럽들은 단순히 팀을 응원하는 데 그치지 않고, 클럽이 지향하는 반항적 가치와 반파시스트 정신을 공유하는 소통의 장으로 기능한다. 이는 세 번의 '반항'을 실천하는 FC 장크트파울리가 얼마나 특별한 클럽인지 잘 보여준다.

폴로니아 바르샤바

폴란드 역사가 남긴 교훈

 2018년 11월 11일, 20만 명이 넘는 사람들이 폴란드의 보수 가톨릭 성향 민족주의 정부(법과정의당)가 주최한 바르샤바 행진에 참여했다.

이날 행사는 1918년 같은 날 선포된 폴란드 독립 100주년을 기념하기 위한 것이었다. 폴란드의 독립 선언은 100년 넘게 러시아, 프로이센, 오스트리아 제국에 의해 분할·지배받던 시대를 끝낸 중대한 사건이었다.

그러나 2018년 행진에는 수만 명의 극우 민족주의자들도 참여했다. 이들은 2009년부터 폴란드 독립 기념 행사를 이어왔으며, 그들의 행진에서는 극단적 민족주의, 인종차별, 외국인 혐오 구호가 빈번히 등장했다. 이 장면은 유럽이 본래의 설립 가치를 잊은 채, 증오가 얼마나 깊이 뿌리내렸는지를 보여주는 사례였다.

극우 세력이 대거 참여한 이번 시위와 이전 시위들의 성공은, 폴란드 축구 경기장을 오랫동안 분열적 민족주의의 무대로 만들어온 극우주의의 성장을 여실히 보여줬다.

그러나 폴란드 민족주의가 축구를 정치적 목적에 활용한 것이 항상 부정적인 방식이었던 것은 아니다. 축구가 처음 폴란드에 도입됐을 당시, 민족주의 운동은 극우적 가치 확산이 아니라 폴란드를 지배하던 제국들로부터의 해방이라는 훨씬 더 고귀한 목표를 위해 축구를 활용했다.

러시아 제국 지배하에 있던 폴란드에서 등장한 초기 클럽 중 하나가 바로 폴로니아 바르샤바Polonia Warszawa였다. 이 클럽은 1911년 바르샤바의 두 학생 클럽인 스텔라Stella와 메르쿠리Merkury가 합병해 탄생했다. 주요 설립자는 젊은 민족주의 운동가 바츠와프 덴호프 차르노츠키Wacław Denhoff-Czarnocki였으며, 그는 이후 군 경력을 쌓고 제1차 세계대전 당시 폴란드 군사기구Polish Military Organisation, PMO에 참여했다.

'폴로니아'라는 이름 역시 덴호프 차르노츠키가 붙였다. 이는 라틴어로 '폴란드'를 뜻하며, 당시 독일·러시아·오스트리아-헝가리 제국에 점령된 폴란드 상황에서 강한 애국적·민족주의적 의미를 담고 있었다.

폴로니아 바르샤바는 1911년 11월, 덴호프 차르노츠키가 직접 뛰었던 바르샤바 학생팀 코로나Korona와 첫 경기를 치렀으나, 같은 해 공식 등록에는 실패했다. 당시 러시아 제국이 스포츠 클럽을 폴란드 민족주의 운동의 은밀한 도구로 간주해 신규 등록을 금지했기 때문이다.

폴로니아 바르샤바가 공식 클럽이 된 것은 1915년, 제1차 세계대전 중 독일이 바르샤바를 점령하던 때였다. 독일 점령군은 러시아 제국보다 폴란드 스포츠에 훨씬 관대한 태도를 보이며 새로운 스포츠 클럽의 등록을 허용했다. 덕분에 낭만적 민족주의 이념을 품은 폴로니아 바르샤바는 합법적인 클럽이 됐고, 곧 점령군에 맞서는 강력한 상징으로 자리매김했다.

유니폼에서도 이러한 민족주의적 성향이 분명히 드러났다. 첫해에는 흑백 줄무늬 셔츠를 입었지만, 1912년에는 검은색 유니폼으로 바꿨다. 이는 폴란드가 분할 점령당한 현실에 대한 슬픔을 표현한 것으로 해석됐다. 사실 색상 변경의 직접적인 이유는 단순했다. 당시 클럽 책임자가 흑백 줄무늬 셔츠를 구하지 못해 검은색 셔츠를 구입했기 때문이다. 그러나 곧 클럽 내부에서는 이 색상이 폴란드의 자유 상실을 상징한다는 인식이 자리 잡았다.

이 이미지를 강화하기 위해 흰색 반바지와 빨간 양말을 매치했는데, 이는 폴란드 국기 색상을 그대로 반영한 조합이었다. 덕분에 폴로니아 바르샤바는 바르샤바 시민들이 가장 사랑하는 팀이 됐고, 지역 라이벌 레기아 바르샤바Legia Warsaw보다 훨씬 더 큰 인기를 누렸다. 한편 레기아 바르샤바는 1916년 제1차 세계대전 중 오스트리아-헝가리 제국군의 폴란드 군단에서 창설된 팀으로, 전쟁 후 바르샤바에 정착한 많은 퇴역 군인의 지지를 받았다.

1939년 독일-소련 불가침조약 체결과 제2차 세계대전 발발 이후, 폴란드는 또다시 분할 점령의 운명을 맞았다. 이번에는 나치 독일과 공산주의 소련이 지배 세력으로 등장했다. 바르샤바는 독일의 통제하에 들어갔고, 점령군은 모든 지역의 스포츠 클럽 활동을 금지했다. 폴로니아 바르샤바도 예외가 아니어서 1939년부터 1945년까지 공식 활동이 중단됐다.

그러나 선수들은 클럽의 민족주의적 정신을 지키며 지하에서 경기를 이어갔고, 1942년과 1943년 바르샤바 챔피언십에서 우승을 차지했다. 일부 구성원은 경기장을 넘어 나치 점령에 맞선 직접적인 저항 활동에도 나섰다. 이들은 전쟁터와 강제수용소, 절멸수용소, 카틴 학살Katyn Massacre,[4] 바르샤바 게토 봉기,[5] 그리고 1944년 8월 바르샤바 봉기에서 목숨을 잃었다.

바르샤바 봉기는 63일간 지속됐지만 결국 나치가 승리했고, 도시는 거의 완전히 파괴됐다. 이때 폴로니아 바르샤바의 홈구장은 독일군에 맞선 비밀 작전의 거점이었으며, 이 과정에서 클럽과 관련된 12명의 저항군이 희생됐다. 이는 독일 점령기에 폴

---

4 1940년 봄, 소련 비밀경찰NKVD이 러시아 스몰렌스크 인근 카틴 숲 등지에서 폴란드 장교·지식인 약 2만 2,000명을 집단 학살한 사건. 소련은 1990년에야 책임을 인정했다.

5 1943년 4월 19일~5월 16일, 나치 독일이 유대인을 절멸수용소로 이송하려 하자 바르샤바 게토에서 벌어진 무장 저항. 제2차 세계대전 중 최대 규모의 유대인 봉기였다.

로니아 바르샤바가 수행한 중요한 역할을 잘 보여준다.

전쟁이 끝난 뒤, 폴로니아 바르샤바는 폴란드 인민공화국의 경찰 조직인 시민 민병대의 후원을 받아 활동을 재개했고, 1945년 3월 25일 해방된 바르샤바에서 첫 경기를 치렀다. 곧 경찰과의 관계를 끊었지만, 1946년에는 클럽 역사상 가장 영광스러운 순간을 맞았다. 폴란드 해방 이후 열린 첫 챔피언십에서 우승을 차지한 것이다. 이 리그는 나치의 만행으로 폐허가 된 바르샤바에서 열렸고, 지역 라이벌 레기아 바르샤바는 홈구장이 파괴된 폴로니아 바르샤바가 시즌 마지막이자 가장 중요한 경기를 자신들의 경기장에서 치를 수 있도록 지원했다.

공산주의 체제를 도입한 새 정권은 전쟁 전의 모든 흔적을 지우려 했다. 폴로니아 바르샤바는 소련식 스포츠 운영 방식에 따라 철도 회사 같은 국영기업에 소속될 수밖에 없었고, 이에 '철도 노동자'를 뜻하는 이름인 콜레야르즈 바르샤바Kolejarz Warszawa로 개명했다.

그러나 철도 부문은 군대나 광산업에 연계된 다른 스포츠 클럽보다 권력 구조에 미치는 영향이 훨씬 작았다. 이로 인해 폴로니아 바르샤바의 입지는 약화됐고, 1952년에는 강력한 폴란드 인민군 소속 레기아 바르샤바 B팀을 꺾고 컵 결승에서 승리했음에도 2부 리그로 강등됐다. 이때부터 40년 넘는 암흑기가 시작됐으며, 그 사이 레기아가 바르샤바의 대표팀으로 자리 잡았다.

그럼에도 클럽은 정체성을 지켰다. 1955년 공산당 당국이 개명을 허용하자 '콜레야르즈-폴로니아Kolejarz-Polonia'라는 이름을 사용했고, 2년 뒤에는 철도 관련 명칭을 완전히 삭제하고 '폴로니아 바르샤바'라는 원래 이름을 되찾았다. 이는 러시아 통치 시절, 창립자들이 처음 붙인 이름이었다.

공산주의가 종식되면서 레기아 바르샤바 같은 클럽이 누리던 특권도 사라졌다. 폴로니아 바르샤바는 1부 리그로 복귀해 1999-2000 시즌에 1946년 이후 두 번째 리그 우승을 차지했고, 2001년에는 1952년에 이어 두 번째로 컵대회에서 우승했다. 그러나 수십 년 동안 레기아의 그늘에서 벗어나지 못했다. 레기아는 공산주의와 자본주의 초기에 누린 이점을 발판 삼아 바르샤바 팬들의 마음을 사로잡으며 수도의 대표 클럽으로 자리매김했다.

폴로니아 바르샤바의 비극은 2013년 클럽이 파산하며 사라졌을 때 절정에 달했다. 하지만 곧 팬들의 열렬한 지지 속에 폴란드 축구 최하위 리그에서 부활했다. 이는 1911년 가을, 점령된 폴란드에서 낭만적 이상을 품고 클럽을 세운 학생들의 열정과 맞닿아 있었다. 그 과정은 폴란드의 지난 한 세기를 고스란히 담아내고 있다.

AFC 아약스
그리스 영웅의 이름을 지닌 유대인 클럽

네덜란드의 수도 암스테르담은 유대인 역사에서 중요한 도시로, 제2차 세계대전 이전에는 많은 유대인이 거주해 '서쪽의 예루살렘'이라 불렸다. 체코 기자이자 스페인 내전 당시 국제여단 전사였던 에곤 에르빈 키슈Egon Erwin Kirsch는 암스테르담을 '유대인과 자전거의 도시'로 묘사했다. 이 때문에 암스테르담은 '모쿰Mokum'이라는 이름으로도 알려졌는데, 이는 '장소' 또는 '도시'를 뜻하는 이디시어로, 유대인 세계에서 이 도시가 지닌 위상을 보여준다.

이러한 배경에서 암스테르담의 대표 축구 클럽이 유대인 공동체와 깊은 인연을 맺게 된 것은 자연스러운 일이었다. 1900년 창설된 이 클럽은 트로이 전쟁의 그리스 신화 영웅 이름을 따 명명됐으며, 곧 지역에서 가장 인기 있는 팀으로 성장했다. 창단 10여 년 만에 네덜란드 1부 리그에 진출했고, 1917년에는 컵

대회, 이듬해에는 리그 우승을 차지하며 전국적 명성을 얻었다. 이후 승승장구한 AFC 아약스Amsterdamsche Football Club Ajax는 동암스테르담의 유대인들이 열렬히 지지하는 클럽이 됐다.

1920년대에 들어서며 AFC 아약스는 점차 유대인 문화와 긴밀한 관계를 맺게 됐다. 당시 대부분의 암스테르담 유대인은 경제적 여유가 없어 클럽 회비를 내기 어려웠기에 팬층에서 차지하는 비중은 크지 않았다. 그러나 1930년대에 접어들면서 상황이 달라졌다. 1934년 유대인 지구 한가운데에 새 홈구장 더 메이르De Meer가 개장하자, 더 많은 유대인이 경기장을 찾기 시작한 것이다. 이로써 지역 유대인과 외부 팬들이 격주 일요일마다 경기장 인근에서 교류하는 풍경이 자리 잡았다.

AFC 아약스는 암스테르담 중산층과 전문직 계층과의 문화적 연계를 자부했으며, 1930년대 다른 지역 클럽들처럼 유대인 선수만으로 구성된 팀은 아니었다. 하지만 유대인 밀집 지역에 자리 잡으면서 민족적 구성이 다양해졌고, 유대인의 비중도 크게 늘었다.

그러나 1940년 5월 나치 독일의 네덜란드 침공은 이러한 흐름을 단절시켰다. 독일 점령은 네덜란드 사회의 어두운 민낯을 드러냈고, 많은 이들이 국가사회주의 이념에 동조했다. 그 결과 네덜란드에는 독일 나치당 다음으로 유럽에서 두 번째로 큰 규모의 나치 정당인 네덜란드 국가사회주의운동NSB이 등장했다.

네덜란드 점령 직후인 1940년 9월 15일, 유대인의 스포츠 활동을 금지하는 법령이 제정됐다. 이어 10월 23일에는 유대인의 스포츠 클럽 가입까지 전면 금지되면서, 네덜란드 유대인은 스포츠와 관련된 모든 활동에서 배제됐다.

스파르타 로테르담Sparta Rotterdam 등 유대인 팬이 많았던 일부 클럽은 공식 명령이 내려지기 전부터 이미 유대인 회원 자격을 박탈하고 경기장 출입을 금지했다. 이는 점령 당국의 환심을 사기 위한 선제적 조치였다.

AFC 아약스 역시 나치의 지시에 따라 유대인 회원들을 추방했고, 이들 중 상당수는 홀로코스트의 희생자가 됐다. 10~14만 명에 달하는 네덜란드 유대인이 목숨을 잃었으며, 1920년대 아약스의 명선수였던 에디 하멜Eddy Hamel도 그중 하나였다. 그는 1943년 4월 아우슈비츠에서 생을 마감했다.

아이러니하게도, 아약스의 유대인 정체성은 전쟁 후, 특히 암스테르담 유대인 인구의 대부분이 학살된 이후에 형성됐다. 1950~60년대에 들어서 아약스는 경쟁팀으로부터 '유대인 클럽'이라는 조롱을 받기 시작했다. 특히 페예노르트 로테르담 Feyenoord Rotterdam과 맞붙을 때, 일부 극단적인 현지 팬들은 "아우슈비츠에서 아약스 열차가 온다"라는 구호를 외치거나, 나치 가스실에서 들리던 '쉬이이' 소리를 흉내 내며 아약스 팬들에게 섬뜩한 모욕을 퍼부었다.

AFC 아약스는 본래 '유대인 클럽'이 아니었고, 지역 인구 중 유대인은 소수였으며 팀 내 유대인 선수도 거의 없었다. 그러나 클럽은 경쟁팀의 도발에 맞서 유대인 정체성을 자랑스럽게 받아들였다. 이러한 흐름은 홀로코스트를 피해 숨어 지내며 살아남은 유대인 야프 반 프라흐Jaap Van Praag가 클럽 회장에 오르면서 더욱 확고해졌다. 1964~78년 아약스를 이끈 그는 클럽이 1970년대 초 유럽을 제패한 전설의 팀으로 성장하는 데 결정적인 역할을 했다. 이 시기 아약스는 유러피언컵(현 UEFA 챔피언스리그)에서 3연패를 달성했고, 그 중심에는 아약스 유소년 아카데미 출신이자 당대 최고의 선수로 자리 잡은 요한 크루이프Johan Cruyff가 있었다. 크루이프는 클럽 내에서 '친유대주의자'로도 알려졌다.

AFC 아약스가 유럽 무대에서 성공할 수 있었던 핵심에는 '토탈 풋볼total football'[6] 전술과 유대인 인사들의 재정적 지원이 있었다. 클럽과 유대교의 연관성이 점점 강해지자 팬들은 이를 상징으로 받아들이기 시작했다. 경기장에서는 '유대인! 유대인!Joden! Joden!'이라는 함성이 울려 퍼졌고, 다윗의 별 등 유대교 상징물도 공개적으로 등장했다.

세월이 흐르면서 아약스의 대표적 훌리건 집단인 F-사이드조차 유대인 정체성을 클럽의 중요한 일부로 받아들였다. 다윗의 별과 이스라엘 국기는 클럽 전통 색상, 이름의 유래가 된 그

---

6   1970년대 네덜란드 축구의 혁신적 전술로, 모든 선수가 상황에 따라 자유롭게 포지션을 바꾸며 공격과 수비를 수행하는 방식. 공간 활용과 전술 유연성이 핵심이며, 아약스와 네덜란드 대표팀이 완성도를 높였다.

리스 신화 전사의 얼굴과 함께 팬들의 대표 상징이 됐다.

그러나 이러한 변화는 유대인 팬들에게 복합적인 감정을 안겼다. 클럽 정체성 속에서 유대인의 비중이 커진 점은 반가웠지만, 그 정체성이 경기장에서 가볍게 소비되거나 반유대주의적 구호를 부추기는 모습은 우려를 샀다.

AFC 아약스의 유대인 정체성에 대한 증오가 가장 극명하게 드러난 곳은 지금도 마찬가지로 페예노르트 로테르담 홈구장이다. 일부 극단적 팬들은 가스실 소리를 흉내 내거나 '하마스, 하마스, 유대인을 가스실로', '우리는 유대인 사냥에 나선다'와 같은 구호를 외쳐 유대인 팬들에게 깊은 상처를 남겼고, 많은 이들이 경기 관람을 포기하게 했다.

이 같은 상황 속에서 2000년대 초반 클럽 회장은 팬들에게 '유대인!Joden!' 대신 '신들!Goden!'을 외치자고 권했지만, 이는 암스테르담 유대인 공동체와 긴밀히 얽힌 클럽 역사를 바꾸려는 시도였기에 실패했다.

하코아 빈

빈을 움직인 유대인의 힘

1938년 3월, 독일 제3제국이 오스트리아를 병합한 직후 나치 정권은 모든 유대인 조직을 금지했다. 이는 유대인에 대한 히틀러의 박해 의지를 드러내고, 그들을 대변할 수 있는 모든 조직을 제거하려는 조치였다. 금지 대상에는 오스트리아 유대인의 상징이었던 축구 클럽 하코아 빈도 포함됐다.

해산 결정은 즉시 시행됐으며, 1938-1939시즌 오스트리아 2부 리그에서 예정됐던 모든 경기는 무효 처리됐다. 클럽은 해체됐고, 일부 선수는 나치 당국에 체포돼 목숨을 잃었다. 독일 당국이 하코아 빈을 금지한 이유는 이 클럽이 빈 유대인 공동체의 상징적 존재였기 때문이다.

하코아 빈은 오스트리아의 저명한 시온주의자이자 작가 프리츠 뢰너와 치과의사 헤르만 쾨르너Herman Körner가 1909년에 공동 설립했다. 그들의 목표는 막스 노르다우Max Nordau의 '신체적 유대주의muskeljudentum'를 실천하는 것이었다. 이 사상은 유대인이 스포츠와 같은 신체활동을 통해 정신적·육체적 힘을 기르고, 전통적인 유대인 이미지를 바꿔 시온주의의 목표를 달성하려는 것이었다.

창단 당시 하코아 빈은 '유대 청년들에게 의식 있는 유대인으로서 신체활동에 참여할 기회를 제공한다'는 목표를 내세웠다. 이는 당시 유대인의 가입을 금지하던 오스트리아 스포츠 당국에 대한 도전이었다.

클럽 이름으로 선택된 '하코아'는 그 자체로 강력한 메시지였다. 히브리어로 '힘' 또는 '강인함'을 뜻하는 이 이름은 막스 노르다우의 '신체적 유대주의' 사상을 그대로 반영했다. 또, 엠블럼 중앙에 다윗의 별을 넣어 유대인 클럽임을 분명히 드러냈다.

하코아 빈은 여러 종목을 운영하는 스포츠 클럽이었지만, 가장 명성을 떨친 부문은 축구팀이었다. 이 팀은 곧 빈에 사는 수천 명의 유대인 팬들의 마음을 사로잡았다. 그러나 클럽에 대한 지지는 수도 빈에만 머물지 않았다. 세계 최초로 유대인임을 공개적으로 표방한 스포츠 클럽 중 하나였기에, 유대계 저명 인사들과 유대인 뿌리를 지닌 이들로부터도 열렬한 성원을 받았다. 예를 들어, 오스트리아-헝가리 제국 시절 프라하에서 아슈

케나지 유대인[7] 부모에게서 태어난 작가 프란츠 카프카는 무신론자였음에도 하코아 빈의 열성 팬이었다.

1920년대 초반의 성공을 발판으로 하코아 빈은 유대인 공동체 내에서 인기를 더욱 넓혔다. 오스트리아 1부 리그로 승격한 뒤 1922년에는 준우승을 차지했고, 이는 1925년 처음이자 유일한 챔피언십 타이틀을 거머쥐는 서막이 됐다. 이 승리는 유대인 팀이 처음으로 오스트리아 챔피언에 오른 역사적 순간이었다.

그보다 앞선 1923년 9월, 하코아 빈은 영국 무대에서 실력을 증명했다. 런던 업턴 파크에서 열린 웨스트햄 유나이티드 FCWest Ham United FC와의 경기에서 5-0 대승을 거두며, 영국 본토에서 영국 팀을 꺾은 최초의 외국 팀이 됐다. 이 역사적인 승리는 전 세계 유대인 공동체에 큰 자부심을 안겼고, 하코아 빈이 오스트리아를 넘어 전 세계 유대인의 상징적 존재로 자리매김하게 했다.

하코아 빈에 대한 국제적 찬사는 클럽이 세계 각지에서 초청을 받는 계기가 됐다. 그중 가장 주목할 만한 원정은 1926년, 유대인 인구가 많은 미국으로의 여행이었다. 하코아 빈은 여러 차례 친선 경기를 펼쳐 큰 인기를 모았으며, 특히 미국 리그 선수들과의 경기에는 무려 5만 명의 관중이 운집했다.

---

7 중세 이후 중부·동부 유럽에 정착한 유대인 집단으로, 이름은 성경 속 독일 지역을 가리키는 '아슈케나즈'에서 유래했다. 독자적인 종교 관습과 이디시어 문화를 발전시켰으며, 오늘날 미국과 이스라엘 유대인의 다수를 차지한다.

미국에서의 뜨거운 환대 속에서, 유럽 대륙에 드리운 박해의 기운을 감지한 주요 선수들은 안전을 위해 뉴욕 정착을 결심했다. 그중에는 헝가리 출신 유대인이자 팀의 간판스타였던 벨라 구트만Béla Guttmann도 있었다. 그는 이후 하코아 빈을 본떠 창립된 뉴욕 하코아New York Hakoah의 핵심 선수로 활약하며, 1929년 미국 축구 컵대회인 내셔널 챌린지컵에서 우승해 유대인 선수들의 기량을 입증했다.

북미 활동을 마친 구트만은 빈으로 돌아와 하코아 빈에서 마지막 시즌을 소화한 뒤 곧바로 감독직을 맡아 성공적인 지도자 경력을 시작했다. 약 20년 후 포르투갈의 SL 벤피카를 이끌고 유럽컵 2연패를 달성했으나, 곧 해임됐다. 그는 "앞으로 100년 동안 벤피카는 유럽 챔피언이 되지 못할 것"이라 예언했고, 이 저주는 아직도 리스본팀을 따라다니고 있다. 이후 벤피카는 유럽 대회 결승에 여덟 번이나 올랐지만, 모두 패했다.

1926년 미국 투어를 마치고 돌아온 하코아 빈은 유럽 사회·정치의 격동기를 맞았다. 선수들의 미국 이탈로 전력이 약화되면서 1928년부터 1938년까지 승격과 강등을 반복하는 '요요 클럽yo-yo club' 신세로 전락해 오스트리아 2부 리그에서 여러 차례 경기를 치렀다.

성적이 예전만 못했지만 팬들의 애정은 식지 않았다. 여전히 수천 명이 경기장을 찾아 응원했고, 이는 오스트리아에서 나치즘 지지가 커지던 상황에서 분명한 정치적 의미를 지닌 행위였다.

그러나 뚜렷한 유대인 정체성 탓에, 나치 독일이 오스트리아를 합병하자 하코아 빈은 즉각 금지됐다. 이는 탄압의 시작에 불과했다. 일부 핵심 선수는 체포돼 처형됐고, 다른 이들은 강제 추방되거나 수용소로 끌려가 목숨을 잃었다. 희생자에는 국제무대에서 활약했던 막스 쇼이어Max Scheuer와 알리 쇤펠트Ali Schonfeld를 비롯해, 다른 종목 선수와 클럽 행정 직원들까지 포함됐다. 합병 이후 박해로 해산된 하코아 빈의 일부 선수는 당시 영국 위임통치령이던 팔레스타인으로 이주해, 클럽의 시온주의 정신을 계승한 하코아 텔아비브Hakoah Tel Aviv를 설립했다.

1945년 4월, 소련 붉은 군대가 오스트리아 수도를 나치로부터 해방시켰다. 유대인들의 악몽은 끝났지만 대가는 참혹했다. 나치즘이 시작되기 전 약 20만 명에 달했던 빈의 유대인 중 생존자는 6,000명에 불과했다. 그해 6월, 홀로코스트 생존자 일부가 하코아 빈을 재창단했고, 클럽은 1938년 나치에 의해 추방됐던 바로 그 오스트리아 2부 리그에서 새로운 여정을 시작했다.

재창단 초기, 하코아 빈은 전 세계 유대인에게 상징이 됐던 본래의 열정을 되살리며 다시 1부 리그 승격에 성공했다. 그러나 1950년, 비유대인 선수 영입 여부를 둘러싼 내부 논란 끝에 결국 해체됐다. 이로써 유대인 공동체의 상징이자, 빈에서 나치 억압의 기억을 상기시키던 존재는 사라졌다.

반세기 뒤인 2000년, 하코아 빈의 영광을 되찾고자 한 몇몇 유대인이 옛 클럽 부지를 매입해 새로운 유대인 클럽을 만들었다. 이렇게 탄생한 SC 마카비 빈SC Maccabi Wien은 오스트리아 아마추어 리그에서 활동을 시작했으나, 1925년 오스트리아 챔피언에 오르며 유대인의 힘을 과시했던 하코아 빈의 전성기와는 견줄 수 없었다. 당시 하코아는 진정한 '빈의 유대 권력'이었다.

크리스티아니아 SC
함께 피우고, 함께 뛰는 팀

 크리스티아니아는 유럽에서 가장 독특한 장소 중 하나다. 제2차 세계대전 이후 사용되지 않다가 1967년부터 방치된 덴마크 군대의 병영이었으나, 현재는 코펜하겐에 위치하면서도 덴마크로부터 독립을 선언한 '자유의 마을'이다. 34헥타르의 땅을 평등과 자유의 원칙에 따라 자치적으로 운영하고 있다.

이 특별한 역사는 1971년 9월, 크리스티안스하운 주민들이 4년간 방치된 옛 군사 부지 철조망을 허물고 아이들의 놀이터를 만든 데서 시작됐다. 이를 계기로 부지가 주민들의 손에 돌아왔고, 해방에 참여한 다수가 자치 공동체를 꾸려 정착했다. 몇 달 뒤 '자유 도시 크리스티아니아'가 공식적으로 탄생했다.

격동의 1970년대, 독립을 선언한 크리스티아니아에는 히피, 무단 점유자, 무정부주의자, 집단주의자가 모여들었다. 약

1,000명의 주민이 자유를 기반으로 한 새로운 사회 모델을 실험하며 살아갔다. 이곳의 특징 중 하나는 집단주의와 자유연애의 실천뿐 아니라, 대안 사회운동의 요구로 시작된 마약 복용의 자유를 허용한 정책이었다.

마약이 허용된 크리스티아니아는 덴마크 인근 주민들에게 큰 인기를 끌었다. 대마초 등 중독성이 약한 '가벼운' 마약과의 연관성으로 인해 코펜하겐에서는 '그린 라이트 디스트릭트Green Light District'라 불렸고, 중심 거리에는 술집과 대안 상점이 늘어서 '푸셔[8] 스트리트Pusher Street'라는 이름을 얻었다. 이름만으로도 이곳의 주요 활동을 짐작할 수 있었다.

주민들은 진정한 독립 마을을 만들기 위해 빨간 바탕에 노란 원 3개가 그려진 깃발을 제작했고, '론Løn'(덴마크어로 '급여')이라는 자체 화폐도 발행했다. 그러나 덴마크 크로네를 대체하지는 못했다.

깃발과 화폐만으로는 부족하다고 느낀 주민들은 마을을 상징할 축구팀을 만들기로 했다. 1982년, 크리스티안스하운 축구클럽Christianshavn Soccer Club, CSC이 탄생했다. 크리스티아니아처럼 자유롭고 대안적인 공동체가 상업화가 진행되던 축구 세계에서 성공적으로 팀을 운영할 수 있을지는 의문이었지만, 자유 도시

---

8 마약을 판매하거나 공급하는 사람을 뜻하는 속어로, 주로 불법 마약 거래에 관여하는 인물을 가리킨다.

와 인접한 크리스티안스하운의 젊은이들이 축구를 통해 공동체를 대표하고자 하는 열망에서 자연스럽게 자리 잡았다.

1980년대 초반, 클럽은 '크리스티아니아'라는 이름을 공식적으로 쓸 수 없었고, 대신 인근 지역명을 포함해야 했다. 덴마크 축구연맹이 '크리스티아니아'라는 이름이 들어간 구단의 가입을 거부할 수 있다는 우려 때문이었다. 연맹은 크리스티아니아의 좌파 성향을 경계했으며, 이는 축구계 보수성을 보여주는 사례였다. 그래서 크리스티안스하운 축구 클럽은 1994년까지 이 명칭을 사용했다.

이름과 관계없이 이 팀은 분명 자유 도시 크리스티아니아의 대표였다. 창단 11년 뒤, 크리스티아니아 SC는 덴마크 수도에서 가장 상징적인 클럽 중 하나로 성장했다. 선수들은 크리스티아니아 깃발 색인 빨간·노란 유니폼을 자랑스럽게 입었고, 엠블럼에는 다양성과 평등, 반권위주의 정신을 상징하는 무지개를 새겼다.

마을 주민들도 크리스티아니아 SC를 특별하게 여기지 않았다. 클럽 운영이 마을과 마찬가지로 완전한 민주주의 방식으로 이뤄졌기 때문이다. 운영진 대부분이 지역 출신이었고, 모두 크리스티아니아의 가치와 원칙을 따랐다. 이를 보여주는 대표적인 사례가, 창단 초기부터 일부 선수들이 경기 전 라커룸에서 대마초를 피우는 관행이었다. 어쩌면 이 때문에 클럽이 8부 리그에서 오랫동안 고전했을지도 모른다.

1990년대 들어 클럽은 오랫동안 기다려온 승격을 이루며 변화를 맞았다. 이를 계기로 팀은 그동안의 홈구장 '평화의 들판Meadow of Peace'을 떠나게 됐다. 이곳은 자유로운 마을의 평화주의적 가치를 잘 드러낸 이름이었다. 이후 클럽은 클뢰베르마르켄Kløvermarken으로 이전했는데, 이곳은 1945년 독일 난민 수용소였다가 이후 스포츠 경기장으로 재탄생한 곳이었다.

1990년대의 좋은 성과는 1994년에 갑작스레 중단됐다. 선수들의 폭력적인 행동과 위협적인 발언으로 중징계를 받고 결국 해체된 것이다. 이후 클럽은 재창단됐고, 이번에는 크리스티아니아 SC라는 이름을 공식적으로 사용할 수 있었다. 이로써 CSC라는 약칭을 유지하면서도 자유 도시 크리스티아니아와의 연관성을 명확히 드러낼 수 있게 됐다.

새롭게 출발한 크리스티아니아 SC는 덴마크 8부 리그에서 시작했다. 클럽은 자유 도시 크리스티아니아와의 연관성을 적극 활용한 과감한 마케팅과 홍보 전략을 펼쳤고, 당시 크리스티아니아는 연간 약 100만 명이 찾는 코펜하겐의 전설적인 명소로 자리 잡고 있었다.

새 클럽의 엠블럼에는 1982년에 사용된 자유 도시의 깃발과 무지개가 다시 등장했으며, 평화주의를 강조하기 위해 흰 비둘기가 추가됐다. 이 시기에 두 가지 상징적인 슬로건도 채택됐다. 첫째, "혼자서는 절대 담배를 피우지 않을 거야!You'll never smoke alone!"는 리버풀과 글래스고 셀틱의 응원가에서 영감을 받아 이후 클럽의 공식 응원가가 됐다. 둘째, "Joint the club!"은 대마초를 뜻하는 '조인트Joint'와 '클럽에 가입하다join'를 중의적으로 사용해 가입을 독려하는 메시지였다.

그동안 크리스티아니아 SC는 대마초 흡연을 거리낌 없이 드러내며, 관중석과 라커룸에서 자유롭게 피웠다. 그러나 최근 전직 프로 선수 출신인 미카엘 루흐 스벤센Michael Ruch Svendsen 감독이 경쟁력 강화를 위해 라커룸 내 대마초 흡연을 금지하면서 변화가 시작됐다.

이 조치로 클럽의 '대마초 문화'는 다소 제한됐지만, 크리스티아니아는 여전히 자유주의적이고 반권위적인 정신을 유지하고 있다. 이를 잘 보여주는 사례가 바로 정기적으로 치르는 라이벌전으로, 상대는 경찰팀인 폴리티에츠 IFPolitiets IF다.

크리스티아니아 SC와 경찰팀의 더비 경기는 주민들에게 특별한 의미가 있다. 오랫동안 경찰이 이곳에서 환영받지 못했기 때문이다. 그러나 경기는 대체로 경기장 밖에서 충돌 없이 진행됐다. 이유는 간단하다. 폴리티에츠 IF 팬들이 라이벌인 크리스티아니아 심장부까지 와서 경기를 관람하는 경우가 드물기 때문이다.

크리스티아니아 SC는 본래의 정체성을 지키려 했지만, 자유도시를 휩쓴 변화의 흐름을 피할 수는 없었다. 클럽은 라커룸 내 대마초 흡연을 금지하고, 새 경기장 건설과 준프로 팀으로의 도약을 목표로 삼았다. 이러한 변화의 배경에는 여러 후원 계약이 있었다. 특히 덴마크 스포츠 브랜드 험멜Hummel은 2012년부터 유니폼을 제작하며, 크리스티아니아 SC를 '덴마크의 FC 장크트파울리'처럼 독창적이고 반체제적인 이미지의 프로 구단으로 키우려 했다.

그럼에도 팬들은 경기장에서 여전히 대마초를 피운다. 이유는 단순하다. 그들에게 팀은 '혼자서는 절대 담배를 피우지 않는' 공동체이기 때문이다.

5장
발칸 반도

FK 슬로보다 투즐라는 1970-1971시즌 동안
엠블럼에 붉은 별과 망치, 낫을 새긴 채 뛰었다.
1971년 5월 마샬 티토 컵 결승전에서
레드 스타 베오그라드(FK 츠르베나 즈베즈다)와 맞붙었으나 패했다.

GNK 디나모 자그레브
현대 크로아티아의 거울

크로아티아의 디나모 자그레브 시민 축구 클럽만큼 자국의 현대사를 잘 대변하는 팀은 드물다. 이 클럽은 제2차 세계대전에서 파르티잔이 승리한 직후인 1945년 6월 9일 창설됐으며, 이전 자그레브 클럽들의 유산을 이어받았다. 하지만 당시 새 정부는 안테 파벨리치Ante Pavelić가 이끌던 크로아티아 파시스트 정권이 유고슬라비아 내 나치 점령군과 협력했다는 이유로 이들 클럽을 해산시켰다.

해산된 두 클럽은 크로아티아 시민 스포츠 클럽인 그라잔스키Građanski와 자그레브 대학교 연계 클럽 하슈크HAŠK였다. 하슈크는 1903년, 오스트리아-헝가리 제국 통치 아래 심화되는 크로아티아 사회의 헝가리화에 저항하기 위해 몇몇 학생들이 창설했다. 이 클럽은 크로아티아 지방을 상징하는 빨간색·흰색·금색을 팀 색상으로 채택해 민족적 자유에 대한 열망을 드러냈다.

그라잔스키는 1911년 설립된 자그레브의 또 다른 스포츠 클럽으로, 크로아티아 팀의 오스트리아-헝가리 대회 참가에 반대하며 민족 정체성을 대변했다. 빠르게 자그레브 노동계층의 지지를 얻은 그라잔스키와 달리, 하슈크는 대학과의 연계 덕분에 주로 상류층의 지지를 받았다. 그라잔스키는 민족주의 운동과도 밀접하게 연관돼 있었는데, 민족주의 활동으로 투옥된 크로아티아 농민당 지도자 스체판 라디치Stjepan Radić가 경기장을 개장했고, 크로아티아를 상징하는 빨간색과 흰색의 격자무늬를 엠블럼에 넣은 것이 그 증거다.

제1차 세계대전 후 오스트리아-헝가리 제국이 붕괴하자 '세르비아인·크로아티아인·슬로베니아인의 왕국'이라는 첫 번째 유고슬라비아가 탄생했다. 남슬라브족의 통합을 목표로 한 이 국가는 그 자체로 '유고슬라비아'라는 이름에 이를 담았다. 1923년부터 그라잔스키와 하슈크는 새로 출범한 유고슬라비아 리그에 참가해 강팀으로 성장했고, 여러 차례 리그 우승을 차지했다.

그라잔스키는 국제 무대에서도 두각을 나타냈다. 새 리그가 출범한 해, FC 바르셀로나와 아틀레틱 빌바오를 모두 꺾었으며, 1936년에는 리버풀 FC를 이긴 첫 유럽 대륙 팀이 됐다.

그러나 제2차 세계대전이 발발하고 나치가 유고슬라비아 왕국을 침공하면서 자그레브 클럽들의 유고슬라비아 리그 참가도 막을 내렸다. 모든 스포츠 경기가 중단됐고, 나치와 동맹이었던 크로아티아 괴뢰국 내에서만 경기가 열렸다. 이 국가는 이탈리아에 합병된 달마티아를 제외한 현재의 크로아티아 대부분과 보스니아헤르체고비나를 포함했다. 그라잔스키와 하슈크는 1941년부터 1944년까지 두 시즌 동안 크로아티아 리그에 참가했다.

전쟁 중 파시스트 크로아티아 리그에서 뛰던 자그레브 클럽들은 티토[1]의 파르티잔이 승리하고 유고슬라비아 사회주의 연방공화국이 수립되면서 모두 해산됐다. 유일하게 해체를 면한 크로아티아 클럽은 HNK 하이두크 스플리트였다. 전쟁 내내 파시스트 크로아티아 리그 참가를 거부하고 파르티잔과 정치적 입장을 함께했기 때문이다.

흥미롭게도, 그라잔스키와 하슈크의 마지막 경기는 2-2 무승부로 끝난 지역 더비였다. 불과 두 달 후, 그라잔스키의 팀 색상을 계승한 새로운 GNK 디나모 자그레브가 창단됐다. 곧이어 GNK 디나모 자그레브는 하슈크의 전설적인 홈구장인 막시미르Maksimir 경기장을 인수하며 클럽의 유산을 더욱 공고히 했다. 이 경기장은 지금도 자그레브의 대표 클럽이 홈경기를 치르는 곳이다.

새로 출범한 사회주의 유고슬라비아의 스포츠 대회에 참가한

▪
[1] 요시프 브로즈 티토Josip Broz Tito(1892~1980). 2차 세계대전 당시 유고슬라비아 파르티잔의 지도자이자, 전후 유고슬라비아 사회주의 연방공화국의 초대 대통령이다.

GNK 디나모 자그레브는 빠르게 주요 클럽으로 자리 잡았다. 이 팀은 HNK 하이두크 스플리트, 베오그라드의 두 강팀인 FK 파르티잔FK Partizan과 FK 츠르베나 즈베즈다FK Crvena Zvezda(세르비아어로 '붉은 별'이라는 뜻)와 함께 유고슬라비아 축구의 주축을 형성했다. 이들 클럽은 모두 유고슬라비아 연방공화국 수립 이후 창단됐다.

이로써 크로아티아 수도 자그레브의 성공적인 클럽 역사가 본격적으로 시작됐다. GNK 디나모 자그레브는 1948년 유고슬라비아 리그에서 첫 우승을 차지했으며, 1967년에는 인터시티스 페어스컵Inter-Cities Fairs Cup(현재의 UEFA 유로파리그) 결승에서 리즈 유나이티드 FCLeeds United FC를 꺾고 발칸 반도 팀 최초로 유럽 대회 정상에 올랐다.

비록 티토 정권이 '형제애와 단결brotherhood and unity'[2]을 내세웠지만, 크로아티아 사회에서 민족주의는 여전히 확산됐다. 이와 함께 GNK 디나모 자그레브는 점차 크로아티아 민족운동의 상징으로 자리매김했다. 1969년에는 팀 엠블럼을 개편해 크로아티아 국기 색상을 반영하고, 그라잔스키의 상징을 되살리는 동시에 당시 유고슬라비아의 공식 정체성을 나타내기 위해 붉은 별을 추가했다.

---

2 제2차 세계대전 이후 티토 정권이 유고슬라비아의 민족 통합을 위해 내세운 구호로, 세르비아인·크로아티아인 등 다양한 민족 간 갈등 완화를 목표로 했다. 국가 상징물과 교육, 군가 등에 쓰였으나 1980년대 말 민족주의 확산과 함께 약화됐다.

1980년대에 들어 GNK 디나모 자그레브는 크로아티아 민족주의와 더욱 밀접하게 연결됐다. 1986년 막시미르 경기장의 극렬 팬 그룹 '배드 블루 보이즈Bad Blue Boys'가 결성됐고, 이들은 극단적인 크로아티아 민족주의를 공개적으로 표방했다.

1990년 5월 13일, 유고슬라비아 붕괴의 전조 속에 막시미르 경기장에서 10년에 걸친 발칸 전쟁의 서막이 될 사건이 벌어졌다. FK 츠르베나 즈베즈다 팬들은 경기 도중 "크로아티아는 세르비아 영토"라는 구호를 외치며 크로아티아 민족주의 지도자 프라뇨 투지만Franjo Tuđman을 위협했다. 당시 투지만이 이끄는 크로아티아 민주연합은 며칠 전 유고슬라비아의 제2차 세계대전 이후 첫 다당제 선거에서 압승을 거둔 상태였다.

세르비아 팬들의 도발에 격분한 배드 블루 보이즈가 폭력 사태를 일으키면서 경기는 아수라장이 됐다. 이 장면은 몇 달 뒤, 같은 사람들이 유니폼 대신 군복을 입고 전쟁터에서 마주하게 될 미래를 예고했다.

막시미르 경기장에서 벌어진 난투극은 역사에 길이 남았다. 그중에서도 GNK 디나모 자그레브 주장 즈보니미르 보반Zvonimir Boban이 크로아티아 팬을 폭행하던 경찰을 무릎으로 가격한 장면이 특히 유명하다(아이러니하게도 그 경찰은 보스니아계 무슬림이었다). 배드 블루 보이즈는 보반을 경찰의 공격으로부터 보호하며 민족 영웅으로 추켜세웠다. 보반은 유고슬라비아 축구협회로부터 6개월 출장 정지 처분을 받고 법적 소송에도 휘말렸지만, 훗날 "나는 크로아티아의 대의를 위해 내 목숨과 경력, 그리고 명성이 줄 수 있는 모든 것을 기꺼이 걸었다"고 말했다.

디나모 팬들에게 1990년 5월 13일은 크로아티아 자유 독립을 위한 폭력 투쟁의 시작을 알린 날로 기억된다. 오늘날 막시미르 경기장 입구에는 그날 이후 무기를 들고 독립을 위해 싸운 북측 스탠드 젊은 팬들을 기리는 기념비가 서 있다.

같은 해 크로아티아 민족주의 세력이 첫 선거에서 승리하자, GNK 디나모 자그레브는 엠블럼에서 붉은 별을 제거하고 크로아티아 국기 색상만 사용하기 시작했다. 1991년 6월, 프라뇨 투지만 대통령이 크로아티아 독립을 선포하자 클럽은 '디나모'라는 이름이 유고슬라비아 공산 정권의 산물이라는 이유로 '그라잔스키'로 개명하고 유고슬라비아 리그를 떠나 새로 창설된 크로아티아 리그에 합류했다.

곧 투지만의 권유로 클럽은 다시 '크로아티아 자그레브Croatia Zagreb, CZ'로 이름을 바꾸고 독립 후 리그 최강자로 자리매김했다. 그러나 민족주의 성향이 강한 대다수 팬은 이 이름을 끝내 받아들이지 않았다. 결국 2000년, 클럽은 역사적인 이름 'GNK 디나모 자그레브'로 돌아왔고, 이후 크로아티아 축구계를 압도적으로 지배하며 나라의 역사와 궤를 같이해 왔다.

HNK 하이두크 스플리트

불굴의 달마티아인

2011년 7월 23일, FC 바르셀로나가 크로아티아 아드리아 해안의 도시 스플리트를 찾았다. 당시 유럽 챔피언이었던 바르셀로나에게는 단순한 프리시즌 첫 친선 경기였지만, 홈팀 HNK 하이두크 스플리트에는 창립 100주년을 기념하는 특별한 날이었다. 100년 동안 이어진 저항과 불복종의 역사는 이 클럽을 유럽에서 가장 파란만장한 역사를 지닌 팀 중 하나로 만들었다.

HNK 하이두크 스플리트의 특별함은 창단 초기부터 두드러졌다. 1911년 2월 13일, 크로아티아 달마티아 해안에서 약 1,000㎞ 떨어진 프라하 도심의 전설적인 비어홀 '우 플레쿠U Fleku'에서, 당시 프라하에서 유학 중이던 크로아티아 학생들이 창단을 결의했다. 그들은 체코의 양대 클럽 AC 스파르타 프라하AC Sparta Prague와 SK 슬라비아 프라하SK Slavia Prague의 경기를 관람한 뒤 열띤 토론을 벌였고, 그 자리에서 클럽 창설이라는 결론에 이르렀다.

당시 프라하와 스플리트 모두 오스트리아-헝가리 제국의 지배를 받고 있었다. 20세기 초 체코 도시들에는 민족주의가 널리 확산돼 있었고, 이러한 분위기는 주요 축구 클럽에도 고스란히 반영됐다. 크로아티아의 젊은이들은 점령군에 맞서기 위해 스포츠를 하나의 저항 수단으로 삼았다.

그 의지는 클럽 이름에도 담겼다. '하이두크'는 발칸 지역에서 침략자에 맞서 싸우는 영웅이자, 부자에게서 빼앗은 재물을 가난한 이들에게 나눠주는 낭만적인 인물로 그려진다. 일종의 국민적 '로빈 후드'였다.

오스만 제국과 오스트리아-헝가리 제국은 '하이두크'라는 명칭에 부정적인 이미지를 덧씌우려 했지만, 17세기에서 19세기에 걸쳐 외세에 맞서 싸운 하이두크 게릴라들은 지역 주민들 사이에서 여전히 존경과 인기를 누렸다. 특히 크로아티아 출신의 하이두크 안드리이차 시미치Andrijica Simic가 오스트리아 감옥에서 오랜 세월을 보낸 뒤 스플리트로 돌아왔을 때, 시민들은 그를 용맹한 전사로 칭송하며 성대하게 환영했다.

'하이두크 스플리트'라는 이름만으로는 클럽의 정체성을 충분히 드러낼 수 없다고 판단한 창립자들은 이름 앞에 'HNK'(크로아티아어로 '크로아티아 축구 클럽Hrvatski Nogometni Klub'의 약자)를 붙였다. 엠블럼에는 크로아티아 국기 색상인 빨간색과 흰색 격자무늬를 넣어 민족적 상징성을 강화했다. 이렇게 HNK 하이두크 스플리트는 창단 초기부터 크로아티아 민족주의와 긴밀히 연결돼 있었다. 특히 인민당 내 민족주의 세력인 '푼타리puntari'와 가까웠는데, 이들은 오스트리아-헝가리 제국이 지배하던 두 크로아티아 지역, 즉 스플리트가 속한 달마티아와 자그레브가 속한 크로아티아-슬라보니아의 통합을 주장했다.

이 같은 민족주의 성향은 당국과의 마찰로 이어졌다. 오스트리아-헝가리 정부는 크로아티아 지역 통합 논의를 철저히 차단했고, 하이두크는 반복적으로 압박을 받았다. 그러다 제1차 세계대전 후 제국이 붕괴하자 세르비아·크로아티아·슬로베니아 왕국이 탄생했는데, 이는 남슬라브 민족주의자들이 오랫동안 꿈꿔 온 통합의 결실이었다. 하이두크는 1923년 이 새 왕국의 축구 리그에 합류하며 새로운 시대를 맞았다.

그러나 클럽의 민족주의적 성향은 1929년 1월 6일 또다시 시험대에 올랐다. 알렉산더 1세 국왕이 헌법을 폐지하고 독재정권을 수립했으며, 왕국의 이름을 '유고슬라비아'로 바꾸고 베오그라드 중심의 국가 통합 정책을 밀어붙였다. 크로아티아 민족주의 진영은 강력히 반발했고, 정부는 곧 탄압으로 응수했다. 하이두크 역시 그 영향권에 들었고, 결국 '크로아티아 축구 클럽HNK'이라는 명칭을 '유고슬라비아 축구 클럽JNK'으로 바꿔야 했다. 이는 단순한 개명이 아니라, 정치적 강요가 담긴 깊은 상징적 조치였다.

HNK 하이두크 스플리트는 크로아티아 민족 해방 운동과 긴밀히 맞물려 있었지만, 클럽 역사에서 가장 영광스러운 순간은 제2차 세계대전 중에 찾아왔다. 1941년 4월, 유고슬라비아가 중립을 선언했음에도 나치 독일과 이탈리아 파시스트 군대가 전격 침공해 점령했다. 당시 크로아티아 내 일부 민족주의 세력은 침략군과 손잡고 친나치 크로아티아 독립국Nezavisna Država Hrvatska, NDH을 세웠으나, 스플리트를 비롯한 달마티아 지역 대부분은 무솔리니의 이탈리아에 합병됐다. 이탈리아는 하이두크에 몇 가지 조건을 내걸며 자국 리그 참가를 제안했는데, 그중 하나가 클럽 명칭에서 '크로아티아'를 연상시키는 요소를 삭제하라는 것이었다. 하이두크는 정체성과 불굴의 정신을 지키겠다며 이를 단호히 거부했다.

1943년, 이탈리아 파시스트 정권이 붕괴하자 스플리트는 잠시 유고슬라비아 파르티잔에 의해 해방됐으나 곧 나치군의 반격으로 재점령됐고, 다시 친나치 크로아티아 독립국의 통치하에 놓였다. 스플리트 시민들은 나치와 협력해 크로아티아를 분할한 자그레브 우스타샤 정권에 깊은 분노를 표했다. 하이두크는 이탈리아 리그 참가를 거부했던 것과 마찬가지로, 안테 파벨리치 정권이 주최하는 크로아티아 리그 참가도 거부하며 저항 의지를 분명히 했다.

스플리트의 크로아티아 민족주의자들과 HNK 하이두크 스플리트는 자그레브의 우스타샤 정권보다 티토가 이끄는 공산주의 파르티잔 세력과 훨씬 가까웠다. 이에 선수들은 파르티잔 본부가 있는 아드리아해 비스섬으로 이동했고, 1944년 5월 7일 스플리트 수호성인의 날을 기념해 파르티잔팀과 경기를 치렀다. 이후 하이두크는 파르티잔의 대의에 합류해 이탈리아 아드리아 해안에서 연합군 병사들로 구성된 팀들과 경기를 이어갔다. 이 시기 클럽은 유고슬라비아 민족 해방군Narodnooslobodilačka vojska Jugoslavije, NOVJ의 공식 팀으로 인정받았으며, 팀 이름에도 'NOVJ'라는 약자가 붙었다.

하이두크가 군인 팀들과 치른 경기 가운데 특히 1944년 9월 23일 이탈리아 바리에서 열린 영국 군대 선발팀전이 유명하다. 당시 하이두크는 2-7로 대패했는데, 이전까지 대부분의 경기에서 승리해온 터라 충격적인 패배였다. 이 경기는 제2차 세계대전 기간 중 보기 드물게 4만 명이 넘는 관중을 동원해 주목을 받았다.

1944년 10월 26일, 파르티잔이 스플리트를 해방하면서 하이두크는 영국팀과의 설욕전을 치를 기회를 얻었다. 그해 크리스마스 직후, 홈구장인 스플리트에서 열린 경기에서 하이두크는 아슬아슬하게 승리를 거뒀다. 당시 스플리트는 유고슬라비아 완전 해방을 앞두고 크로아티아의 임시 수도로 지정돼 있었지만, 나치 독일 해군의 마지막 발악으로 집중 공격을 받으며 여전히 전쟁의 위협에 노출돼 있었다.

하이두크는 파르티잔 운동과의 이념적 연대를 드러내기 위해 유니폼 엠블럼에 붉은 별을 새기고 경기에 나섰다. 1945년 스플리트가 해방되고 전쟁이 막바지에 접어들자, 클럽은 이집트, 팔레스타인, 몰타, 시리아, 레바논 등지에서 군대 및 민간 팀을 상대로 지중해 투어 경기를 펼쳤다.

레바논에서는 주둔 중이던 프랑스군 팀과 맞붙었는데, 이 자리에서 프랑스공화국 임시정부 수장 샤를 드골이 하이두크에 '자유 프랑스의 명예 팀'이라는 칭호를 수여했다. 이는 나치즘과 파시즘으로부터 유럽을 해방하기 위해 하이두크가 기울인 노력을 기리기 위한 것이었다.

전쟁이 끝나고 유고슬라비아 사회주의 연방공화국이 수립되자 티토 대통령은 하이두크에 베오그라드로 이전해 유고슬라비아 인민군 공식 클럽이 될 것을 제안했다. 그러나 하이두크는 이를 단호히 거부하고 스플리트에 남았다. 이에 인민군을 위한 새로운 클럽인 FK 파르티잔 베오그라드FK Partizan Belgrade가 창단됐으며, 그 이름은 자유를 위해 싸운 파르티잔을 기리기 위해 붙여졌다. 크로아티아 출신인 티토는 하이두크가 제안을 거절했음에도 클럽을 지지했고, 덕분에 하이두크는 전후 공산 정부 아래에서 해체되지 않은 몇 안 되는 클럽 중 하나로 남았다.

HNK 하이두크 스플리트는 파르티잔과 긴밀한 관계를 맺고 엠블럼에 붉은 별을 달았지만, 새롭게 들어선 공산주의 체제에서 점차 불신을 사기 시작했다. 1950년에 결성된 서포터즈 그룹 토르치다Torcida는 유럽에서 가장 오래된 서포터즈 중 하나로,

크로아티아 민족주의와 가까운 성향을 지닌 것으로 평가됐다.

세월이 흐르면서 하이두크 팬들의 친크로아티아 성향은 더욱 두드러졌다. 1980년 티토 사망 이후 유고슬라비아 체제의 균열이 드러났고, 이는 1990년대 발칸 전쟁으로 이어지는 민족 갈등의 불씨가 됐다.

1990년대 크로아티아 경기장에서 벌어진 사건들은 유고슬라비아 연방의 쇠락을 뚜렷하게 보여줬다. GNK 디나모 자그레브와 레드 스타 베오그라드의 경기에서 벌어진 난투극 외에도, 스플리트에서 열린 HNK 하이두크 스플리트와 FK 파르티잔 베오그라드의 경기에서는 팬들이 경기장에 난입해 유고슬라비아 연방기를 불태웠다. 이는 유고슬라비아의 몰락을 상징적으로 보여주는 사건이었다.

1991년 5월 8일 HNK 하이두크 스플리트는 마지막 유고슬라비아컵 결승에서 레드 스타 베오그라드를 꺾고 우승을 차지했다. 이 경기는 단순한 스포츠를 넘어 정치적 긴장감이 고조된 자리였다. 한 달 뒤 크로아티아가 독립을 선언하자, 하이두크는 엠블럼에서 붉은 별을 제거하고 원래의 크로아티아 격자무늬 문양을 복원했다.

그 후 HNK 하이두크 스플리트는 크로아티아 리그에서 경쟁을 이어가면서도 여전히 반항적인 정신을 간직하고 있다. 그 정신은 자그레브 중심주의에 대한 반발, 즉 오랜 라이벌인 GNK 디나모 자그레브에 대한 뚜렷한 적대감으로 드러난다. 하이두크는 고유한 역사와 불굴의 기개로 여전히 스플리트의 '정복당하지 않은 달마티아인'으로 남아 있다.

★★★
FK 슬로보다 투즐라

노동자의 도시, 노동자의 팀

투즐라는 매우 독특한 도시다. 유럽에서 가장 오래된 도시 중 하나로 꼽히며, 오랫동안 다양성의 상징이 되어 왔다. 도시를 둘러싼 언덕에서는 지금도 구시가지에 공존하는 모스크, 가톨릭 성당, 정교회를 내려다볼 수 있다. 그러나 이 보스니아 도시의 정체성을 결정적으로 형성한 것은 첨탑이나 종탑이 아니라 수많은 공장의 굴뚝이었다. 투즐라는 노동자 계급의 본거지이자, 2014년 2월 보스니아헤르체고비나를 뒤흔든 사회적 반란의 진원지였다.

투즐라는 사라예보(연방 수도)와 바냐루카(스릅스카공화국 수도)에 이어 보스니아헤르체고비나에서 세 번째로 인구가 많은 도시로, 오랫동안 산업 중심지로 발전해 왔다. 대규모 노동자 계층이 자리 잡고 있어 '붉은 도시'이자 전투적인 지역으로 알려져

있다.

 이를 잘 보여주는 사례가 2014년 디타 세제 공장에서 벌어진 노동자 점거 시위다. 한때 국가와 노동자가 공동 소유했던 이 공장은 민영화 위기에 놓여 있었다. 디타와 같은 기업들은 20세기 내내 투즐라의 노동자 정신을 상징해 왔고, 그와 함께 노동자 계층의 사랑을 받아온 축구팀이 바로 FK 슬로보다 투즐라였다.

 이 팀의 이름은 문자 그대로 '자유'를 의미하며, 클럽 엠블럼에는 붉은 별, 망치와 낫, 톱니바퀴가 새겨져 있었다. 이는 클럽이 의심할 여지 없이 노동자 계급의 정체성을 지녔음을 보여준다. 사실 FK 슬로보다 투즐라의 역사는 투즐라의 공산주의 운동과 궤를 같이한다. 두 역사 모두 1919년에 시작됐으며, 당시 유고슬라비아 사회주의 노동당의 형태로 처음 모습을 드러냈다.

 당시 공산주의자들에게 스포츠는 중요한 과제였다. 그래서 투즐라에서 열린 신당 창당 회의에서 가장 먼저 내려진 결정 중 하나가, 이 중요한 시기에 새로운 스포츠 클럽을 창설하는 것이었다. 제1차 세계대전 이후 투즐라는 세르비아·크로아티아·슬로베니아 왕국에 편입됐고, 이 나라는 1929년 유고슬라비아 왕국으로 공식 개칭됐다.

 이 결정에 따라 1919년 10월 말, 막심 고리키 노동자 스포츠 클럽Maxim Gorky Workers' Sports Club이 설립됐다. 러시아 사회주의 시인 막심 고리키의 이름을 딴 이 클럽은 1917년 러시아혁명이 국제 공산주의 운동에 미친 영향을 상징적으로 보여준다.

새로 창설된 클럽은 여러 종목을 운영했는데, 그중 가장 주목받은 것은 FK 슬로보다 투즐라의 전신인 축구 클럽 FK 고리키FK Gorky였다. 창단 초기 홈경기는 '공산주의 그라운드'로 불린 경기장에서 열렸으며, 관중석은 공산주의 사상을 지지하는 노동자들로 가득했다. 특히 이 클럽이 당시 투즐라의 다른 구단과 구별된 점은 팬층의 민족적 다양성이었다. 당시 대표적인 다른 클럽으로는 크로아티아인이 지지하는 HŠK 즈린스키 모스타르 HŠK Zrinjski Mostar, 세르비아인이 지지하는 FK 오빌리치FK Obilić, 보스니아 무슬림이 지지하는 부라Bura, 유대인이 지지하는 마카비Maccabi가 있었다.

FK 고리키는 이들과 달리 다민족·다문화적 성격을 지닌 클럽으로, 모든 민족과 종교 공동체 구성원을 받아들였다. 클럽 운영 철학은 민족이나 종교에 관계없이 노동자의 단결을 중시하는 공산주의 이념에 충실했다. 그러나 FK 고리키는 1920년 유고슬라비아 왕정하에서 시행된 반공 정책의 희생양이 됐고, 이후 수년간 마르크스-레닌주의 활동이 전면 금지됐다. 결국 유고슬라비아 법원은 막심 고리키 노동자 스포츠 클럽 해산을 명령했고, 이를 거부한 일부 회원은 투옥됐다.

막심 고리키 노동자 스포츠 클럽의 해산은 1924년 새로운 공산주의 스포츠 단체 창설로 이어졌다. 이 단체는 슬라브 민족 게릴라 전사들의 이름을 따 '하이두크'라 불렸으며, 이는 크로아티아 스플리트의 하이두크 클럽에도 영향을 미쳤다. 하지만 이 단체 역시 설립 직후 곧바로 금지돼 활동이 오래 지속되지 못했다.

투즐라의 공산주의자들은 1927년에 이르러서야 비로소 막심 고리키 노동자 스포츠 클럽의 정신을 되살릴 새로운 클럽을 창설할 수 있었다. 그해 11월 20일, '슬로보다 문화스포츠협회 Sloboda Cultural Sports Society'가 설립됐고, 협회는 축구를 중심으로 아마추어 연극, 음악, 합창단 등 다양한 부서를 운영했다. 특히 슬로보다 축구팀은 자유주의를 상징하는 빨간색과 검은색 유니폼을 채택해 그들의 신념을 분명히 드러냈다.

공식적으로는 새로운 클럽이었지만, FK 슬로보다 투즐라는 스스로를 막심 고리키 노동자 스포츠 클럽의 정신과 활동을 계승하는 팀으로 인식했다. 그래서 창립 연도 역시 막심 고리키 노동자 스포츠 클럽이 설립된 1919년으로 정했다. 다만 두 클럽 사이에는 중요한 차이가 있었다. FK 슬로보다 투즐라는 사회민주주의자들이 운영했으나, FK 고리키는 공산당이 이끌었다는 점이다. 그럼에도 공산당원들은 FK 슬로보다 투즐라를 투즐라의 유일한 노동자 팀으로 인정하며 변함없는 지지를 보냈다.

이처럼 뚜렷한 좌파 노동자 계급의 뿌리를 지닌 덕분에 FK 슬로보다 투즐라는 제2차 세계대전 이후 파르티잔이 집권하고 티토가 유고슬라비아 클럽을 재편할 때도 큰 변화를 겪지 않았다. 이는 팀이 역사적인 이름을 그대로 유지할 수 있었던 이유이기도 하다. 반면, 민족·종교 정체성에 기반했거나 나치즘과 연루된 유고슬라비아의 많은 팀들은 사회주의 연방공화국이 수립되면서 대부분 사라졌다.

티토 집권 시절, FK 슬로보다 투즐라는 전성기를 맞았다. 유고슬라비아 1부 리그에서 꾸준히 활약하며 1977-1978시즌에는 UEFA컵에 진출했다. 그러나 카나리 제도 원정에서 스페인의 UD 라스팔마스Unión Deportiva Las Palmas에 0-5로 대패하며 본선 무대에서 탈락했다. 이로써 1차전에서 4-3으로 힘겹게 거둔 승리는 의미를 잃고 말았다.

이 팀은 1959년 유고슬라비아 2부 리그에서 우승했고, 2014년에는 보스니아 2부 리그에서도 정상에 올랐다. 그러나 가장 큰 성과는 1971년 마샬 티토컵 결승 진출이었다. 당시 FK 슬로보다 투즐라는 유고슬라비아의 강호 레드 스타 베오그라드에 패하며 준우승에 머물렀다.

FK 슬로보다 투즐라의 쇠퇴는 유고슬라비아 붕괴와 함께 찾아왔다. 티토와 파르티잔이 이끌던 사회주의 연방공화국이 무너지면서, 유고슬라비아에서 가장 다양한 민족이 공존하던 도시 투즐라에도 큰 충격이 닥쳤다. 투즐라 주민 상당수는 특정 민족이나 종교적 정체성 대신 '유고슬라비아인'이라는 정체성을 공유하고 있었기 때문이다.

보스니아 전쟁(1992~95) 동안에도 투즐라는 여전히 민족적 다양성이 두드러진 도시였다. 수많은 갈등 속에서도 다양성을 지켜내며 전쟁을 견뎌냈다. 전쟁이 끝난 뒤 FK 슬로보다 투즐라는 보스니아 리그에서 활동을 재개했는데, 이 리그는 1995년부터 2003년까지 보스니아헤르체고비나에서 운영된 3개 리그 중 하나였다. 그러나 공식적인 평화가 찾아온 뒤에도 민족 간 깊은 분열은 쉽게 사라지지 않았다.

이러한 분열의 한 예는 전쟁 이후 축구 리그 운영 방식에서 찾을 수 있다. FK 슬로보다 투즐라와 보스니아 무슬림 클럽들은 모든 보스니아 클럽이 참여하는 단일 리그를 원했지만, 헤르체그-보스니아의 크로아티아계 팀들과 스릅스카공화국의 세르비아계 팀들은 이에 합류하지 않고 각자 독립된 리그를 운영했다. 다행히 2003년에 보스니아 축구는 중요한 전환점을 맞이했고, 모든 팀이 하나의 최상위 리그인 프리미어리그에 참가하게 됐다.

투즐라와 FK 슬로보다 투즐라는 오늘날에도 보스니아헤르체고비나를 이루는 다양한 민족이 유고슬라비아 시절부터 함께 살아오며 쌓아온 이해와 화합을 상징하는 존재다. 사바 강변에 자리한 이 도시는 보스니아에서 드물게 학교에서 아이들을 민족별로 분리하지 않는 몇 안 되는 곳이며, 지금도 마샬 티토를 기리는 동상이 남아 있다. 이는 아마도 모두가 일자리를 가졌고, 산업이 활기를 띠었으며, FK 슬로보다 투즐라가 유고슬라비아 연방 챔피언 자리를 다투고 유럽 대회에 나서던 과거를 향한 향수일 것이다.

2000년대 들어 투즐라는 전혀 다른 현실에 직면했다. 주민들은 데이턴 평화협정과 워싱턴 협정이 강제한 새로운 경제 체제에 맞서야 했다. 이 협정들은 잔혹한 전쟁을 끝내는 데 기여했지만, 민족 간 갈등을 고착시켰다. 그 시기 투즐라와 FK 슬로보다 투즐라는 다시금 기득권에 저항하며, 평범한 사람들의 민족·종교적 다양성을 존중하는 상징으로 자리했다. 요컨대, 이는 FK 슬로보다 투즐라 설립자들이 말한 '계급 투쟁'이었다.

FK 벨레주 모스타르

모스타르의 붉은 별

모스타르는 보스니아와 영토를 공유하는 헤르체고비나의 수도로, 유럽 역사에서 중요한 역할을 해온 도시다. 도시 이름의 유래가 된 '스타리 모스트' 다리는 오랫동안 모스타르의 상징이었으며, 인류와 문화를 잇는 중요한 교차점으로 여겨져 왔다. 네레트바 강 서쪽에는 아드리아해와 라틴 문명이, 동쪽에는 사라예보와 슬라브 및 동방 세계가 자리하고 있었기 때문이다. 이러한 지리적·문화적 배경 덕분에 이 오래된 다리는 도시의 다민족적 특성을 완벽하게 상징한다.

이 다민족적 특성을 보여주는 또 하나의 대표적인 존재가 바로 축구 클럽 FK 벨레주 모스타르FK Velež Mostar다. 이 구단은 역사적으로 크로아티아인, 세르비아인, 보스니아 무슬림을 조화롭게 통합시켜 왔다. 보스니아의 작가이자 저널리스트 알리야 케보Alija Kebo는 이 클럽을 높이 평가하며, 네레트바 강 위의 전설적인 다리 '스타리 모스트'에 비유한 바 있다.

사실 벨레주는 모스타르에서 가장 오래된 축구 클럽이 아니다. 그 영예는 1905년 크로아티아 민족주의 청년들이 창설한 HŠK 즈린스키 모스타르에 돌아간다. 1922년, 모스타르가 새로 세워진 세르비아·크로아티아·슬로베니아 왕국(훗날 유고슬라비아 왕국)에 편입되자, 지역 공산주의자들은 국왕 알렉산다르 1세가 마르크스-레닌주의 정당과 단체를 금지한 조치를 피해 새로운 클럽을 만들었다. 이렇게 해서 모스타르 인근 산에서 이름을 딴 FK 벨레주 모스타르가 탄생했다. 이 산의 이름은 고대 슬라브 신화 속 신 벨레스Veles에서 유래했다.

벨레주는 크로아티아계만으로 구성된 즈린스키와 달리 다민족 구단이었다. 이는 당시 유고슬라비아 공산주의자들의 정책과도 맞닿아 있었다. 실제로 벨레주는 노동자 구단으로 출발했으며, 초기 회원 대부분이 공산주의 운동가로서 스포츠를 노동계급 혁명 투쟁의 일부로 여겼다.

이러한 정치적 성향 때문에 유고슬라비아 왕정은 벨레주의 활동을 예의주시했다. 1940년, 나치와 파시스트가 유고슬라비아를 점령하기 직전 구단 회원 일부가 모스타르에서 열린 대규모 반파시스트 시위에 참여하자, 벨레주는 모든 활동을 금지당했다.

이 조치는 보스니아헤르체고비나가 우스타샤 정권에 점령되어 나치 동맹국인 크로아티아 독립국에 합병된 뒤에도 유지됐다. 당시 크로아티아인으로만 구성된 즈린스키는 파시스트 치하의 크로아티아 리그에서 경기를 이어갔지만, 벨레주는 그 리그에 참가할 수 없었다. 그러나 바로 이 시기에 벨레주는 요시프 브로즈 티토가 이끄는 파르티잔 저항군에 합류하며 역사상 가장 찬란한 순간을 맞이했다.

벨레주가 치른 희생은 막대했다. 선수 77명과 구단 직원 21명이 유고슬라비아를 파시스트 지배에서 해방하기 위한 파르티잔 전투에서 목숨을 잃었다. 그러나 이들의 희생은 티토가 사회주의 유고슬라비아 연방을 수립하는 데 중요한 밑거름이 됐다. 이는 벨레주가 지하 활동을 이어가며 추구해온 공산주의 가치와 민족 간 연대의 이상이 실현된 순간이었다.

전쟁 동안 모스타르는 대규모 학살을 비교적 피했지만, 발칸 전역은 민족 간 갈등과 폭력에 휩싸여 있었다. 1945년 제2차 세계대전이 끝나고 공산주의 정권이 들어서자 상황은 완전히 달라졌다. 크로아티아계 클럽 즈린스키는 우스타샤 정권과 협력했다는 이유로 공산당 당국에 의해 해산됐고, 다민족 클럽인 벨레주는 법적 지위를 회복했다. 구단은 이후 사회주의 국가와 티토가 내세운 '형제애와 단결' 정책을 열렬히 지지하는 클럽이 됐다.

그 뒤 수십 년간 벨레주는 이 정책의 대표적 상징으로 자리잡았다. 선수단은 주로 모스타르와 헤르체고비나 지역 출신의 다민족 선수들로 구성됐으며, 크로아티아인, 세르비아인, 보스니아크Bosniak(보스니아 무슬림) 선수들이 한 팀에서 함께 뛰었다. 지역 선수들로만 꾸렸음에도 1955년 유고슬라비아 1부 리그에 승격해 주요 구단으로 성장했으며, 한 번도 1부 리그에서 강등된 적이 없었다.

벨레주의 황금기는 1970년대와 1980년대였다. 1971년에는 비옐리 브리예그Bijeli Brijeg 경기장을 새로 개장했고, 경기장 외부에는 파시즘에 맞서 싸우다 희생된 구성원들을 기리는 기념비가 세워졌다. 1973년과 1974년에는 유고슬라비아 리그에서 연이어 준우승을 차지하며, 모스타르의 다민족적 특성을 완벽히 상징하는 팀으로 평가받았다. 당시 팀은 'BMV'(자동차 브랜드 BMW와 비슷한 약자)라는 별명으로 불렸는데, 세 명의 스타 선수인 두샨 바예비치Dusan Bajevic, 엔베르 마리치Enver Maric, 프라뇨 블라디치Franjo Vladic의 이니셜에서 따온 것이다. 이들은 각각 세르비아인, 보스니아 무슬림, 크로아티아인 출신이었다.

이들이 최고의 성과를 내기 직전, 벨레주는 티토의 취임 50주년을 맞아 스포츠를 넘어서는 상을 받았다. 그것은 황금 월계수 훈장인 '형제애와 단결 훈장'으로, 구단이 '민족 해방 투쟁에 크게 기여한 공로'와 '유고슬라비아 연방 내 여러 민족 간의 형제애와 단결을 지속적으로 확산한 공로'를 인정받아 수여됐다.

벨레주의 트로피 진열장은 1980년대에 빛나기 시작해, 1981년과 1986년 두 차례 유고슬라비아컵을 들어올렸다. 아이러니하게도, 티토는 1980년에 사망해 그들의 첫 우승을 보지 못했다. 벨레주는 전형적인 '친티토 팀'이었고, 티토는 네레트바 강변에 '티토의 궁전'이라 불리는 대통령 별장을 소유하고 있을 정도였다. 같은 시기, 특히 세르비아와 크로아티아 민족주의가 축구 경기장에서 고조되던 때에도 벨레주는 친유고슬라비아 노선을 굳건히 지켰다. 1981년 첫 컵 우승 이후 결성된 극성팬 그룹 '레드 아미Red Army'(원래 명칭은 '붉은 악마'를 뜻하는 크르베니 셰트야니 Crveni Šetjani) 역시 공산주의 이념과 창단 이래 구단이 지지해온 친유고슬라비아 노선을 받아들였다.

1991년 6월 크로아티아의 독립 선언으로 민족주의 열기가 절정에 달했고, 이는 헤르체고비나에도 큰 영향을 미쳤다. 모스타르의 대다수 크로아티아인은 새롭게 독립한 국가를 지지하며 다민족 팀인 벨레주를 외면하기 시작했다. 같은 해 크로아티아 민족주의자들은 다른 크로아티아 및 슬로베니아 클럽들처럼 벨레주가 '세르보슬라비아 리그'에서 탈퇴할 것을 요구했다. 그러나 구단은 다른 보스니아 무슬림 클럽들과 마찬가지로 이를 거부했다. 이 결정은 치명적인 결과를 불러왔다.

1991년 8월 파르티잔과의 경기를 앞두고 비옐리 브리예그 경기장에서 폭탄이 터졌는데, 이는 프라뇨 투지만이 이끄는 크로아티아 민주연합Croatian Democratic Union 소속 민족주의자들의 소행이었다. 이 사건은 유고슬라비아의 붕괴와 함께 보스니아헤르체고비나를 민족 갈등의 소용돌이로 몰아넣은 비극적인 시대의 서막이었다.

다양성의 상징이던 모스타르는 순식간에 서로 다른 민족이 충돌하는 전쟁터가 됐다. 세르비아 준군사 조직과 유고슬라비아 국민군은 동쪽에서 도시를 공격했고, 크로아티아 민족주의자들은 모스타르를 '헤르체그-보스니아 공화국'의 수도로 삼아 크로아티아에 합병하려 했다. 반면 보스니아인들은 1992년 독립 국가가 된 보스니아헤르체고비나의 통일을 지키기 위해 맞섰다. 세르비아와 크로아티아 당국은 이 지역을 분할하려 했고, 그 결과 소위 '미니 유고슬라비아'가 형성됐다.

보스니아헤르체고비나가 독립하자 벨레주는 유고슬라비아 리그에서 완전히 탈퇴했지만, 전쟁으로 국토가 폐허가 되면서 대체 리그에서 뛸 기회조차 얻지 못했다. 그 사이 친크로아티아 세력은 모스타르의 옛 크로아티아 클럽 HŠK 즈린스키 모스타르를 재건하고, 벨레주의 홈구장인 비옐리 브리예그를 차지했다. 이 경기장은 크로아티아인이 주로 거주하는 네레트바 강 서쪽에 위치해 있었다.

발칸 전쟁은 모스타르의 다민족 정체성에 치명적인 타격을 입혔다. 1993년 11월 9일, 크로아티아군은 평화로운 공존을 상징하던 스타리 모스트 다리를 파괴했다. 이후 비옐리 브리예그 경기장은 보스니아 무슬림을 수용하는 감옥으로 사용됐다. 이로써 모스타르의 다민족 상징이었던 오래된 다리와 FK 벨레주 모스타르는 사라졌다. 벨레주는 리그, 본부, 경기장을 잃은 채 추방된 클럽이 됐고, 팬층도 점차 보스니아인으로만 한정됐다.

그들은 여전히 다양한 민족의 평화로운 공존을 믿는 거의 유일한 집단이었다.

벨레주는 보스니아 전쟁을 끝낸 데이턴 협정이 체결된 후에야 경기를 재개할 수 있었다. 평화가 찾아왔지만, 여전히 깊이 분열된 보스니아헤르체고비나에서는 세 개의 축구 리그가 별도로 운영됐다. 즈린스키는 비옐리 브리예그를 홈구장으로 삼아 헤르체그-보스니아 리그에 참가했지만, 벨레주는 모스타르 인근 작은 마을 브랍치치의 경기장으로 옮겨 보스니아 리그 챔피언십에서 홈경기를 치러야 했다.

이 시기 벨레주는 모스타르와 함께 자신만의 상징을 잃어갔다. 대표적으로 클럽 엠블럼에서 붉은 별이 사라진 사건이 있었다. 구단은 1994년, 이 상징이 보스니아가 싸우던 세르비아 주도의 유고슬라비아와 지나치게 연관돼 있다는 이유로 붉은 별을 없앴다. 다섯 갈래 붉은 별은 10여 년간 쓰이지 않았고, 모스타르 다리가 재건된 이듬해에야 다시 도입됐다.

네레트바 강변의 도시는 깊은 상처 속에서도 서서히 회복되기 시작했다. 그러나 갈등의 흔적은 2000년 열린 즈린스키와 벨레주의 첫 맞대결에서 여실히 드러났다. 경기는 전쟁을 거치며 크로아티아 민족주의 팀의 영역이 된 벨레주의 옛 홈구장에서 열렸다. 벨레주 팬들은 파시즘과 싸운 전사들을 기리던 옛 기념비가 크로아티아 민족주의자들을 기리는 장소로 바뀐 것을 보고 굴욕감을 느꼈다.

이후 모스타르 더비는 즈린스키가 상징하는 크로아티아 민족주의와 벨레주가 대표하는 다민족 헤르체고비나의 치열한 대결로 자리 잡았다. 크로아티아인들은 헤르체그-보스니아 공화국의 깃발을 흔들거나, 벨레주가 다시는 비옐리 브리예그로 돌아오지 못할 것이라는 현수막을 내건다. 반면, 벨레주 팬들은 티토의 상징을 내세우며 과거 유고슬라비아 연방 시절을 그리워한다. FK 벨레주 모스타르는 여전히 모스타르의 진정한 '붉은 별'로 남아 있다.

올림피아코스 CFP
피레아스의 붉은 반란군

올림피아코스 신데스모스 필라슬론 피레아스 Olympiacós Sýndesmos Filáthlon Peiraiós(피레아스 팬들의 올림픽 클럽)는 1925년 그리스 피레아스에서 창단됐다. 창단 직후부터 피레아스 주민들은 이 구단에 깊은 애정을 쏟으며, 조선소와 항만 산업 중심지인 이 항구 도시의 노동자 정신을 불어넣었다.

올림피아코스는 초창기부터 선원, 조선공, 도시 산업 노동자 계층의 지지를 받았다. 덕분에 '노동자 계급의 팀'으로 자리 잡았고, 1908년 아테네에서 창단돼 도시 상류층을 대표한 파나티나이코스 FCPanathinaikos FC와 치열한 라이벌 관계를 형성했다.

양 팀의 사회적 격차는 시간이 지나면서 다양한 계층이 양쪽 클럽을 지지하게 되며 옅어졌지만, 이러한 대립은 오히려 올림피아코스 팬들의 노동계급 정체성을 더욱 강화했다. 구단은 명예와 순결을 상징하는 빨간색과 흰색을 공식 색상으로 채택했으며, 이는 스포츠 활동을 이끄는 두 가지 핵심 가치로 여겨졌다.

빨간색은 '명예'뿐 아니라 '저항'의 의미도 띠게 됐다. 선수와 팬의 다수가 노동계급 출신이었던 점을 고려하면 자연스러운 변화였다. 특히 1940년 10월 무솔리니의 파시스트 이탈리아가 제2차 세계대전의 일환으로 그리스를 침공한 이후, 빨간색의 상징성은 더욱 뚜렷해졌다.

그리스-이탈리아 전쟁이 발발하면서 국내 축구 리그는 중단됐다. 당시 올림피아코스는 AEK 아테네 FC AEK Athens FC가 리그를 주도하던 상황에서도 11회 중 6회 우승을 차지한 강팀이었다. 전쟁이 시작되자 올림피아코스 선수 일부는 잠시 축구화를 벗고 그리스군에 입대해, 이탈리아 점령지였던 인접국 알바니아에서 파시스트 침략군에 맞서 싸웠다.

올림피아코스의 여러 선수가 무솔리니 군대의 진격을 저지하기 위해 참전했으며, 그중에는 1930년대 피레아스 팀의 뛰어난 공격수였던 크리스토포로스 라고스 Christoforos Raggos도 있었다. 그는 전투 중 다리를 크게 다쳐 이후로 축구를 할 수 없게 됐다. 또 다른 전설적인 공격수 레오니다스 안드리아노풀로스 Leonidas Andrianopoulos는 알바니아 전선에서 목숨을 잃을 뻔했고, 니코스 그리고라토스 Nikos Grigoratos는 1941년 1월, 그리스군이 이탈리아 파시즘에 맞서 결정적인 승리를 거둔 클리수라 고개 전투에서 부상을 입었다.

무솔리니 군대를 물리친 뒤에도 그리스 독립투사들의 싸움은 계속됐다. 곧이어 나치 독일이 이탈리아와 불가리아의 지원을 받아 그리스를 침공했고, 결국 저항을 꺾고 괴뢰 정권을 세웠다. 그리스 정부와 국왕은 망명할 수밖에 없었다.

이에 맞서 국민들은 지하 저항운동을 전개했고, 올림피아코스 선수들도 이 활동에서 중요한 역할을 했다. 전쟁 발발과 함께 국내 챔피언십은 중단돼 제2차 세계대전 종전까지 이어졌으나, 이후 점령군의 감시 아래 일부 축구 활동이 재개됐다.

올림피아코스는 반파시스트 전쟁으로 잃은 선수들을 대신해 팀을 재정비했다. 새로 합류한 선수 가운데에는 니코스 고다스 Nikos Godas가 있었다. 그는 어린 시절 아나톨리아 전쟁3에서 튀르키예가 승리한 뒤 고향 아이발리크를 떠나야 했던 그리스 난민이었다. 이 전쟁은 그리스와 튀르키예 간 인구 교환 협정으로 마무리됐고, 그 결과 아나톨리아 해안 도시 아이발리크에는 그리스인이 거의 남지 않게 됐다.

고다스는 나치 점령이 시작될 무렵 올림피아코스에 입단하며 사랑하던 팀에서 뛰겠다는 꿈을 이뤘다. 그의 가족은 긴 여정 끝에 소아시아 출신 그리스 이민자가 많이 정착한 피레아스 니카이아에 자리 잡았다. 이곳에서 고다스 가족은 사람들이 즐겨

---

3 1919~22년의 그리스-튀르키예 전쟁. 오늘날 튀르키예 영토에 속하는 서남아시아의 아나톨리아 반도가 '소아시아'로 불렸던 탓에 '소아시아 전쟁'이라고도 한다.

찾는 선술집을 운영했고, 그는 올림피아코스에 입단하기 전까지 그곳에서 일하며 지냈다.

리그가 중단돼 공식 경기에 나서지 못했음에도, 고다스는 뛰어난 재능으로 '아티스트'라는 별명을 얻었다. 그는 나치 점령기 동안 올림피아코스의 성과에 핵심 역할을 했으며, 특히 1943년 크리스마스컵 결승에서 숙적 파나티나이코스 FC를 5-2로 꺾고 우승을 이끈 것이 대표적이다.

고다스는 경기장 밖에서도 나치 점령에 맞서 싸웠다. 그는 그리스 공산당KKE과 그리스 인민해방전선ELAS에 가담했는데, ELAS는 KKE를 비롯한 좌파 단체들이 결성한 반파시스트 무장조직이었다.

올림피아코스의 공격수였던 고다스는 ELAS 지휘관으로 승진해 니카이아와 피레아스 일대에서 나치군과 그리스 협력자들을 상대로 여러 전투에 참전했다. 1944년에는 동료 선수 미칼리스 아나마테로스Michalis Anamateros가 아테네 엑사르키아 전투에서 전사했다는 소식을 전장에서 접했다. 그의 업적 중 하나는 패배한 독일군이 철수하며 벌인 방해 공작으로부터 그리스 국영 전력회사를 지켜낸 것이었다.

나치 점령이 끝난 뒤에도 그리스의 갈등은 이어졌다. 고다스를 비롯한 공산주의 저항군과 망명한 국왕 및 정부에 충성하는 세력 간 충돌이 벌어지면서, 그리스는 냉전 시대 첫 번째 전쟁의 무대가 됐다. 왕정 지지 세력은 영국군의 지원을 받아 이미 축출된 보수 왕당파 정권 복원을 시도했다.

이 싸움에서 피레아스는 공산주의 저항 세력의 거점이 됐고, 고다스는 1945년 그곳에서 체포됐다. 그는 아이기나 감옥에 수감돼 수감자 축구팀에서 뛰었으며, 1948년 11월 19일 3년 수감 끝에 코르푸섬에서 왕당파 그리스군에 의해 처형됐다.

고다스는 복역 중 목숨을 건질 수 있는 공개 사과문 서명을 거부했다. 그는 "올림피아코스 유니폼을 입고 눈을 가리지 않은 채 죽음을 맞고 싶다"고 말했다. 마지막 유언은 다음과 같았다.

> "날 쏘아 죽이되, 올림피아코스 유니폼을 입게 해주시오. 내 눈을 가리지 마시오. 마지막 순간에 내 팀의 색깔을 보고 싶소."

올림피아코스를 향한 깊은 애정에도 불구하고 구단은 그를 구하기 위한 조치를 취하지 않았다. 팬 상당수가 공산주의를 지지했지만, 구단 운영진은 왕당파 정부에 더 가까웠다. 처형 직전 고다스는 가족에게 "나는 조국과 신념을 위해 죽는다"는 편지를 남겼다. 27세의 재능 있는 공격수였던 그는 마지막 순간, 자신과 같은 붉은 유니폼을 입고 싸운 피레아스 동지들을 떠올리며 말했다.

> "우리는 승리했다! 사회주의 영웅들에게 영광을! 동지들이여, 안녕."

6장
동유럽과 코카서스

2004년, FC 테렉 그로즈니의 러시아컵 우승을
선수들과 함께 축하하는 람잔 카디로프.

FC 올트 스코르니체슈티
독재자의 클럽, 그 흥망성쇠

스코르니체슈티는 루마니아 올트주에 있는 작은 마을로, 1967년부터 1989년까지 루마니아를 철권 통치한 니콜라에 차우셰스쿠의 고향으로 유명하다. 1918년 1월 26일 가난한 농가에서 태어난 그는 어린 시절 부모의 농사를 도왔다. 가문에서 처음으로 '니콜라에'라는 이름을 받았지만, 8살 무렵 아버지가 막내아들에게도 같은 이름을 붙이는 일을 겪었다.

차우셰스쿠는 3년 뒤 고향을 떠나 수도 부쿠레슈티에 정착해 제화공으로 일했고, 이후 공산주의 청년 동맹과 루마니아 공산당에 가입했다. 나치 점령기에 저항운동에 참여하며 정치경력을 쌓았고, 부쿠레슈티 공산당 지도자를 거쳐 국회의원, 당 중앙위원회 위원, 차관, 당 총서기에 올랐다. 1967년 루마니아 사회주의 공화국 대통령 게오르게 게오르기우데지Gheorghe

Gheorghiu-Dej가 사망하자 후임으로 대통령에 취임했다.

그는 집권 후에도 고향을 잊지 않았다. 스코르니체슈티를 사회주의가 이상으로 삼은 '새로운 인간형new man'을 위한 '모범 도시'로 만들겠다며, 전통 가옥을 철거하고 사회주의 양식의 주택 단지를 세우는 등 현대화 계획을 추진했다. 단, 자신의 가족이 살던 집만은 보존해 훗날 스코르니체슈티의 관광 명소로 남게 했다.

1972년, 차우셰스쿠는 고향을 루마니아의 주요 도시로 성장시키겠다는 목표 아래 이곳을 대표하는 축구팀 창단을 추진했다. 당시 지역 축구는 소규모 클럽이 제한된 리그에서만 활동하는 수준이었다. 그는 고향의 명성과 위상을 높이고자 시적인 이름을 지닌 FC 비토룰FC Viitorul[1] 창단을 적극 후원했다.

이듬해 당국은 구단명을 스코르니체슈티가 속한 올트주의 이름을 포함해 FC 올트 스코르니체슈티FC Olt Scornicești로 변경했다. 새 클럽의 목표는 루마니아의 주요 클럽 중 하나로 성장해, 수도를 기반으로 리그를 장악하고 있던 FC 스테아우아 부쿠레슈티(군 소속), FC 디나모 부쿠레슈티FC Dinamo București(경찰 소속), 빅토리아 부쿠레슈티Victoria București(비밀경찰 세쿠리타테 소속)와 경쟁하는 것이었다. 이를 위해서는 이들 구단이 누리던 정치적 후원이 필수였다.

---

1   비토룰은 루마니아어로 '미래'를 뜻한다.

국가의 콘두커토르Conducător(지도자)가 '지역 출신'이라는 사실은 클럽 성장에 큰 힘이 됐다. 차우셰스쿠는 인구보다 많은 1만 2,000명을 수용하는 대형 경기장 '퍼스트 오브 메이First of May'(국제 노동절을 기념해 지은 이름)를 세웠고, 클럽에 막대한 자금을 투자했다. 이는 곧 경기 성적으로 이어졌다.

FC 올트 스코르니체슈티는 초창기 지역 리그에서 활동했으나 매년 승격을 거듭하며 급성장했고, 루마니아 전국 3부 리그에서 우승해 2부 리그에 진출했다. 특히 시즌 마지막 경기에서 골득실차로 우승을 확정하며 18-0이라는 압도적인 점수로 승리해 논란을 불렀다. 수년 뒤, 상대 팀이었던 일렉트로드 슬라티나Electrodul Slatina 선수들이 이 터무니없는 점수 차로 패배하도록 뇌물을 받았다고 인정했으며, 그 자금은 차우셰스쿠가 스코르니체슈티 클럽에 지원한 돈에서 나온 것으로 추정됐다.

1978-1979시즌, FC 올트 스코르니체슈티는 마침내 목표를 달성해 루마니아 1부 리그에 진출했다. 그러나 시즌 내내 차우셰스쿠의 총애를 받는 이 클럽에 유리한 판정이 이어졌다는 의혹이 끊이지 않았다. 여기에 정부와 긴밀한 관계를 유지하던 루마니아 대표 클럽 FC 스테아우아 부쿠레슈티와 FC 디나모 부쿠레슈티가 여러 선수를 임대해 주며 전력이 크게 강화됐다.

이러한 지원은 1980년대 FC 올트 스코르니체슈티가 1부 리그에 진출한 뒤 더욱 강화된 것으로 보인다. 예를 들어, 클럽은 리그 첫 시즌에서 강등 위기에 몰렸다가 승점 1점 차로 가까스로 잔류했고, 공정성에 대한 의문이 제기됐다.

이후 몇 시즌 동안 클럽은 전성기를 맞았다. 1981년 시즌을 7위로 마쳤고, 다음 시즌에는 4위까지 올라 클럽 역사상 루마니아 리그 최고 순위를 기록했다. 당시 FC 디나모 부쿠레슈티가 우승과 유러피언컵 진출권을, CS 우니베르시타테아 크라이오바CS Universitatea Craiova와 FC 코르비눌 후네도아라FC Corvinul Hunedoara가 UEFA컵 진출권을 차지했으며, FC 올트 스코르니체슈티는 그 뒤를 이었다.

불과 10년도 되지 않아 FC 올트 스코르니체슈티는 지역 리그에서 수도 강호들과 어깨를 나란히 하게 됐고, 독재자의 아들 발렌틴 차우셰스쿠가 이끌며 정부의 공식 지원을 받아온 FC 스테아우아 부쿠레슈티보다 높은 순위에 오르는 성과를 거뒀다.

결국 루마니아의 콘두커토르였던 차우셰스쿠는 고향 팀을 리그 정상급으로 만드는 목표를 달성했다. 그러나 이 모든 성공은 심판 매수와 리그의 공정성을 해치는 비공식 자금 지원에 의존한 결과였다.

1980년대 내내 FC 올트 스코르니체슈티는 1부 리그인 디비지아 ADivizia A에 잔류했지만, 1982년의 성과를 재현하지는 못했다. 축구팬들 사이에서는 차우셰스쿠의 비호 아래 이 팀은 절대 강등되지 않을 것이라는 소문이 돌았고, 심판들이 은밀하게 클럽을 도왔다는 의혹은 그의 영향력을 뒷받침하는 이야기로 퍼졌다.

1988년, 루마니아 대통령 차우셰스쿠는 고향 클럽에 대한 지원을 한층 강화했다. 그는 고향 재개발 계획의 일환으로 '스타디온 비토룰Stadion Viitorul'이라는 새 경기장 건설을 추진했는데, 이는 1972년 창단 당시 클럽이 사용했던 이름을 딴 것이었다. 이 경기장은 스코르니체슈티 인구의 거의 두 배에 달하는 2만 5,000명을 수용할 수 있도록 설계됐다.

그러나 FC 올트 스코르니체슈티는 이 새 경기장을 오래 누리지 못했다. 경기장이 절반가량 지어지던 1989년 12월 22일, 예기치 못한 대규모 민중 봉기가 발생했기 때문이다. 이 봉기로 '카르파티아 산맥의 천재'라 불리던 차우셰스쿠의 20여 년 독재가 막을 내렸고, 그해 크리스마스에 차우셰스쿠와 부인 엘레나Elena는 국외 도피를 시도하다가 체포되어 즉결 심판 끝에 처형됐다.

차우셰스쿠의 죽음과 정권 붕괴를 가져온 이 혁명은 FC 올트 스코르니체슈티에도 직격탄이 됐다. 새 정부는 이 클럽을 리그에서 제명하고 해산을 명령했으며, 이는 이 팀만의 운명이 아니었다. 비밀경찰 세쿠리타테와 연계됐던 빅토리아 부쿠레슈티 역시 특혜 의혹과 함께 리그에서 퇴출당해 해산됐다.

이로써 FC 올트 스코르니체슈티는 창단 20년도 채 되지 않은 1990년, 역사의 뒤안길로 사라졌다. 이후 올트주를 대표할 목적으로, 차우셰스쿠 가문과의 모든 연을 끊고 설립된 CS 올트 90CS Olt 90이 그 뒤를 이었으나 재정난으로 오래가지 못하고 해체됐다.

  2003년 FC 올트 스코르니체슈티는 차우셰스쿠 가문과의 인연을 완전히 끊고 재창단했으며, 현재 루마니아 하위 4부 리그에서 활동하고 있다. 새 클럽은 이름을 제외하면 독재자의 뜻에 따라 탄생했던 과거 팀과 아무런 관련이 없다.

FC 디나모 키이우

우크라이나 대표팀이 된 디나모

FC 바르셀로나와 FC 디나모 키이우의 맞대결은 오늘날 유럽 무대의 빅매치로 자리 잡았지만, 두 팀이 처음 격돌한 것은 1991년 3월 6일 유러피언컵위너스컵 8강전이었다. 당시의 지정학적 상황은 지금과 사뭇 달랐다. 클럽은 러시아식 명칭인 '디나모 키예프'로 불리며 소련 리그에서 활동했고, 우크라이나는 여전히 소련의 일부였다. 그러나 소련은 이미 빠르게 붕괴하고 있었다.

그날 디나모 키예프는 키이우 공화국 경기장(현 발레리 로바놉스키 디나모 경기장)에서 우크라이나 국기를 상징하는 노란색 셔츠와 파란색 반바지를 입고 경기에 나섰다. 이 유니폼은 1990년부터 기존의 흰색을 대신해 착용한 것으로, 독립을 요구하는 우크라이나 민족주의에 대한 클럽의 지지를 드러내기 위한 선택이

었다.

파란색과 노란색으로 이뤄진 우크라이나 국기는 소련이 페레스트로이카와 글라스노스트 개혁(제도적 개방성과 투명성 확대를 위한 개혁)을 추진하기 전까지 사용이 금지돼 있었다. 그러나 이 개혁이 진행되면서 소련 내 여러 공화국이 역사적 국기를 제한적으로 사용할 수 있게 됐다. 우크라이나 국기는 하늘을 상징하는 연한 파란색과 비옥한 밀밭을 나타내는 노란색 띠로 구성돼 있었으며, 1848년 유럽 전역에서 일어난 '민족의 봄' 혁명 당시 처음 사용됐다. 이후 러시아 10월 혁명 직후 잠시 존속했던 우크라이나 인민공화국의 공식 국기로 채택되기도 했다.

그러나 1991년 3월 그날 공화국 경기장에 휘날린 것은 이 국기가 아닌 소련 국기였다. 여기에 스코틀랜드 출신 심판 데이비드 사임David Syme을 기리는 성 안드레아 십자가와 스페인 국기가 함께 걸렸는데, 실수로 프랑코 시절의 독수리 문장이 포함된 스페인 국기가 걸리는 바람에 귀빈석의 스페인 외교관들이 난처한 상황에 처했다.

우크라이나 국기는 경기장 위가 아니라 경기장 안에서만 볼 수 있었다. 디나모 키이우 선수들이 입은 유니폼이 곧 국기가 됐고, 관중석에서도 약 10만 명의 팬이 추운 키이우의 밤에 같은 색 옷을 입고 팀을 응원했다. 그러나 이러한 분위기 속에서도 바르셀로나가 3-2로 승리하며 유러피언컵위너스컵 준결승 진출을 확정했다. 이후 바르셀로나는 캄프 누에서 열린 준결승

2차전에서 맨체스터 유나이티드와 1-1로 비겨 결승 진출에 실패했다.

디나모 키이우가 우크라이나 정체성을 상징하는 팀이 됐지만, 초창기에는 소련 비밀경찰과 깊은 연관이 있었다. 소련 전역의 다른 '디나모' 클럽들처럼 디나모 키이우는 1927년 창단 당시 펠릭스 제르진스키Felix Dzerzhinsky가 창설한 체카Cheka(비밀경찰) 소속 팀으로 출발했으며, 이후 악명 높은 KGB 소속 클럽으로 활동했다. 당시 비밀경찰 조직은 우크라이나 민족주의를 반혁명적이고 반사회주의적인 것으로 규정하며 탄압했다.

1989년 디나모 키이우가 독립적인 스포츠 조직으로 재탄생하면서 유니폼 색상도 바뀌었다. 소련 당국의 통제를 벗어난 클럽은 1990-1991시즌에 우크라이나 국기를 상징하는 색상의 유니폼을 채택했으며, 아이러니하게도 이는 소련 리그에서 뛴 마지막 시즌이 됐다.

그 시즌 동안 디나모 키이우는 거리의 애국심을 경기장으로 옮겨오며 우크라이나의 사실상 국가대표팀으로 자리 잡았다. 이들이 소련 리그와 유럽 대회에서 우크라이나 색상을 입고 뛸 때, 우크라이나는 완전한 주권을 향해 나아가고 있었다. 1991년 8월 24일, 새로 구성된 우크라이나 의회가 독립을 선포했고, 12월 1일 국민투표에서 전체 유권자의 84%가 참여해 90%가 독립에 찬성했다. 같은 달, 우크라이나는 주권 국가로서 자체 축구 연맹을 창설했으며, 몇 달 뒤 주요 국제 축구 기구들로부터 정식 회원 승인을 받았다.

새로 창단된 우크라이나 국가대표팀은 1990년과 1991년 당시 디나모 키이우가 입었던 유니폼을 그대로 채택해, 전통적인 흰색과 파란색 유니폼으로 돌아갔다. 이유는 단순했다. 디나모 키이우가 여전히 수많은 우크라이나 축구팬의 사랑을 받았지만, 이제는 국제대회에 출전할 정식 국가대표팀이 존재했기 때문이다.

그러나 FC 디나모 키이우의 민족주의적 성격은 1990년대 초에 갑자기 생긴 것이 아니었다. 우크라이나가 여전히 소련에 속해 있던 시기, 특히 전후 시대에 이미 디나모 키예프는 우크라이나인들에게 진정한 민족적 상징이었다.

디나모 키예프와 모스크바 팀들, 특히 FC 스파르타크 모스크바와의 치열한 경쟁은 소련 권력의 중심지인 모스크바와 우크라이나 민족주의 간의 긴장을 반영했다. 디나모 키예프는 소련 내 어떤 팀보다도 많은 9번의 컵 우승과 13번의 리그 타이틀을 차지하며 모스크바의 권세에 맞섰고, 1975년에는 소련 팀 최초로 유러피언컵위너스컵과 UEFA 슈퍼컵을 석권했으며, 1986년에도 다시 유러피언컵위너스컵을 들어올렸다. 이러한 성과는 디나모 키예프를 우크라이나의 자부심으로 만들었고, 우크라이나 당국조차 사실상 국가대표팀으로 여길 정도였다.

1970~80년대 디나모 키예프의 황금기를 이끈 감독은 발레리 로바놉스키Valeriy Lobanovsky였으며, 그는 이후 소련 대표팀 감

독도 맡았다. 당시 소련 대표팀의 주축은 디나모 선수들이었고, 이는 우크라이나 민족주의자들에게 복잡한 감정을 안겼다. 한편으로는 자국 선수들의 활약이 자랑스러웠지만, 다른 한편으로는 그 모든 영광이 우크라이나 국기가 아닌 소련 국기 아래에서 이뤄졌다는 사실에 반감을 가졌기 때문이다.

페레스트로이카 이전, 소련 당국의 민족주의 상징 탄압으로 해외에 망명한 우크라이나인들만이 우크라이나 국기를 공개적으로 게양할 수 있었다. 이를 단적으로 보여주는 사건이 1976년 몬트리올 올림픽 축구 준결승에서 일어났다. 소련과 동독의 경기에서 많은 우크라이나 망명자가 관중석에서 조국의 자유를 외쳤고, 젊은 다닐로 미할Danylo Mygal은 경기장에 뛰어들어 금지된 우크라이나 국기를 흔들며 전통 춤 호팍Hopak을 췄다. 그는 우크라이나의 자유를 외침과 동시에, 소련 올림픽 대표팀이 사실상 디나모 키예프 출신 우크라이나 선수들로 구성돼 있음을 강조하려 했다.

우크라이나가 독립해 자체 국가대표팀을 창설한 뒤 FC 디나모 키이우도 원래의 유니폼으로 돌아갔지만, 팬들의 우크라이나 민족주의와 반공주의 열기는 여전했다. 그러나 독립 직후 출범한 우크라이나 리그에서는 홈경기 평균 관중이 급감해, 1987-1988시즌 5만 명에 달하던 수치가 리그 초창기에는 2,000명 수준으로 떨어졌다. 그럼에도 디나모 키이우는 새 리그에서 압도적 성적을 거두며 첫 10개 시즌 중 9번 우승했다.

독립 이후에도 러시아와의 긴장은 이어졌고, 이는 돈바스 분쟁과 2022년 2월 24일 시작된 전쟁에서 극명하게 드러났다. 이런 상황은 디나모 키이우의 민족주의적 상징성을 한층 강화했다. 특히 일부 극성 팬은 극우 민족주의를 내세우며 러시아군과의 전투에 직접 참전했다. 이처럼 FC 디나모 키이우는 우크라이나가 역사적 격변 속에서 독립을 위해 싸우던 시기에 국가대표팀에 준하는 존재로 자리매김했다.

FC 샤흐타르 도네츠크
도네츠크 역사의 상징

도네츠크는 아조프해와 돈 강 사이에 자리한 광산 지대로, 오늘날 세계에서 가장 격렬한 전쟁의 무대가 된 돈바스 지역의 비공식 수도다. 다른 광산 지대와 마찬가지로 돈바스의 정체성 역시 전통적인 경제활동인 광업에 깊이 뿌리내려 왔다. 이를 가장 잘 보여주는 사례가 바로 지역을 대표하는 축구팀, FC 샤흐타르 도네츠크다. 팀 이름은 '광부'를 뜻하며, 석탄과 불길을 형상화한 검은색과 주황색 유니폼을 입는다.

이 클럽은 소련 치하 우크라이나에서 창단 당시부터 광업과 긴밀히 연결돼 있었다. 초창기 명칭은 스타하노베츠Stakhanovets로, 1927년부터 돈바스 광산에서 일하며 1935년 전례 없는 석탄 채굴 기록을 세운 전설적 광부 알렉세이 스타하노프Alexei Stakhanov의 이름을 땄다. 소련 정부는 그의 탁월한 노동 성과와 헌신을 노동자의 본보기로 선전했고, 그 이듬해 클럽이 창단됐다.

도네츠크 스타하노베츠는 약 10년간 이 이름으로 활동하다가, 당시 홈구장의 이름처럼 지역의 광업을 반영한 '샤흐타르'로 개명했다. 돈바스 광산 지대가 소련 경제의 원동력이었던 것처럼, FC 샤흐타르 도네츠크도 모스크바의 주요 클럽들과 우크라이나의 디나모 키이우에 맞설 수 있는 몇 안 되는 팀으로 성장했다. 이는 1961년, 1962년, 1980년, 1983년 소비에트컵 네 차례 우승과 1984년 소비에트 슈퍼컵 우승으로 입증됐다.

이러한 기반 덕분에 샤흐타르는 1992년 우크라이나 독립 이후 창설된 새로운 국내 리그에서도 주요 클럽으로 자리매김할 수 있었다. 다만, 리그 초반 10년 동안은 첫 11시즌 중 10차례 우승을 차지한 FC 디나모 키이우의 압도적인 성과에 가려 있었다.

그럼에도 돈바스 팀의 성장세는 눈에 띄었으며, 이는 클럽 경영진의 행보와도 밀접하게 연결돼 있었다. 당시 우크라이나는 공산주의 붕괴 후 조직 범죄와 결탁한 불법 경제활동이 만연했고, 샤흐타르 역시 예외가 아니었다. 대표적 사건으로 1995년 10월, 지역 마피아와 연루된 사업가이자 클럽 회장이었던 아하트 브라힌Akhat Bragin이 경기장 관중석에서 폭탄 공격을 받아 6명의 경호원과 함께 사망한 일이 있다.

이 사건은 샤흐타르 역사에 중대한 전환점이 됐다. 이후 클럽 회장직은 또 다른 논란의 인물 리나트 아흐메토프Rinat Akhmetov에게 넘어갔고, 그는 막대한 자금을 투입해 샤흐타르를 21세기 우크라이나 최강팀으로 끌어올렸다.

FC 샤흐타르 도네츠크는 2002년 첫 국내 리그 우승을 차지했고, 현재까지 통산 13회의 리그 우승과 13회의 컵대회 우승을 기록했다. 국내 트로피에 더해 2009년에는 UEFA컵을 제패하며 유럽 대회에서 우승한 두 번째 우크라이나 팀이 됐다. 이는 소련 시절 컵위너스컵과 UEFA 슈퍼컵을 제패한 FC 디나모 키이우의 뒤를 이은 성과였다.

1996년 아흐메토프가 회장에 오른 뒤 2014년 돈바스 전쟁 발발 전까지는 샤흐타르의 황금기로, 이 시기 클럽은 모든 면에서 비약적으로 성장했다. 2009년에는 동유럽 최고 수준의 시설을 갖춘 새 홈구장 돈바스 아레나를 개장했으며, 이곳은 샤흐타르의 성취 무대가 됐을 뿐 아니라 우크라이나와 폴란드가 공동 주최한 유로 2012의 주요 경기들을 유치하기도 했다.

러시아어 사용자가 주를 이루는 친러 성향의 돈바스 지역과 우크라이나의 다른 지역 사이에는 오래된 정치적 갈등이 존재했다. 이 때문에 샤흐타르는 우크라이나 민족주의 운동과 가까운 팬층을 지닌 FC 디나모 키이우나 FC 카르파티 르비우FC Karpaty Lviv와 격렬한 라이벌 관계를 형성했다. 하지만 UEFA 유럽 축구 선수권 대회의 무대가 됐던 화려한 경기장이 불과 2년 뒤 전쟁의 직접적인 타격을 입을 것이라 예상한 사람은 아무도 없었다.

    FC 샤흐타르 도네츠크가 전성기를 누리던 시기, 클럽은 회장 아흐메토프의 정치적 성향과 밀접하게 얽혀 있었다. 아흐메토프는 돈바스 지역을 기반으로 한 친러 정당, 현재는 금지된 지역당의 핵심 인물이었으며, 이 정당은 빅토르 야누코비치Victor Yanukovych 정권하에서 전국적인 권력을 장악했다. 그러나 역사의 흐름은 다시 한번 돈바스 대표 구단의 운명을 뒤흔들었다. 극우 성향 축구팬 그룹들이 주도적으로 활동한 유로마이단Euromaidan 혁명[2]의 성공으로 도네츠크와 루한스크 지역이 키이우 정부와 멀어졌고, 결국 2014년 돈바스 전쟁이 발발했다.

    아이러니하게도, 전쟁 직전 샤흐타르가 마지막으로 차지한 타이틀은 우크라이나와 러시아 최강팀들이 맞붙는 '슈퍼컵' 성격의 유나이티드 토너먼트였다. 이 대회는 친러 성향의 지역당이 정권을 쥐고 있던 2013년과 2014년에만 열렸으며, 샤흐타르는 2014년 돈바스 전쟁이 발발하기 불과 두 달 전 이스라엘에서 열린 마지막 대회에서 우승을 차지했다.

    돈바스 전쟁은 우크라이나군과 친러 분리주의자들이 충돌한 전쟁이었다. 우크라이나군은 FC 메탈리스트 하르키우FC Metalist Kharkiv 서포터들로 구성된 악명 높은 아조프 연대 등 극우 민병

---

2   2013년 11월 우크라이나 정부가 유럽연합EU과의 협력 협정 체결을 거부한 데 대한 항의 시위에서 시작됐다. '마이단'은 키이우 독립광장을 뜻하며, 시위는 곧 반정부 운동으로 확대돼 2014년 2월 빅토르 야누코비치 정권을 무너뜨렸다.

대의 지원을 받았다. 반면 분리주의자들은 도네츠크와 루한스크를 인민공화국으로 선포했다. 이 전쟁으로 샤흐타르는 돈바스 아레나를 떠나 서부 우크라이나의 아레나 르비우에서 홈경기를 치러야 했다. 그러나 이 지역은 러시아어권에 대한 반감이 강했기 때문에, 샤흐타르는 관중을 거의 끌어모으지 못했다.

처음에 샤흐타르는 키이우 정부에 동조하기를 거부하며 경기 전 '우크라이나 군대에 영광을'이라는 문구가 적힌 유니폼 착용을 거절했다. 그러나 전쟁이 격화하면서 클럽 내부에서도 분열이 일어났다. 공식적으로는 우크라이나 정부가 통제하는 지역으로 연고지를 옮겼지만, 일부 선수들은 도네츠크 인민공화국에 남아 해당 정부의 권한을 인정했다. 이 정부는 키이우나 국제 사회에서 승인받지 못했으나, 2015년 도네츠크 인민공화국 축구연맹 설립을 지원했다. 흥미롭게도 이 연맹의 초대 회장은 샤흐타르 출신이자 전 우크라이나 국가대표팀 주장인 이호르 페트로프Ihor Petrov였다.

새 연맹은 지역컵과 리그를 조직하고 '국가대표팀'도 꾸려 2015년부터 2018년까지 경기를 치렀다. 이 경기는 공식 승인을 받지 못했지만, 루한스크 인민공화국이나 자칭 압하지야 공화국(구 조지아 지역) 팀과 맞붙었다.

돈바스 분쟁이 전면전으로 번지면서 구단주 리나트 아흐메토프의 정치적 입장에도 변화가 생겼다. 그는 한때 친러 분리주의자들을 지원했다는 의혹을 받았지만, 이후 우크라이나 군과 그

가족을 지원하며 크림반도를 포함한 우크라이나 국경 존중을 공개적으로 주장했다.

대표적 사례로, 그는 구단 유망주 미하일로 무드리크Mykhailo Mudryk를 첼시 FC로 이적시키며 받은 1억 유로 중 2,500만 유로를 마리우폴 전투[3]에서 전사하거나 부상당한 군인과 가족들을 위해 기부했다. 또 자신이 소유한 아조우스탈 제철소를 아조프 연대의 방어 기지로 제공했다. 그는 "우크라이나에서 축구가 이어질 수 있는 것은 나라를 지키는 군인들 덕분"이라고 강조하기도 했다.

무드리크의 이적은 첼시 FC가 그의 '시장 가치'를 훨씬 웃도는 금액을 지불하면서 논란을 불러왔다. 일부는 이 거래가 우크라이나 군대의 무기 구매를 위한 간접 지원 성격을 띠었다고 분석했다. 이 계약은 러시아 재벌 로만 아브라모비치Roman Abramovich가 전쟁 관련 제재로 첼시를 매각한 뒤, 새 구단주가 된 미국 사업가 토드 볼리Todd Boehly와 체결된 것이다.

이적이 마무리된 후 아흐메토프는 샤흐타르가 첼시와의 친선전을 돈바스 아레나에서 열기를 희망한다고 밝혔다. 이 구장은 2014년 이후 전쟁 여파로 인도주의 지원센터로 쓰이며 '자비의 경기장Arena of Mercy'이라는 별칭을 얻었다. 이처럼 FC 샤흐타르

---

3   2022년 2~5월 우크라이나 남동부 마리우폴에서 벌어진 격전으로, 아조우스탈 제철소가 최후의 저항 거점이 됐으나 5월 우크라이나군이 항복하며 러시아가 도시를 점령했다. 이 전투는 우크라이나 저항의 상징으로 기억된다.

도네츠크는 지난 10년간 돈바스의 비극을 상징하는 이름이 됐다.

FC 카르파티 르비우

우크라이나 민족주의의 성채

르비우는 한때 갈리치아-볼히니아 공국의 수도였고, 이후 폴란드 왕국과 오스트리아-헝가리 제국의 일부였다. 그러나 이러한 역사에도 불구하고 서우크라이나 최대 도시인 르비우(라틴어 명칭: 레오폴리스Leopolis)는 우크라이나 민족주의의 요새로 자리 잡았다. 시정은 친유럽 성향의 자유보수 세력이 주도하지만, 극우 정당 스보보다Svoboda가 지역 사회에 깊이 뿌리내려 강력한 지지를 얻고 있다.

최근 몇 년간 우크라이나 사회 전반에서 민족주의가 크게 확산했다. 2014년 도네츠 강 유역에서 일어난 돈바스 전쟁, 즉 키이우 정부의 통치에서 벗어나려는 친러 반군과의 충돌이 계기가 됐고, 2022년 러시아의 전면 침공 이후 친우크라이나 정서는 더욱 강해졌다. 이런 흐름은 르비우 전역에 퍼졌으며, FC 카르파티 르비우FC Karpaty Lviv는 그 상징적 존재로 꼽힌다.

1963년 창단한 카르파티는 이름의 유래가 된 카르파티아산맥과 깊이 연관된 팀으로, 지역 무기 제조업체 셀마쉬Selmash 노동자들이 세운 클럽에서 출발했다.

셀마쉬 르비우는 첫해부터 도시 주민들의 큰 사랑을 받았다. 그전까지 르비우의 대표 구단은 소련군 스포츠 클럽인 SKA 르비우SKA Lviv였다. SKA 르비우는 제2차 세계대전 이후 르비우가 소련에 편입되자 지역의 최고 선수들을 모스크바로 보내 소련 군대 최정예 구단인 CSKA 모스크바CSKA Moscow에서 뛰게 하곤 했다.

셀마쉬 르비우는 창단 첫해부터 지역 리그와 컵대회를 석권하며 두각을 나타냈다. 이 성과를 발판으로 소련 3부 리그에 진출해 전국 무대에 올랐고, 1963년에는 '카르파티Karpaty'라는 이름으로 재창단했다. 새 이름은 연방 리그에서 경쟁하기에 더 적합하다고 여겨졌으며, 동시에 클럽의 지리적 뿌리를 선명히 드러냈다.

FC 카르파티 르비우는 창단 후 얼마 지나지 않아 가장 큰 업적을 달성했다. 1969년 소비에트컵에서 우승을 차지한 것이다. 이 우크라이나 팀은 모스크바 레닌 스타디움에 가득 찬 관중 앞에서 FC 로스토프FC Rostov를 물리치고, 2부 리그 소속 클럽으로는 소련 축구 역사상 처음으로 컵대회 정상에 올랐다.

이 경기의 중요한 정치적 의미는 관중석에서 울려 퍼진 노래들에 있었다. 특히 당시 큰 인기를 끌던 우크라이나어 로맨틱 발라드 '체렘시나Cheremshyna'가 대표적이었다. 이 노래가 경기장을 가득 채우면서 FC 카르파티 르비우는 우크라이나 민족주의 운동의 진정한 상징으로 부상했다. 우승의 열광은 곧바로 민족주의자들의 열렬한 축하로 이어졌고, 클럽이 소련 1부 리그로 승격하면서 그 상징성은 더욱 강화됐다. 이에 소련 당국은 카르파티를 다른 지역 클럽인 SKA 르비우와 합병해 군의 통제 아래 두었다.

이 조치는 곧 1969년 컵대회에서 녹색과 흰색 유니폼을 입고 우승했던 '르비우의 상징'이 이제 빨간색과 흰색, 즉 많은 팬이 외세로 인식한 군대의 색을 입어야 함을 의미했다. 합병은 르비우가 크렘린Kremlin 정책에 반대하는 반문화의 중심지로 떠오르던 시기에 이뤄졌다. 클럽을 지지하던 많은 젊은이는 이미 친우크라이나 운동이 주도한 도시 최초의 대규모 반소련 시위에 참여하고 있었으니, 합병이 팬들에게 환영받을 리 없었다.

실제로, 친우크라이나 세력이 내건 요구 중 하나는 FC 카르파티 르비우의 자율성 회복이었다. 이는 본래의 녹색과 흰색 유니폼으로 경기를 치르고 소련 군대와의 모든 연계를 단절하는 것을 뜻했다. 이러한 요구는 1989년 마침내 받아들여졌고, 카르파티와 SKA 르비우가 분리되면서 클럽의 우크라이나 민족주의 상징성은 더욱 뚜렷해졌다.

FC 카르파티 르비우가 완전한 독립을 되찾은 것은 스포츠 차원의 사건이었지만, 이는 1991년 우크라이나 독립 공화국 선포의 전조였다. 우크라이나가 독립한 뒤 클럽은 소련 대회를 떠나 새로 창설된 우크라이나 국내 리그에 합류했다. 당시 '우정'을 뜻하며 우크라이나와 러시아의 관계를 상징하던 드루즈바Druzhba 경기장은 '우크라이나'로 이름이 바뀌었고, 새 공화국의 첫 리그 챔피언십 결승전이 이곳에서 열렸다.

우크라이나 독립 선언 이후 카르파티 팬들의 민족주의 성향은 더욱 뚜렷해졌고, 그들 사이에서 극우 단체의 영향력도 점차 확대됐다. 제2차 세계대전 당시 나치와 협력했던 인물들을 찬양하는 구호와 플래카드가 경기장에 자주 등장했으며, 이러한 흐름은 지역 최대 팬 그룹 중 하나가 '반데르슈타트Banderstadt'(반데라 시)라는 이름을 사용한 사실에서도 드러난다. 이 명칭은 소련군이 스테판 반데라Stepan Bandera와 같은 인물에게 동조적이던 르비우 시민을 경멸적으로 지칭할 때 쓰던 표현이었다. 스테판 반데라는 소련군에 맞서기 위해 나치 독일과 손잡았던 우크라이나 민족주의 지도자였다.

극우 성향과 연결된 카르파티의 역사적 배경은 팬 문화에도 영향을 미쳤다. 열성적인 팬층은 민족주의 정당 스보보다뿐 아니라 우익 섹터Right Sector[4], 아조프 대대와 같은 준군사 조직의

---

4   2013~14년 유로마이단 시위 당시 급진 민족주의 단체들이 결집해 결성된 우크라이나 극우 정치·군사 조직이다. 이후 준군사 활동과 정치 활동을 병행했으며, 러시아와의 무력 충돌 과정에서 무장 저항의 주요 세력 가운데 하나로 부상했다.

모집 기반이 됐으며, 클럽 구성원들은 2013년 말과 2014년 초 친러 성향의 지역당 정부에 맞선 반정부 시위와 2022년 2월 러시아군 침공 이후 저항 활동에도 적극 참여했다.

그러나 아이러니하게도 클럽은 한때 전 대통령 빅토르 야누코비치Viktor Yanukovych의 소속 정당인 지역당과 가까운 인물이 회장을 맡기도 했다. 2001년부터 2020년까지 구단을 이끈 페트로 디민스키Petro Dyminskyi가 그 주인공이다. 그는 공산주의 붕괴 후 민영화 과정에서 막대한 부를 축적한 대표적 재벌 가운데 한 명이었다.

동부 우크라이나 출신인 디민스키는 고향 크리비리흐에서 축구 선수로 활약했으며, 이 지역은 러시아어 사용자가 많은 곳이었다. 그는 2017년 교통사고를 일으켜 젊은 여성 나탈리야 트릴라Natalya Trila가 사망한 사건 이후 수배자가 됐지만, 그 뒤에도 폴란드와 튀르키예 등 해외에서 열린 FC 카르파티 르비우 경기에서 모습을 드러냈다.

클럽 회장의 정치적 성향과는 별개로, 카르파티와 우크라이나 민족주의의 연관성은 분명했다. 클럽은 여러 시즌 동안 우크라이나 민족주의자 조직OUN과 그 군사 조직 우크라이나 반군UPA이 사용했던 빨강과 검정의 원정 유니폼을 채택했는데, 이는 스테판 반데라의 독립운동과 나치 협력과도 연결된 색상이었다.

이 색상의 의미에 대한 의구심을 불식하려는 듯, 클럽은 르비우의 민족주의 투사를 기리는 기념비 앞에서 새 유니폼을 공개했다. 이는 르비우와 FC 카르파티 르비우가 우크라이나 동부의 러시아어 사용 지역과 어떠한 타협도 거부한다는 강경한 입장을 상징적으로 드러낸 것이었다. 다시 말해, 카르파티는 우크라이나 민족주의 우파의 확고한 거점으로 자리매김했다.

러시아의 침공은 이러한 성향을 더욱 강화했다. 전쟁 속에서 르비우는 전선에서 밀려난 난민들이 몰려드는 안식처가 되는 동시에, 민족주의자들이 무장을 갖추고 러시아군에 맞서 전장을 향해 떠나는 출정의 관문이 됐다.

★★★
FC 스트로이텔 프리피야트
체르노빌의 비극

1986년 4월 26일, 우크라이나는 인류 역사상 최악의 원자력 사고를 목격했다. 그 비극적인 봄날, 안전 점검 도중 체르노빌 원자력 발전소 4호기가 폭발하며 산산조각이 났다.

이 폭발과 함께 1970년대 소련의 발전 모델도 무너져 내렸다. 핵에너지는 소련의 국가 전략과 노동자 국가의 자부심을 지탱하는 핵심 기반 중 하나였기 때문이다. 실제로 체르노빌 발전소는 소련에서 핵 능력과 현대성을 상징하는 대표 사례로 자주 언급됐으며, 이는 레닌 덕분에 가능해진 성취로 선전됐다. 발전소가 공식적으로 '블라디미르 일리치 레닌 원자력 발전소'라는 이름을 부여받은 것도 이런 맥락에서였다.

1970년대 초, 키이우에서 북쪽으로 약 100㎞ 떨어진 작은 마을에 이 발전소 건설이 시작됐다. 동시에 발전소 노동자와 가족을 수용하기 위해 새로운 폐쇄 도시가 세워졌는데, 러시아어로 '아톰그라드atomgrad'(원자 도시)라 불린 이곳이 바로 프리피야트였다.

1970년 2월 문을 연 프리피야트는 체르노빌 원자력 발전소가 가동되기 7년 전부터 소련에서 가장 현대적인 도시 중 하나로 자리매김했다. 발전소에서 불과 2km 떨어진 이 도시는 몇 년 사이 5만 명의 인구를 지닌 도시로 성장했고, 소련 전역에서 가장 살기 좋고 선진적인 아톰그라드로 인정받았다.

당시 소련에서 가장 인기 있는 스포츠는 단연 축구였다. 따라서 프리피야트 당국이 새로 이주한 주민들에게 제공한 서비스와 여가 활동 속에는 자연스럽게 축구팀 창단도 포함됐다. 그렇게 해서 1970년대 중반 'FC 빌더FC Builder'로 번역되는 이름을 가진 FC 스트로이텔 프리피야트FC Stroitel Pripyat가 탄생했다. 이 클럽은 도시의 성격답게 철저히 노동자 계층을 중심으로 한 친근하고 대중적인 분위기를 지녔다.

FC 스트로이텔 프리피야트는 창단 초기부터 지역 사회와 긴밀히 연결된 팀이었다. 선수단은 주로 프리피야트 출신의 젊은 이들로 꾸려졌고, 인원이 부족할 때는 인근의 치스토갈로프카 출신 선수들이 보강했다. 치스토갈로프카는 프리피야트보다 오래된 마을로, 자체 축구팀이 지역 대회에서 상당히 좋은 성적을 거두며 이미 이름을 알리고 있었다.

클럽 운영과 경기 지원은 체르노빌 원자력 발전소의 전폭적인 후원을 받았다. 발전소 직원들 가운데 상당수가 선수로 뛰었고, 이 덕분에 팀은 안정적인 기반을 마련할 수 있었다. 프리피야트와 체르노빌 발전소의 든든한 지원을 등에 업은 FC 스트로이텔 프리피야트는 지역 대회에서 빠르게 두각을 나타내며 강팀으로 자리 잡았다.

1981년, 팀은 우크라이나 소비에트 사회주의 공화국 축구연맹이 주관하는 소련 아마추어 챔피언십 4부 리그에 출전하며 새로운 도전에 나섰다. 가장 큰 성과는 1985년에 찾아왔다. 그해 FC 스트로이텔 프리피야트는 아쉽게 승격을 놓쳤지만, 이를 계기로 본격적인 프로 전환을 검토하게 됐다. 이듬해에는 클럽의 발전을 위해 긍정적인 변화를 모색하면서, 프로 전환 논의와 더불어 새 경기장 건설도 추진했다. 급격히 늘어난 관중을 기존 경기장이 더는 수용할 수 없었기 때문이다.

1986년 초, 프리피야트에는 5,000명을 수용할 수 있는 새 경기장이 완공됐다. 이 경기장은 FC 스트로이텔 프리피야트의 홈구장이자 육상 대회 등 다양한 스포츠 행사를 위한 다목적 공간으로 계획됐다. 경기장은 '아방가르드Avanhard'라는 이름을 부여받았는데, 이는 '선봉Vanguard'이라는 이념적 함의를 담고 있었다. FC 스트로이텔 프리피야트는 이곳에서 몇 차례 경기를 치르며, 다가올 시즌이 팀 발전의 중요한 전환점이 될 것으로 기대했다. 원자력 도시의 지도부는 1986년 노동절을 기념해 성대한 행사를 열고 경기장을 공식 개장할 계획이었다.

그러나 아방가르드는 공식 개장식을 맞이하지 못했다. 노동절을 불과 일주일 앞둔 4월 26일, 체르노빌 원자력 발전소 4호기가 폭발하면서 프리피야트와 주민들의 운명은 돌이킬 수 없이 바뀌었다.

그날의 핵폭발로 인해, 소련의 모범적 '원자atom' 도시였던 프리피야트는 단숨에 유령 도시로 전락했다. 공산당 당국은 참사 발생 36시간 뒤에야 전 주민 대피를 명령했지만, 이미 늦었다는 비판이 거세게 제기됐다. 대피 소식을 처음 접한 이들 중에는 4월 27일 아방가르드에서 FC 스트로이텔 프리피야트와 우크라이나 지역컵 준결승전을 치를 예정이던 FC 보로디얀카FC Borodyanka 선수들도 있었다. 이 경기는 물론, 체르노빌 클럽의 소련 아마추어 4부 리그 참가 또한 영원히 중단됐다.

FC 스트로이텔 프리피야트 선수들은 다시는 그 유령 도시로 돌아가지 못했다. 예외가 있다면, 체르노빌 4호기를 봉쇄하고 더 큰 재앙을 막기 위해 '리퀴데이터liquidators'[5]로 투입된 일부 선수들이었다. 프리피야트 주민 대부분이 그러했듯, 클럽 역시 체르노빌 참사 이후 원자력 도시 피난민의 새로운 보금자리로 조성된 슬라부티치로 이주했다. 그곳에서 팀은 FC 스트로이

---

5   1986년 체르노빌 원전 사고 직후 방사능 확산을 막기 위해 투입된 수십만 명의 인력을 가리킨다. 소방관, 군인, 광부, 의사 등으로 구성됐으며, 원자로 봉쇄와 오염 제거 등 고위험 임무를 수행하다 많은 이가 방사능 피폭으로 건강 피해를 입었다.

텔 슬라부티치FC Stroitel Slavutych라는 이름으로 활동하며, 프리피야트 시절과 마찬가지로 4부 리그에서 두 시즌을 보냈다. 그러나 이 신생 클럽도 오래가지 못하고 1988년 해체됐고, 체르노빌 사고로 인한 수많은 피해 목록에 또 하나의 이름이 더해졌다.

아방가르드 경기장의 관중석은 이제 잡초로 뒤덮여 황량함만을 드러낸다. 무너져가는 잔해와, 클럽을 응원하던 사람들의 희미한 기억만이 한때 프리피야트에 축구팀이 존재했음을 증언하고 있다. 체르노빌 원자력 발전소의 보호 아래 성장했던 그 팀과 팬들의 꿈은, 비극적인 참사와 함께 산산이 부서져 버렸다.

FC 로코모티프 모스크바
10월 혁명 클럽

1917년 11월 7일 밤(당시 러시아는 율리우스력을 사용했기에 역사적으로는 10월 25일로 기록됨), 볼셰비키가 겨울 궁전을 점령하며 10월 혁명의 서막을 열었다. 레닌이 주도한 이 혁명은 인류 최초의 사회주의 국가 건설로 이어졌고, 2017년에는 혁명 100주년을 맞이했다.

볼셰비키 정부는 러시아 제국을 무너뜨린 뒤 국가 전 영역을 철저히 재편했다. 러시아는 제1차 세계대전에서 철수했는데, 이는 앞서 2월 혁명으로 들어선 부르주아 정부조차 감히 시도하지 못했던 조치였으며, 결국 그 정부의 몰락을 불러왔다. 이와 함께 사회 전반에 근본적인 변화가 일어났고, 스포츠 역시 예외가 아니었다.

러시아 축구는 19세기 후반 제정 러시아의 일부 산업 중심지에서 태동했다. 외국 자본과 사업가들의 유입은 러시아 축구의 형성과 발전에 큰 영향을 줬다. 초기 축구 대회는 주로 지역 단위로 열렸으며, 1901년 상트페테르부르크에서 시작된 챔피언십이 그 대표적인 사례였다. 이 도시는 차르의 궁전이 자리한 제국의 정치·문화적 중심지였다.

러시아 축구는 기반이 취약했음에도 불구하고 10여 년 동안 눈에 띄는 성장을 이뤘고, 이는 1912년 전러시아 축구연맹All-Russian Football Union 설립으로 이어졌다. 같은 해 제정 러시아 축구연맹은 FIFA에 가입했으며, 러시아는 1912년 스톡홀름 올림픽에 첫 국제대회 참가를 기록했다. 그러나 성적은 참담했다. 러시아는 당시 제국 영토였던 핀란드에 패한 데 이어, 독일 제국과의 경기에서 0-16이라는 굴욕적인 대패를 당했다. 불과 몇 해 뒤, 러시아와 독일은 제1차 세계대전에서 적국으로 맞서게 된다.

전쟁이 발발하면서 러시아 축구는 사실상 전면 중단됐고, 그 침체는 10월 혁명 이후까지 이어졌다. 혁명 직후 새로 세워진 기관들은 제정 러시아 시절의 스포츠 활동을 부활시키는 데 부정적인 태도를 보였다.

이후 국가는 혁명 세력과 구체제 복원 세력 간의 내전에 휘말렸고, 볼셰비키가 새롭게 구축한 스포츠 구조는 주로 군사 훈련에 집중됐다. 한편 프롤레트쿨트Proletkult[6]에 참여한 일부 혁명가는 새로운 노동자 계급 문화를 발전시키고, 부르주아 사회의 잔재를 철저히 제거해야 한다고 주장했다. 이들에게 축구는 외국 자본가들에 의해 도입된 활동일 뿐 아니라 지나치게 경쟁적이라는 이유로, 공산주의적 가치와 맞지 않는 부르주아 스포츠로 간주됐다.

프롤레트쿨트의 스포츠관에 따라, 축구는 10월 혁명 직후 열린 다수의 '체조' 행사에서 배제됐다. 그러나 이러한 시각은 혁명 운동 내부에서 널리 지지를 얻지 못했다. 새로 수립된 소련의 스포츠 감독 기구인 최고체육문화위원회가 축구를 비롯한 경쟁 스포츠에 볼셰비키의 지지를 보낸 사실이 이를 분명히 보여준다.

위원회는 프롤레트쿨트보다 훨씬 실용적인 접근을 취하며, 점차 축구를 포함한 경쟁 스포츠 활동을 허용하기 시작했다. 이 결정은 내전의 종식과 맞물려, 1914년부터 이어진 전쟁과 혼란 속에서 고통받던 나라가 점차 정상 상태를 회복하는 계기가 됐다.

그 결과 혁명 이후 최초의 축구 클럽들이 설립됐다. 이들 신

---

[6] 1917년 러시아 혁명 이후 결성된 문화·사회운동 단체로, '프롤레타리아 문화 조직'을 뜻한다. 노동자 계급의 독자적 문화를 창조해 부르주아 문화의 잔재를 제거하려 했으며, 문학·연극·예술·스포츠 등 다양한 영역에서 혁명적 가치에 부합하는 새로운 문화를 수립하고자 했다.

생 클럽은 19세기 말과 20세기 초에 창설된 기존 축구협회를 대체했으며, 전러시아 축구연맹과 같은 기구는 차르 체제의 가치를 퍼뜨린다는 이유로 볼셰비키 정권에 의해 해체됐다.

소련의 이념을 반영해 창단된 새로운 클럽들 가운데 가장 먼저 세워져 오늘날까지 명맥을 이어온 팀은 의외로 수도 모스크바가 아니라 북오세티야의 외딴 도시 블라디캅카스에 자리 잡고 있다. 이 클럽은 내전이 끝나기 전인 1921년 '유니타스Unitas'라는 이름으로 설립됐으며, 불과 2년 뒤 '블라디캅카스 국제 공산주의 청년회'로 개칭됐다.

이후 소련의 주요 도시들에서도 새로운 스포츠 클럽이 속속 등장했다. 소련 축구의 선구적 클럽 가운데 하나는 흔히 모스크바 카잔카Moscow Kazanka로 알려져 있었는데, 공식 명칭은 '모스크바-카잔 철도 축구단Moscow-Kazan Railway Footballers Circle'이었다. 이 이름은 러시아 수도 모스크바와 타타르스탄의 주요 도시 카잔을 연결하는 철도 노선에서 유래했다. 카잔은 산업화가 빠르게 진행되며 1917년 혁명 당시 중요한 혁명 거점으로 부상한 도시였다.

모스크바 카잔카는 1922년 7월 23일 모스크바 리그 하위 리그에서 첫 경기를 치렀고, 모스크바 동부 교외의 클럽 이즈마일로보Izmaylovo를 상대로 대승을 거두며 화려하게 출발했다. 그러나 '카잔카'라는 이름은 오래 사용되지 않았고, 1923년 공식적으로 '10월 혁명 클럽Klub Oktyabrskoi Revolutsii, KOR'으로 개명됐다.

소련 당국이 팀 이름을 '10월 혁명 클럽'으로 바꾼 주된 이유는, 모스크바 카잔카가 철도 노동자들로 구성된 팀이었고 이들이 10월 혁명이 내세운 노동자 계급의 가치를 상징한다고 보았기 때문이다. 동시에 모스크바에서 새롭게 등장한 여러 클럽들 가운데 일부는 훗날 소련 축구를 대표하는 가장 성공적이고 널리 알려진 팀들로 성장했다. 여기에는 비밀경찰 체카와 연관된 FC 디나모 모스크바FC Dynamo Moscow, 붉은 군대와 관련된 CSKA, 모스크바 스포츠 서클에서 출발해 공공 부문 노동조합과 연계된 FC 스파르타크 모스크바가 포함된다.

  그러나 '10월 혁명 클럽'이라는 장엄한 이름은 불과 8년밖에 이어지지 못했다. 당국이 혁명과 그 가치를 특정 클럽이 독점적으로 대표하는 것을 경계했기 때문으로 보인다. 결국 1931년, 소련 스포츠 당국은 클럽 명칭을 다시 '모스크바 카잔카'로 변경하도록 명령했다. 하지만 이 이름도 오래 지속되지 못했고, 1936년 클럽은 공식적으로 FC 로코모티프 모스크바FC Lokomotiv Moscow로 개명되며 철도와의 연관성을 분명히 했다.[7]

  같은 해 소련 최초의 전국 축구 대회가 열렸다. 5월에 개막한 첫 소련 리그 챔피언십에서 역사적인 개막전은 디나모 레닌그라드Dynamo Leningrad와 FC 로코모티프 모스크바의 맞대결이었다.

  소련 전역의 팀들이 참가하는 대회가 창설된 것은, 스포츠

---

7 '로코모티프'는 러시아어로 기관차를 의미한다.

를 경쟁적이고 부르주아적이라며 금지하려 했던 프롤레트쿨트의 구상이 좌절되고, 최고체육문화위원회의 실용적 접근이 승리했음을 보여준다. 혁명 초기에 프롤레타리아 문화를 주도하던 이들은 축구가 소련 대중의 삶에 깊이 뿌리내리고, 더 나아가 10월 혁명의 이름을 딴 클럽까지 탄생하리라고는 결코 상상하지 못했을 것이다. FC 로코모티프 모스크바는 그 이름이 말해주듯, 혁명과 마찬가지로 분명한 노동계급적 성격을 지닌 클럽이었다.

★★★
FC 아흐마트 그로즈니
크렘린의 도구가 된 체첸 클럽

오늘날 체첸 공화국은 러시아 연방의 중요한 일부를 이루고 있다. 그러나 체첸인의 민족적 자유에 대한 열망은 여전히 강하게 남아 있어 크렘린의 가장 큰 골칫거리 가운데 하나로 남아 있다. 체첸인들은 17세기 러시아가 그들의 땅을 점령한 이래 끊임없는 저항 정신으로 특징지어져 왔다. 그 뒤로도 민중 봉기는 계속 일어났으며, 20세기 말과 21세기 초에는 체첸의 자유와 독립을 향한 투쟁이 두 차례의 잔혹한 전쟁으로 이어졌고, 결국 러시아의 주권이 재확립됐다.

지난 30년간 체첸의 수도 그로즈니는 독립을 지지하는 반군과 모스크바에 충성하는 세력 간의 치열한 전장이었다. 특히 제1차 체첸 전쟁(1994~96) 동안 벌어진 그로즈니 전투는 도시를 폐허로 만들었고, 반군의 승리로 막을 내렸다. 제2차 체첸 전쟁

(1999~2000)은 제1차 전쟁의 승리 이후 잠시 유지되던 이치케리야 체첸 공화국의 사실상 독립을 종식시키는 결과로 이어졌다.

1996년 여름, 전쟁으로 황폐해진 그로즈니에서 이후 수십 년간 체첸 축구를 대표하게 될 팀이 등장했다. 바로 오늘날의 FC 아흐마트 그로즈니FC Akhmat Grozny다. 이 클럽의 현 이름은 2004년 반군의 공격으로 사망한 체첸 공화국 대통령이자 클럽 회장이었던 아흐마트 카디로프Akhmad Kadyrov를 기리기 위해 2017년에 붙여졌다.

이전까지 클럽은 체첸 수도를 흐르는 강에서 이름을 딴 FC 테렉 그로즈니FC Terek Grozny로 불렸다. 그러나 그 뿌리는 1946년으로 거슬러 올라간다. 당시 창단된 구단의 이름은 디나모 그로즈니Dynamo Grozny였으며, 이 시기는 체첸인들이 제2차 세계대전 중 나치 협력 혐의로 대규모 강제 이주를 당해 스탈린의 가혹한 억압을 겪던 시기였다. 이 혐의는 사실상 체첸 민족주의적 열망을 억누르기 위한 정치적 명분에 불과했다.

소련의 다른 '디나모' 클럽들과 마찬가지로, 체첸 수도의 디나모 역시 정권의 비밀경찰과 밀접하게 연관되어 있었다. 이러한 관계는 1948년에 끝났고, 팀은 이후 10년 동안 '네프트야니크Neftyanik'(석유 노동자)라는 이름으로 활동하며 지역의 석유 산업과 연결됐다. 1958년에는 클럽명이 다시 '테렉Terek'으로 바뀌었고, 이는 반세기 동안 유지됐다.

초기 수십 년 동안 오늘날의 FC 아흐마트 그로즈니는 소련 축구 하위 리그에서 큰 주목을 받지 못했다. 그러나 체첸 사회 전반에 거대한 변화를 가져온 소련의 해체와 함께 상황은 달라졌다. 1991년, 한때 막강했던 소련이 붕괴하자 전 소련군 장교였던 조하르 두다예프Dzhokhar Dudayev가 이끄는 체첸 독립 세력은 이치케리야 체첸 공화국의 독립을 선언했다. 하지만 이 독립은 새로 수립된 러시아 연방에서 인정되지 않았고, 러시아는 캅카스 지역에 대한 통제권을 유지하기 위해 총력을 기울였다. 그럼에도 불구하고 체첸 반군은 한동안 대부분의 영토를 실질적으로 장악했다.

이러한 지정학적 격변은 FC 테렉 그로즈니에도 직접적인 영향을 미쳤다. 체첸의 독립선언에도 불구하고, 클럽은 해체된 소련 지역 리그를 떠나 러시아 2부 리그에서 경기를 이어갔다. 반군이 완전한 주권을 주장했지만 수도 그로즈니를 끝내 장악하지는 못했기 때문에, 현지 클럽은 러시아 연방 리그에서 활동을 지속할 수 있었던 것이다.

체첸에 대한 완전한 통제권을 되찾기 위해, 1994년 12월 러시아 대통령 보리스 옐친Boris Yeltsin은 체첸에 군대를 투입하기로 결정했다. 이 침공은 반군과 러시아군 사이에 참혹한 전쟁을 촉발했고, 전투는 1996년 여름까지 이어졌다. 결국 독립 지지 세력이 그로즈니를 포함한 전 국토를 장악하면서 전쟁은 막을 내렸다. 제1차 체첸 전쟁은 지역 축구에도 깊은 상흔을 남겼다. FC 테렉 그로즈니는 1995년부터 2000년까지 이어진 불안정한 상황과 러시아군의 지속적인 공격으로 사실상 활동을 중단해야 했다.

이후 블라디미르 푸틴Vladimir Putin이 크렘린의 권좌에 오른 뒤, 1999년 제2차 체첸 전쟁에서 러시아 연방은 반군 지역에 대한 통제권을 되찾기 위해 대대적인 반격을 시작했다. 그러나 지역을 완전히 안정시키는 데에는 그 후 10년이 더 걸렸다. 1999년 12월부터 2000년 2월까지 이어진 격렬한 전투는 UN이 체첸 수도 그로즈니를 '지구상에서 가장 파괴된 도시'로 규정하게 만들었다.

러시아가 다시 그로즈니의 통제권을 확보한 뒤, 크렘린에 충성하는 세력은 역사적인 FC 테렉 그로즈니의 후계자로서 새로운 축구팀 창단을 지원했다. 그 결과 클럽은 다시 같은 이름을 채택하며 부활했다.

클럽 재창단의 배경에는 모스크바에 충성하는 새로운 체첸 당국의 의도가 깔려 있었다. 당국은 반군이 패배했음에도 여전히 게릴라전이 이어지는 땅에서 사회적·정치적 안정을 과시하려 했다. 당시 독립 지지 세력은 산악지대로 숨어들어 여전히 많은 주민의 지지를 받고 있었다.

새로운 체첸 당국의 지도자는 한때 독립 지지자였던 아흐마트 카디로프였다. 그는 제2차 체첸 전쟁 중 크렘린 측으로 돌아섰고, 푸틴은 이에 대한 보답으로 2000년 그를 친러 행정부의 수장으로 임명했다. 이어 2003년, 카디로프는 공식적으로 러시아 연방 내 체첸 공화국의 대통령에 취임했다.

새로운 FC 테렉 그로즈니는 친러 정부의 전폭적 지원 아래 재편됐고, 클럽 회장은 카디로프가 직접 맡았다. 개편된 클럽은 체첸에서 러시아의 주권 회복을 보여주는 상징적 도구로 활용됐으며, 동시에 카디로프 개인의 정치적 프로젝트에 가까운 성격을 띠었다. 이러한 이유로 클럽은 지역 내 독립 지지자들에게 외면받았고, 그들은 클럽의 친러 성향을 조롱하며 '테렉 크렘린 Terek Kremlin'이라 불렀다.

FC 테렉 그로즈니는 러시아 3부 리그의 남부 그룹에서 시작했지만, 곧 2부 리그로 승격했다. 진정한 황금기는 2004년에 찾아왔다. 그해 팀은 러시아컵 우승과 1부 리그 승격이라는 두 가지 역사적인 성과를 동시에 거둔 것이다. 특히 이는 체첸의 수도 그로즈니가 안전 문제, 즉 분리주의 게릴라의 지속적인 공격으로 인해 홈경기를 치를 수 없는 상황에서 달성했기에 더욱 인상적이었다.

그러나 클럽의 정신적 지주였던 아흐마트 카디로프는 자신이 꿈꾸던 테렉의 러시아컵 우승과 1부 리그 승격을 끝내 목격하지 못했다. 그는 2004년 5월, 그로즈니의 축구 경기장에서 열린 제2차 세계대전 승전 기념 군사 퍼레이드 도중 반군의 폭탄 공격으로 목숨을 잃었다. 이 공격의 배후는 독립 지지 게릴라 전사 샤밀 바사예프Shamil Basayev였는데, 공교롭게도 그는 축구와 인연이 깊은 인물로, 1998년 이치케리야 체첸 공화국 시절 체첸 축구연맹 회장을 지낸 바 있었다.

카디로프의 죽음은 클럽에 큰 전환점이 됐지만, 팀은 여전히 그의 가문이 지배했다. 그의 아들 람잔 카디로프Ramzan Kadyrov가 회장직을 이어받았고, 2007년부터는 푸틴의 통합 러시아당 소속으로 친러 성향의 체첸 공화국 대통령이 됐다.

2004년 5월 29일, 카디로프 대통령이 암살된 지 불과 3주 후 열린 러시아컵 결승전은 체첸과 러시아 모두에게 중요한 사건이었다. FC 테렉 그로즈니가 크렘린의 도구라고 비난하던 친체첸 반군조차, 러시아 프리미어 리그 소속 PFC 크릴리야 소베토프 사마라Krylia Sovetov Samara와의 경기를 보기 위해 몇 시간 동안 총을 내려놓았다.

체첸 국민의 심정은 복잡했다. 한편으로는 체첸 선수가 한 명도 없는 팀을 응원하기 어려웠고, 그 팀이 점령을 정당화하는 기관과 분명히 연결되어 있다는 점이 마음에 걸렸다. 그러나 다른 한편으로는 체첸 클럽이 처음으로 연방 타이틀에 도전하는 순간이었고, 그것도 모스크바에서 러시아팀을 상대로 치르는 경기였기에 상징성이 컸다.

전쟁이 계속되는 가운데 약 8,000명의 체첸인이 모스크바 로코모티프 경기장에 모여, 대테러 경찰의 삼엄한 경비 속에서 열린 결승전을 직접 지켜봤다. 관중들은 '체첸 테러에 죽음을!'이라는 슬로건이 적힌 대형 현수막 아래에서 아흐마트 카디로프의 사진을 들고 응원했다. 경기는 카디로프 대통령을 기리는 1

분간의 묵념으로 시작됐고, 그의 아들 람잔이 귀빈석에서 경기를 지켜보는 가운데 안드레이 페드코프Andrei Fedkov가 경기 막판에 결승골을 넣어 팀을 승리로 이끌었다.

러시아 공격수 페드코프는 전쟁으로 고통받은 체첸 주민들을 떠올리며 자신의 결승골을 '체첸 국민'에게 바쳤다. 우승을 축하하던 FC 테렉 그로즈니 선수들은 아흐마트 카디로프의 초상화를 들어올리며, 그의 아들이자 현 클럽 회장에게 우승 트로피를 헌정했다. 이 러시아컵 우승과 1부 리그 승격을 계기로 그로즈니에는 새로운 경기장이 세워졌으며, 2011년 개장한 이 경기장은 전 클럽 회장을 기려 '아흐마트 아레나'로 명명됐다.

FC 테렉 그로즈니는 크렘린과 긴밀한 관계를 맺었고, 러시아 1부 리그 첫 시즌에는 심판의 불공정 판정에 항의하며 푸틴에게 직접 개입을 요청하는 서한을 보내기도 했다. 푸틴은 답하지 않았지만, 그런 서한을 보냈다는 사실 자체가 구단과 러시아 정부의 두터운 신뢰와 유대를 보여줬다. 이는 정치적 행보로 해석됐으며, 시사 잡지 『러스키 뉴스위크Russky Newsweek』는 "테렉이 러시아 1부 리그에서 뛰는 날이 많아질수록 크렘린은 지역 안정성을 과시할 또 하나의 기회를 얻는 셈이다"라고 평했다.

FC 아흐마트 그로즈니는 러시아 1부 리그에 단 한 시즌만 머문 뒤 강등됐지만, 2년 만에 재승격한 후 꾸준히 1부 리그에 자리하고 있다. 이는 러시아가 체첸에서 평화와 안정을 되찾았다는 주장의 상징적 근거로 활용됐다. 정치적 색채가 강한 이 클럽은 크렘린과 카디로프 가문의 도구로 기능하며, 지속적으로 저항해온 체첸 지역에 대한 러시아의 지배를 정당화하는 수단으로 작동하고 있다.

카라바흐 FK
유령 도시를 남겨두고 떠난 망명의 구단

전쟁이 남긴 가장 비극적인 결과 중 하나는 수많은 사상자뿐 아니라 사람들이 삶의 터전을 잃고 떠나야 한다는 현실이다. 소련이 '나고르노-카라바흐'라 명명한 자치 지역에서는 아르메니아와 아제르바이잔의 전쟁으로 100만 명 이상이 고향을 등졌다. 카라바흐 지역 인구가 20만 명에 불과했다는 점을 고려하면, 이 숫자는 전쟁의 파괴력이 얼마나 광범위했는지를 잘 보여준다. 전쟁으로 나고르노-카라바흐와 아르메니아에 살던 대부분의 아제르바이잔인이 고향을 떠났고, 아제르바이잔에 살던 아르메니아인들도 같은 운명을 겪었다.

그리고 이 100만 명의 난민 행렬에 축구 클럽 하나가 더해져야 한다. 바로 아제르바이잔 아그담 출신의 카라바흐 FK_{Qarabağ Futbol Klubu}다. 이 팀은 1993년 여름, 아르메니아군이 나고르노-

카라바흐와 그 인근 지역을 점령하자 고향을 떠날 수밖에 없었고, 이후 바쿠로 피신해 지금까지 그곳에서 홈경기를 이어가고 있다.

나고르노-카라바흐 분쟁은 1988년 아르메니아 소비에트 사회주의 공화국이 해당 지역에 대한 주권을 공식적으로 주장하면서 본격화됐지만, 카라바흐는 그 이전부터 아르메니아와 아제르바이잔이 첨예하게 대립해온 분쟁 지역이었다. 두 나라는 1991년까지 소련의 일원이었으며, 아르메니아는 기독교, 아제르바이잔은 이슬람을 국교로 삼아 종교적 정체성도 달랐다. 이 때문에 양국 간 갈등은 동서 문명 충돌의 한 단면으로 해석되기도 한다.

오늘날 분쟁의 핵심은 아르메니아가 통제하는 독립국 '아르차흐 공화국'이다. 이 지역의 기원은 1922년 소련이 국내 행정 경계를 설정하면서 비롯됐다. 소련은 애초 나고르노-카라바흐를 아르메니아에 편입하려 했으나, 1920년대 초 예레반에서 발생한 반소련 봉기로 계획을 철회했다. 그 결과 인구의 94%가 아르메니아인이던 이 지역은 아제르바이잔 소비에트 사회주의 공화국의 자치주로 편입됐다. 이후 소련 치하에서 아제르바이잔 정부는 강력한 인구 정책을 시행해 1980년대 초 아르메니아인의 비율을 75%까지 낮췄고, 카라바흐가 아제르바이잔의 일부라는 인식을 강화했다.

이 자치주와 인접한 역사적 도시 아그담에서 오늘날의 카라바흐 FK가 1951년 창단됐다. 당시 클럽 이름은 다소 평범한 '메흐술Mehsul'이었는데, 아제르바이잔어로 '제품product'을 뜻한다.

새 클럽은 창단 후 수십 년 동안 아제르바이잔 지역 리그에서 활동하며 부침을 겪었고, 한때 해체되기도 했다. 이 과정에서 여러 소련식 명칭을 사용했으나, 1987년 아제르바이잔 민족주의가 고조되자 역사적 지역명인 '카라바흐 FK'로 이름을 바꿨다.

이 이름에는 카라바흐가 아제르바이잔 영토임을 강조하려는 정치적 의미가 담겨 있었고, 이는 아르메니아가 나고르노-카라바흐 지역의 주권을 주장하던 시기와 맞물려 있었다. 이러한 상징성 덕분인지 클럽은 1988년 소련 아제르바이잔 지역 리그에서 첫 우승을 차지했다. 그러나 1990년 11월 아제르바이잔이 독립을 선언하고 이듬해 독립이 공식 인정되면서 리그가 중단됐고, 이 우승은 클럽의 마지막 성과로 남았다.

당시 옛 나고르노-카라바흐 자치주(현 아르차흐 공화국)는 아제르바이잔과 아르메니아 간 전면전에 휘말렸다. 두 나라는 1991년 9월 각각 독립을 선언했으며, 이 갈등은 자치주의 경계를 넘어 전역으로 확산되면서 양국 주민들을 전쟁으로 내몰았다. 특히 아그담을 비롯한 역사적 카라바흐 전역이 직접적인 피해를 입었다.

아그담은 전략적 요충지이자 아제르바이잔군의 핵심 거점 중 하나였기에 아르메니아군의 주요 공격 목표가 됐다. 전운이 고조되는 가운데서도 아그담을 연고로 한 클럽은 1992년 독립 아제르바이잔의 첫 프로 리그 창설에 중요한 역할을 했다.

카라바흐 FK의 홈구장이었던 이마렛 경기장에는 포격이 끊이지 않았고, 실제로 포탄이 경기장 안에 떨어지기도 했다. 전황이 악화되고 나고르노-카라바흐 일대에서 아르메니아군의 진격이 거세지자, 클럽 관계자들은 결국 아제르바이잔 민병대에 합류해 아그담 방어에 나섰다.

그중에서도 알라베르디 바기로프Allahverdi Baghirov는 핵심적인 인물이었다. 카라바흐 FK의 전설적인 선수이자 이후 감독을 지낸 그는, 1988년 아그담에서 자위대를 조직하는 데 앞장섰다. 또한 아제르바이잔 독립을 위해 싸운 민족주의 연합 '아제르바이잔 인민전선'의 핵심 인물로 활약했으며, 나고르노-카라바흐 영토를 지키기 위해 직접 부대를 이끌고 아르메니아군과 맞섰다.

많은 카라바흐 선수가 바기로프를 따라 전장에 나서려 했지만, 그는 그들을 만류하며 말했다. "당신들의 임무는 축구를 계속하는 것이다. 그래야 아그담 주민들이 매일 겪는 전쟁 외에도 다른 생각을 할 수 있다." 존경받던 지휘관 바기로프는 아르메니아군과의 포로 교환 현장에서 풀려나는 적군 병사를 끌어안는 모습으로도 널리 알려졌다. 그는 한때 축구장에서 함께 뛰던 이들을 전장에서 다시 마주하고 싶지 않다고 말했다.

바기로프는 1992년 6월, 대전차 지뢰 폭발로 생을 마감했다.

그의 죽음은 그를 단순한 축구 선수가 아닌 국가 영웅으로 격상시켰으며, 일부 아르메니아 지휘관마저 "그런 사람을 지키지 못했다"며 부하들을 질책할 정도였다.

나고르노-카라바흐 전쟁은 1993년 아르메니아군이 마지막 공격으로 아그담을 점령하면서 사실상 종결됐다. 아이러니하게도, 그해 카라바흐 FK는 아제르바이잔 리그와 컵대회에서 최고의 성과를 거뒀다. 컵대회 준결승은 팀이 고향 아그담에서 치른 마지막 경기였고, 1993년 5월 12일 열린 경기에서 결승 진출을 확정했다. 이어 5월 28일 결승전에서 우승을 차지했다. 그러나 불과 2주 뒤 아그담 전투가 시작됐다.

한 달 반에 걸친 포위 끝에 아르메니아군은 1993년 7월 23일 아그담을 점령했다. 카라바흐 FK가 리그 우승을 축하한 지 겨우 닷새 만이었다. 이 우승은 기쁨이 아닌 상처로 남았다. 트로피는 아그담으로 돌아왔지만, 도시는 이미 유령 도시로 변해 있었다. 선수들을 맞아줄 사람도 없었고, 선수들은 기뻐할 겨를도 없이 생존자들 속에서 가족을 찾느라 사력을 다해야 했다.

아르메니아군에게 아그담은 나고르노-카라바흐 방어의 전략적 요충지였고, 결국 철저히 파괴됐다. 약 4만 명의 주민이 피난길에 올랐고, 황폐해진 도시는 세계 최대 규모의 유령 도시 중 하나가 됐다.

주민들과 마찬가지로 카라바흐 FK도 고향을 떠나야 했으며, 이마렛 경기장 역시 폐허로 변했다. 이후 클럽은 길고 험난

한 망명 생활을 시작했고, 처음에는 아그담 피난민들이 대거 정착한 쿠잔리에서 경기를 치렀다. 이어 바쿠로 거처를 옮긴 뒤, 2000년대 초반에는 아제르바이잔 축구의 주요 팀으로 떠올랐다.

절망적인 상황 속에서도 카라바흐 FK가 버틸 수 있었던 이유는 '망명 클럽'이라는 정체성이었다. 이 정체성은 전쟁으로 고향을 잃은 수천 명 난민의 상징이 됐다. 클럽은 바쿠의 토피크 바흐라모프 국립 경기장에서 홈경기를 치렀는데, 이곳은 그 상징성을 고스란히 드러내는 공간이었다. 세계에서 유일하게 심판의 이름을 딴 경기장으로, 1966년 월드컵 결승전에서 논란의 골 판정[8]을 내린 아제르바이잔 출신 부심을 기리기 위해 명명됐다. 이 이름은 한때 경기장에 붙었던 레닌이나 스탈린의 이름을 대신했다. 이후 2015년, 카라바흐 FK는 새로 완공된 아제르순 아레나로 홈구장을 옮겼다.

수년간의 어려운 시기를 거친 끝에 카라바흐 FK는 바쿠의 전통 강호들과 어깨를 나란히 하는 유일한 팀으로 성장하며 아제르바이잔 최고의 클럽 중 하나로 자리 잡았다. 이는 새 경기장 건립을 지원한 식품 생산·수출 기업 아제르순의 후원과, 아제르

---

8   1966년 7월 30일, 런던 웸블리 스타디움에서 열린 월드컵 결승전에서 잉글랜드와 서독은 연장 접전을 벌였다. 2-2 상황에서 제프 허스트의 슛이 크로스바를 맞고 골라인 근처에 떨어지자, 주심 고트프리트 디엔스트Gottfried Dienst는 부심 토피크 바흐라모프Tofig Bahramov의 판정을 받아들여 골을 인정했다. 이 득점으로 잉글랜드가 3-2로 앞서며 우승을 차지했지만, 이후 분석에서는 공이 골라인을 완전히 넘지 않았다는 견해가 제기됐다.

바이잔의 축구 스타 출신 구르반 구르바노프Gurban Gurbanov 감독의 영입 덕분이었다.

구르바노프는 FC 바르셀로나와 이후 맨체스터 시티를 이끈 펩 과르디올라Pep Guardiola의 철학과 유사한 경기 스타일을 도입했다. 그의 지휘 아래 카라바흐 FK는 6년 연속 리그 우승을 차지하며 아제르바이잔 축구의 절대 강자로 떠올랐고, '캅카스의 바르셀로나'라는 별명을 얻었다. 이 별명은 구르바노프가 확립한 세련된 경기 운영뿐 아니라, 카라바흐 FK가 단순한 축구팀을 넘어 상징적 존재가 됐음을 보여준다.

클럽의 최근 주요 성과는 단순한 리그 제패나 뛰어난 경기력에 그치지 않는다. 꾸준한 유럽 대회 출전으로 국제 무대에서 구단의 존재 가치를 각인시키는 기회를 만들어낸 것이다. 특히 2017–2018시즌에는 아제르바이잔 클럽 최초로 UEFA 챔피언스 리그 조별 예선에 진출해 첼시 FC, AS 로마, 아틀레티코 마드리드 등 유럽의 명문 팀들과 맞붙었다.

카라바흐 FK의 유럽대항전, 특히 자주 출전하는 UEFA 유로파리그는 단순한 스포츠 무대를 넘어 아제르바이잔의 국가 정체성을 드러내고, 아르메니아와의 갈등 속에서 튀르키예와의 연대를 과시하는 상징적 공간이었다. 이를 보여주듯, 2009년 3년 만의 유럽 무대 복귀전에서 카라바흐 FK는 아그담 점령 희생자를 기리는 1분간의 묵념을 UEFA에 요청했다. 경기는 아르메니아군이 아그담을 점령한 7월 23일에 열렸으나, UEFA는 이를 거절했다. 대신 경기장에는 '우리는 결코 잊지 않겠다. 1993-07-23'이라는 현수막이 걸렸고, 이는 아제르바이잔 민족주의를 상징적으로 드러내는 장면으로 남았다.

그러나 클럽의 강한 정치적 정체성은 때때로 반발을 낳았다. 유로파리그에서 보루시아 도르트문트Borussia Dortmund의 홈구장 베스트팔렌을 찾았을 때, 남쪽 스탠드 '옐로우 월yellow wall'9의 서포터들은 나고르노-카라바흐에 대한 아르메니아의 주권을 지지하며 아르메니아 국기를 흔들었다.

그럼에도 카라바흐 FK는 승리를 거듭하며 여전히 하나의 꿈을 간직하고 있다. 바로 '망명 클럽'의 신세를 벗고 언젠가 유령 도시가 된 아그담으로 돌아가는 것이다.

■

9   도르트문트의 상징색인 노란색 유니폼을 입은 수만 명의 서포터들이 빽빽하게 들어선 모습에서 비롯된 명칭이다. 관중석 전체가 하나의 거대한 노란 벽처럼 보이기 때문에 붙은 이름으로, 유럽 축구 팬 문화의 아이콘으로 자리 잡았다.

7장
중동과 중앙아시아

요르단 수도 암만의 팔레스타인 난민 캠프. 알웨흐다트 SC가 창설된 곳이다.

★★★
아르빌 SC
이라크 쿠르디스탄의 간판팀

2017년 9월 25일, 이라크 통제 아래 있던 쿠르드 영토 남부 쿠르디스탄은 지역 정부가 추진한 국민투표에서 압도적인 지지로 독립을 가결했다. 바그다드 정부의 반대에도 불구하고 실시된 국민투표는 높은 투표율과 압도적인 찬성으로 미래 쿠르드 국가의 탄생을 예고하는 듯했다. 이는 불과 수십 년 전만 해도 쿠르디스탄 주민들이 상상조차 하기 어려운 일이었다.

그러나 약 93%가 독립에 찬성했음에도 이 투표는 실질적 효력을 발휘하지 못하고 상징적 의미에 그쳤다. 국제 사회의 지지가 부족했을 뿐 아니라, 이라크 연방 정부가 군사 개입에 나서면서 독립국 수립 가능성이 차단됐기 때문이다. 그럼에도 이번 국민투표는 이라크 내 쿠르드인 다수가 독립을 지지한다는 점을 분명히 보여줬다. 이 과정에서 축구는 쿠르드 역사를 비추는 거울이자 민족주의 형성의 핵심 요소로 자리 잡았다.

이러한 축구 민족주의의 중심이자 남부 쿠르디스탄 최대 규모를 자랑하는 클럽은 자치구 수도의 이름을 딴 아르빌 SCErbil SC다. 팬들은 이 도시를 쿠르드어로 '하울레르'라 부르기도 한다. 아르빌 SC는 1968년, 쿠르드 민족 혁명의 한복판에서 창단됐다. 당시 쿠르디스탄 민주당KDP 민족주의자들과 이라크 정부군 사이에서는 무력 충돌이 이어졌고, 이 갈등은 1960년대 내내 지속됐다. 결국 이라크 정부는 쿠르드 자치를 제한적으로 인정하는 수준에서 타협했으며, 당시 이라크를 통치하던 범아랍 사회주의 정당 바트당Ba'ath Party은 이후에도 권력을 유지했다.

아르빌 SC는 정치적 격변과 자치권의 부상 속에서 탄생했지만, 창단 초기부터 쿠르드 정체성을 억압하려는 강력한 탄압에 직면했다. 그 억압은 1979년 사담 후세인이 집권하면서 더욱 심해졌고, 곧 이라크-이란 전쟁이 발발했다.

후세인 집권 시절 쿠르드인들은 극도로 열악한 환경에 놓였다. 그들은 체계적으로 탄압당하고 권력 핵심에서 철저히 밀려났다. 축구도 예외는 아니었다. 쿠르드 출신 선수들은 이라크 국가대표팀에서 제외됐다.

아이러니하게도 탄압이 가장 심했던 1987년, 아르빌 SC는 창단 이래 처음으로 이라크 1부 리그 승격이라는 역사적 성과를 거뒀다. 그전까지 이 클럽은 하위 리그에서만 경쟁해 왔다. 그러나 이 성공은 곧바로 쿠르드인에 대한 최대 규모의 탄압과 겹쳤다. 1986년부터 1989년까지 진행된 '안팔Anfal 작전'에서 이라크 군은 독가스를 사용해 수천 명의 쿠르드인을 학살했다. 이 작전을 지휘한 인물은 '화학 알리Chemical Ali' 또는 '쿠르드의 학살자'로 불린 알리 하산 알마지드Ali Hassan al-Majid 장군이었다.

아르빌 SC 역시 탄압을 피할 수 없었다. 선수들은 쿠르드 정체성을 지닌 팀이라는 이유로 아랍팀과의 경기에서 상대 팬들로부터 거친 모욕을 당했다. 1991년 걸프전 이후 미국 주도의 국제 개입으로 쿠르디스탄이 자치 영토로 남게 되자 상황은 오히려 악화했다. 리그 경기가 재개되자 상대 팬들의 조롱은 더욱 심해졌고, "쿠르드족은 이라크의 유대인"이라는 비하 구호까지 등장했다.

그러나 이런 조롱은 클럽의 정체성을 더욱 공고히 했다. 아르빌 SC는 이미 엠블럼에 쿠르드어를 새겨 넣으며 정체성을 드러냈고, 2001년에는 경기장 이름을 프란소 하리리Franso Hariri로 바꾸며 그 의미를 강화했다. 이는 1960년대 쿠르드 혁명의 주역이자 전 아르빌 주지사 겸 쿠르디스탄 민주당 지도자였던 프란소 하리리를 기리기 위한 것이었다. 이후 2017년 9월, 이 경기장은 쿠르드 독립 국민투표 캠페인 중 이라크 쿠르디스탄 역사상 최대 규모의 집회가 열린 장소가 됐다.

이라크 쿠르드 지역은 자치권을 통해 얻은 상대적 번영 덕분에 아르빌 SC가 이라크 리그 챔피언십의 선두 클럽으로 자리 잡는 기반이 마련됐다. 특히 2003년 미국 주도의 군사작전으로 리그가 중단되기 전까지 아르빌 SC는 선두를 달리고 있었다.

  이 침공으로 사담 후세인은 권좌에서 물러났지만, 동시에 이라크 전역은 극심한 불안정에 빠졌다. 반면 쿠르드족은 이를 기회 삼아 자치권과 지방 정부를 더욱 공고히 했고, 아이러니하게도 쿠르드 지역은 이라크에서 가장 안전한 지역으로 자리매김했다. 덕분에 아르빌 SC는 새롭게 출범한 이라크 챔피언십에서 강팀으로 부상했을 뿐 아니라, 분쟁이 끊이지 않는 바그다드 대신 안정적인 아르빌에서 뛰길 원하는 최상위 아랍 선수들을 영입할 수 있었다.

  그 결과 2007년 아르빌 SC는 1990년 이후 모든 리그 트로피를 독식하던 바그다드 팀들의 지배를 끝내는 데 성공했다. 남부 쿠르디스탄을 대표하는 이 팀은 우승을 탈환했을 뿐 아니라, 3시즌 연속 정상에 오르며 이라크 축구의 변화를 알렸다. 이 흐름은 2010년 두호크 SC_Duhok SC_가 챔피언십을 제패하고, 2012년 아르빌 SC가 다시 우승을 차지하면서 더욱 공고해졌다.

  이 시기는 마침 이라크 국가대표팀이 2007년 AFC 아시안컵에서 우승하며 빛을 발하던 시기와 겹쳤다. 아랍인과 쿠르드인 선수들이 함께 이룬 이 승리는 쿠르디스탄에서도 크게 환영받았다. 그러나 독립 지지 여론이 고조되면서 쿠르드인들은 점차 이라크 대표팀과 거리를 두었고, 2014년 아시안컵에서 U-21 대표팀이 우승했을 때는 이를 축하하는 쿠르드인이 거의 없었다.

  쿠르드족은 자신들만의 대표팀을 지지하는 경향이 강하다.

이라크 쿠르드 대표팀은 2006년에 창단됐으며, 공식 승인은 받지 못했지만 2008년부터 FIFA 비승인 연맹들이 참가하는 대안 월드컵인 비바 월드컵VIVA World Cup에 출전했다. 2012년에는 이 대회가 남부 쿠르디스탄에서 개최됐고, 개최국 쿠르드 대표팀은 우승을 차지하며 팀 역사상 첫 국제대회 승리를 거뒀다.

이 팀은 2017년 9월 독립 국민투표 이후 FIFA 정식 회원 승인을 기대해 왔으며, 주로 아르빌 SC와 두호크 SC 등 이라크 내 주요 쿠르드 클럽 선수들로 구성된다. 축구가 쿠르드 민족 정체성 발전에 기여한 영향은 반드시 주목할 만하다. 이는 대표팀뿐 아니라 대륙 대회 결승에 오르며 이라크 축구를 대표하게 된 아르빌 SC에서도 확인된다.

2012년 아르빌 SC는 AFC컵 결승에서 쿠웨이트 SCKuwait SC와 맞붙었다. 당시 AFC컵은 아시아에서 AFC 챔피언스리그에 이어 두 번째 규모의 클럽 대회였으며, 결승전은 프란소 하리리 경기장에서 열렸다. 아르빌 SC는 아쉽게 패배했지만, 이 경기는 "쿠르디스탄은 이라크가 아니다"라는 정치적 메시지를 드러내는 장이 됐다. 경기장을 가득 메운 팬들은 쿠르드 깃발을 흔들며 이 구호를 외쳤다.

아르빌 SC는 2014년 다시 AFC컵 결승에 올랐으나 또다시 패하며 아쉬움을 남겼다. 이는 클럽의 마지막 주요 성과로 기록됐다. 이후 21세기에 접어들며 팀은 심각한 재정난에 시달렸고, 시아파 클럽들을 중심으로 한 아랍권의 적대에도 직면했다. 일부 클럽은 아르빌 SC가 이슬람국가IS와 연계돼 있다고 비난했지만, 이는 다에시Daesh[1]와의 전투 최전선에 섰던 쿠르드 군사조직 페슈메르가Peshmergas의 역할을 의도적으로 외면한 주장이다.

가장 모욕적인 사건 중 하나는 2016-2017시즌 바그다드의 시아파 클럽 알나자프 FCAl-Najaf FC 홈구장에서 벌어졌다. 당시 관중들은 "아르빌과 페슈메르가는 IS다"라는 구호를 외쳤다. 이러한 사건이 누적되면서 이라크 쿠르드 자치정부의 수도 팀인 아르빌 SC는 단 12경기만 치른 뒤 리그를 떠났고, 자동으로 2부 리그로 강등됐다. 당시 쿠르드족은 2017년 9월 25일 독립 국민투표가 성공하면 곧바로 2부 리그를 벗어날 수 있으리라 기대했다.

그러나 독립은 무산됐고, 아르빌 SC는 2017-2018시즌을 2부 리그에서 보내야 했다. 그해 우승을 차지하며 다시 1부 리그로 복귀했고, 현재까지 경기를 이어가고 있다. 클럽은 언젠가 독립 쿠르드 국가가 수립되면 자국 리그인 '쿠르디스탄 리그'에서 뛰기를 꿈꾸고 있다.

---

1   IS를 국가로 인정하지 않는 세력이 사용하는 경멸적 명칭으로, '짓밟다'는 뜻의 아랍어에서 유래했다.

알웨흐다트 SC
축구로 이어간 팔레스타인의 꿈

FIFA가 1998년 마침내 팔레스타인 국가대표팀을 공식 승인하기까지는 30년이 넘는 긴 투쟁이 있었다. 그 이전까지 팔레스타인 민족주의 운동을 축구로 대변한 팀은 요르단 암만의 팔레스타인 난민촌에서 창단된 알웨흐다트 SCAl-Wehdat Sports Club였다. 소박하게 출발했지만, 이 팀은 팔레스타인의 정체성과 염원을 상징하는 존재로 자리매김했다.

이 난민촌은 영국의 팔레스타인 통치가 끝날 무렵, 팔레스타인 주권을 둘러싸고 아랍인과 유대인 사이에 벌어진 첫 무력 충돌의 산물이었다. 1948년 전쟁은 이스라엘 건국과 함께 막을 내렸고, 이 과정에서 수많은 아랍인이 고향을 잃었다. 팔레스타인인들은 이를 '나크바Nakba', 즉 유대 민족만의 독점적 국가 건설로 삶의 터전을 빼앗긴 대재앙으로 기억한다.

수십만 명의 팔레스타인 난민이 강제로 추방된 뒤 인접국 요르단으로 피신했고, 그 결과 암만에 '신캠프'라 불리는 난민촌이 형성됐다. 이곳은 흔히 '알웨흐다트' 또는 '알위흐다트'로 불렸는데, 알웨흐다트는 아랍어로 '단위units'를 뜻하며 난민촌의 열악한 임시 주거 형태에서 유래한 이름이다.

알웨흐다트 캠프는 1948년 아랍-이스라엘 전쟁 이후 팔레스타인 난민을 지원하기 위해 설립된 UN 팔레스타인 난민구호기구UNRWA에 의해 세워지고 운영됐다. 이 캠프는 곧 요르단 최대의 팔레스타인 난민촌으로 성장했다.

UNRWA는 알웨흐다트 캠프에서 난민들의 신체활동을 장려했고, 1955년에는 캠프를 대표하며 난민들의 스포츠 참여를 독려하기 위해 다목적 스포츠 클럽을 설립·운영했다. 알웨흐다트 스포츠 클럽은 곧 요르단에 거주하는 팔레스타인 디아스포라 사이에서 빠르게 인기를 얻었다. 특히 클럽이 난민촌과 같은 이름을 가졌다는 사실은 클럽 내 축구팀의 인지도를 높이는 데 크게 기여했다. 이 축구팀은 요르단 챔피언십에 참가해 수천 명의 팬을 끌어모았고, 알웨흐다트 캠프뿐 아니라 요르단 전역의 팔레스타인 난민 사회 전체의 지지를 받았다.

1948년 전쟁으로 발생한 난민들에 더해, 1967년 6일 전쟁(제3차 중동전쟁)에서 이스라엘이 가자지구와 서안지구를 점령하며 요르단으로 강제 이주한 또 다른 난민들이 추가로 유입됐다. 여기에 1970년 9월, 팔레스타인 무장 세력과 요르단 군대의 충돌로 팔레스타인해방기구PLO가 요르단에서 축출되자 요르단 국민과 팔레스타인 난민 사이의 불화는 더욱 깊어졌다.

이후 알웨흐다트 SC와 요르단 클럽 간의 경기는 양측 갈등이 표출되는 정치적 무대가 됐다. 특히 1975년 알웨흐다트 SC가 오랜 숙원이던 요르단 1부 리그 승격을 이루면서 긴장은 한층 고조됐다.

5년 뒤, 난민 클럽 알웨흐다트 SC는 수천 명의 팔레스타인 팬의 열띤 응원 속에 처음으로 1부 리그 우승을 차지했다. 마지막 경기에서 맞붙은 알람타 SCAl-Ramtha SC와의 치열한 승부 끝에 얻은 영광이었다. 그러나 경기 중 양측 팬들 사이에 격렬한 충돌이 벌어지기도 했다.

그럼에도 불구하고 알웨흐다트 SC의 우승은 알웨흐다트 캠프 거리 곳곳에서 열렬히 축하받았다. 나아가 지역이나 국가를 대표할 축구팀이 없는 팔레스타인 점령지 서안지구와 가자지구 주민들 역시 알웨흐다트 SC를 자신들의 상징으로 삼아 주요 거리에서 환호를 이어갔다.

알웨흐다트 SC가 경기를 치를 때마다 경기장은 팔레스타인 국기와 그 색으로 가득 채워졌다. 이 때문에 클럽은 유니폼에 팔레스타인 색상을 채택했고, 엠블럼에는 팔레스타인 국기 색과 함께 알아크사 모스크의 이미지를 더해 팔레스타인 민족주의를 상징하는 역할을 이어갔다. 이는 아랍인들이 알쿠드스(예루살렘의 아랍어)를 팔레스타인의 수도로 여긴다는 분명한 메시지를 담고 있었다.

이러한 민족주의적 상징성은 암만에 본거지를 둔 요르단 최대 구단 알파이살리 FCAl-Faisaly FC와의 라이벌 관계를 더욱 격화시켰다. 두 팀의 경기는 종종 팬들 간의 격렬한 충돌로 이어졌고, 경찰은 늘 요르단 팀 편에 섰다. 알웨흐다트 SC 경기에서 자주 발생한 소요 사태는 1986년 요르단 스포츠 당국이 클럽에 강력한 제재를 가하는 구실이 됐다. 당국은 운영진과 클럽 이름을 모두 바꾸라고 압박했고, 심지어 2부 리그로 강등하려 했으나 실제로 실행되지는 않았다.

이후 요르단 청년부가 알웨흐다트 SC를 인수해 클럽명을 알디프타인al-Difftayn으로 변경했다. 이 이름은 두 '요르단', 즉 '트랜스요르단Trans-Jordan'(현재 요르단)과 '시스요르단Cis-Jordan'(서안지구의 또 다른 명칭)을 통합한다는 의미였다. 새로운 경영진은 팔레스타인과 요르단 지지자들을 하나로 묶고자 했지만, 클럽의 열성적인 팬층은 여전히 요르단 내 팔레스타인 난민 공동체 출신이 대부분이었기에 이 목표는 실현되지 못했다.

클럽의 새 이름은 분명한 민족주의적 의미를 담고 있었으며, 두 '요르단'의 아랍인 연합을 암시했다. 팔레스타인의 관점에서는 시스요르단의 팔레스타인인과 요르단 내 팔레스타인인의 결합을 뜻하는 것으로도 해석될 수 있었다. 그러나 팬들은 이러한 변화를 단호히 거부했고, 요르단과 팔레스타인의 연합을 자신들의 정체성으로 받아들이지 않았다.

암만 경기장의 관중석에서 팬들은 여전히 클럽을 '알웨흐다트'라 불렀으며, 당시 가장 인기 있던 구호는 "행진하라! 움직여라! 모든 민중이 알웨흐다트와 함께 암만에서 예루살렘까지 행진할 것이다!"였다. 이는 예루살렘을 수도로 삼은 고향 땅으로 돌아가려는 팔레스타인 난민의 염원을 드러냈다.

1980년대 후반 요르단 정권의 통제 완화는 1989년 11월 첫 총선으로 이어졌다. 정당 활동은 여전히 금지됐지만, 범이슬람주의 성향의 무슬림형제단과 연계된 다수의 독립 후보가 대거 출마했다. 팔레스타인 문제에 민감했던 이슬람주의 후보들의 선거 성공은 의회에서 알웨흐다트 SC에 대한 논의를 촉발했고, 결국 클럽은 원래 이름을 되찾고 창설 당시 난민 캠프 대표들에게 운영권이 반환됐다.

그러나 알파이살리 FC와의 경쟁은 더욱 격화됐다. 두 팀의 경기에서는 욕설과 충돌이 끊이지 않았고, 특히 알웨흐다트 SC가 경쟁자로 떠오르기 전까지 요르단의 지배적 클럽이었던 알파이살리 FC 팬들은 "1999년 왕위에 오른 압둘라 국왕이 아내 라니아와 이혼해야 한다"는 응원가를 유행시켰다. 이는 라니아가 팔레스타인 출신이라는 점을 겨냥한 것이었다.

1995년 이스라엘과 팔레스타인의 평화 협상이 진행되던 시기, 알웨흐다트 SC는 마침내 팔레스타인 지역으로 원정을 떠날 수 있었다. 팀은 서안지구와 가자지구의 많은 관중 앞에서 경기를 치렀고, 이 감동적인 순회 경기 중 팔레스타인해방기구의 지도자이자 평화 협상 결과 탄생한 팔레스타인 자치정부의 초대 수반 야세르 아라파트Yasser Arafat의 환대를 받았다. 이 특별한 자리에서 아라파트는 클럽 주요 인사들에게 "한때 우리가 목소리를 낼 수 없었을 때, 알웨흐다트 SC가 우리의 목소리가 되어줬다"라고 말했다. 이는 알웨흐다트 SC가 팔레스타인 민족의 자부심을 상징하는 존재임을 공식적으로 인정한 발언이었다.

클럽은 팔레스타인 정체성을 지키기 위해 1996년 국제대회에서 이스라엘 팀과의 경기를 거부했다. 이는 대다수 팬들이 추방당했고, 평화 협상 중에도 귀환 권리를 인정받지 못한 현실에 맞선 저항의 표현이었다.

1990년대 후반과 2000년대 초반, 알웨흐다트 SC는 성공적인 클럽으로 성장하며 30여 년 동안 수많은 우승을 차지했고, 요르단 축구를 오랫동안 지배해온 알파이살리 FC를 위협하는 존재로 떠올랐다. 이는 클럽이 박해와 금지의 대상이 됐음에도 불구하고 팬들이 변함없는 충성을 보여준 덕분이었다. 반면, 이러한 상황은 요르단 당국이 클럽을 달갑게 보지 않았음을 분명히 드러냈다.

1970년 '검은 9월Black September'[2] 사태 이후의 보복 조치와 더불어, 난민 캠프 출신 클럽의 팬들은 요르단 정부가 경기장에

---

2   1970년 9월 요르단에서 팔레스타인해방기구와 정부군이 충돌해 수천 명의 팔레스타인인이 희생됐고, 팔레스타인해방기구는 요르단에서 축출됐다. 이후 강경파 일부가 '검은 9월단'을 조직해 1972년 뮌헨 올림픽에서 이스라엘 선수 11명을 살해하는 테러를 일으켰다.

서 팔레스타인 국기를 금지하려는 시도를 지켜봐야 했다. 그러나 이런 조치는 효과를 거두지 못했고, 오히려 경기장에서 목소리를 낼 기회가 거의 없던 이들에게 기쁨을 안겨준 팀의 인기를 더욱 높이는 결과를 낳았다. 아라파트의 말처럼, 알웨흐다트 SC는 고향을 떠나 널리 흩어진 팔레스타인 공동체가 침묵을 깨는 데 중요한 역할을 했다.

알웨흐다트 SC가 가장 빛난 해는 2009년이었다. 이 해에 팀은 리그, 컵, 리그컵, 슈퍼컵 등 요르단의 모든 주요 대회를 석권하며 전무후무한 기록을 세웠다. 이 놀라운 성과는 팬들뿐만 아니라 점령지 팔레스타인 지역에서도 크게 환영받았고, 이후 팔레스타인 거리에서는 팀의 연이은 승리를 축하하는 모습이 일상이 됐다.

이는 알웨흐다트 SC가 여전히 팔레스타인 지지 세력에게 특별한 의미를 지니고 있음을 보여주는 가장 분명한 증거다. 현재 가자지구와 서안지구에서 각각 국가대표팀이 활동하며 국제 및 국내 경기를 치르고 있음에도, 암만의 이 팔레스타인 난민 클럽은 여전히 팔레스타인 민족의 자유를 향한 투쟁을 상징하는 축구팀으로 남아 있다.

샤힌 아스마이예 FC
카불의 매, 분쟁의 땅에서 날아오르다

아프가니스탄의 수도 카불은 지난 두 세기 동안 끊임없는 분쟁의 중심에 있었다. 19세기 제1차 영국-아프간 전쟁에서부터 오사마 빈 라덴을 보호하던 물라 오마르Mullah Omar 정권을 몰락시킨 국제 연합군의 개입, 그리고 2021년 8월 탈레반의 재집권에 이르기까지 평화는 드물었고, 그마저도 새로운 전쟁의 전조에 불과했다.

이처럼 끝없는 갈등과 긴장 속에서 축구는 반복되는 폭력을 거부하고, 최소한의 일상을 되찾으려는 사람들의 의지를 드러내는 활동이 됐다. 이러한 배경 속에서 아프가니스탄 당국은 국가 최초의 주요 스포츠 대회인 아프가니스탄 프리미어 리그를 창설했다. 리그는 최대 후원사인 아프가니스탄 통신사 로샨의 이름을 따 '로샨 리그'라 불렸다. 흥미로운 점은 이 계획이 국제 연합군의 단계적 철수가 시작된 2012년에 실현됐다는 사실이다.

새로운 대회의 출범은 아프가니스탄 축구 발전의 큰 도약이었다. 축구는 1920년대에 처음 도입됐지만, 전국 규모의 리그가 조직된 것은 이번이 처음이었다. 불과 10년 전까지만 해도 주요 대회는 1946년에 시작된 카불 리그였으며, 수도 카불의 클럽들만 참가할 수 있었다. 이후 아프가니스탄의 격동 속에서 이 리그는 여러 차례 중단을 겪었고, 특히 소련과의 전쟁과 탈레반 집권으로 이어진 내전은 그 역사에서 가장 비극적인 사건으로 남았다.

새롭게 출범한 아프가니스탄 리그의 또 다른 특징은 참가 구단을 8개로 한정했다는 점이다. 각 클럽은 아프가니스탄의 8개 지역을 대표하도록 기획됐으며, 이에 맞춰 새 팀 8개가 창단됐다. 이들은 곧 각 지역 축구의 상징으로 자리 잡았다.

오랜 축구 전통을 지닌 수도 카불은 새로 창단된 샤힌 아스마이예 FCShaheen Asmayee FC, 즉 '아스마이예 팰컨Asmayee Falcons'이 대표하게 됐다. '아스마이예'는 도시 중심부에 있는 두 개의 산 중 하나의 이름으로, TV 방송 안테나가 빼곡히 설치되어 흔히 '텔레비전 힐Television Hill'이라 불린다. 이 산에는 요새도 자리하고 있어 아프가니스탄의 여러 전쟁에서 격전지가 됐다.

아프가니스탄 리그는 리그 구조뿐 아니라 팀 구성 방식에서도 독창적이었다. 아스마이예 팰컨의 상당수 선수는 파슈토어[3]로 '푸른 들판'을 뜻하는 리얼리티 TV 프로그램 〈마이단에 사브즈Maidan-e-Sabz〉를 통해 선발됐다. 이 프로그램은 시청자가 직접 각 지역 대표팀 선수 일부를 뽑을 수 있도록 기획된 것이었다.

아프가니스탄 축구연맹과 모비 미디어 그룹의 협력으로 성사된 이 획기적인 방식은 대중의 큰 호응을 얻었고, 축구 기반이 거의 없던 지역에서도 관심을 끌어내는 데 성공했다. 모비 미디어 그룹은 이를 통해 경기 중계권을 확보했는데, 이는 유럽과 북미 주요 리그처럼 TV 중계 수익을 축구 산업의 핵심으로 끌어들이는 첫 시도였다.

그러나 아프가니스탄 프리미어 리그의 목표는 단순한 스포츠나 비즈니스가 아니었다. 창설을 주도한 이들은 축구를 통해 분열된 국가를 하나로 묶고자 했다. 이는 아프가니스탄의 문화적·언어적 다양성은 물론, 수십 년간 민족 갈등과 폭력이 이어진 역사를 고려할 때 결코 쉬운 도전이 아니었다.

그럼에도 축구를 통한 이 새로운 시도는 아프가니스탄 고위평화위원회와 같은 기관들로부터 큰 찬사를 받았다. 하미드 카르자이Hamid Karzai 대통령 시절 탈레반과의 평화 협상을 위해 설

---

3 아프가니스탄과 파키스탄 접경 지역에서 사용되는 주요 언어 중 하나로, 다리어Dari와 함께 아프가니스탄의 공식 언어다.

립된 이 위원회는, 아프가니스탄 프리미어 리그와 같은 스포츠 대회가 국가의 안정과 화합을 끌어낼 중요한 기회가 될 것이라고 평가했다.

아프가니스탄의 끊임없는 분쟁은 새 리그가 소규모로 운영될 수밖에 없게 만들었다. 챔피언십은 8월부터 10월까지만 진행됐고, 총 18경기로 제한됐다. 다른 지역의 불안정한 치안 때문에 경기는 모두 카불에서 열렸다. 주요 경기장은 관중들의 큰 관심을 끌었던 가지 스타디움Ghazi Stadium('영웅 경기장')이었다. 이 경기장은 1923년 아마눌라 칸King Amanullah Khan 통치기에 지어졌으며, 영국과의 세 번째 전쟁에서 승리를 거두고 아프가니스탄 왕국의 완전한 독립을 이끈 국왕의 업적을 기리기 위해 이름 붙여졌다.

하지만 이 경기장에서 축구 경기가 열렸다는 사실은, 이곳이 1996년부터 2001년까지 첫 탈레반 정권 아래에서 처형장으로 사용됐다는 어두운 과거와 극명히 대비된다. 당시에는 경기 도중이나 심지어 하프타임에 공개 처형이 벌어지기도 했다.

2012년 열린 첫 아프가니스탄 프리미어 리그에서는 서부 지역 대표팀 투판 하리로드 FCToofaan Harirod FC('하리강의 폭풍')가 우승을 차지했다. 그러나 이후 카불의 샤힌 아스마이예는 리그를 사실상 장악하며 2013년, 2014년, 2016년, 2017년, 2018년 다섯 차례 우승했고, 나머지 세 번은 준우승에 머물렀다.

특히 2016년과 2017년 결승전은 정치적 상징성이 두드러졌다. 카불 지역팀 샤힌 아스마이예는 권력과 정부의 상징으로 여겨졌고, 데 마이완드 아탈란 FC De Maiwand Atalan FC('마이완드의 챔피언')는 탈레반의 주요 거점이자 반정부 활동의 중심지였던 남동부를 대표했다. 두 팀의 맞대결은 단순한 축구 경기가 아닌 아프가니스탄 정치의 양극을 드러내는 장면이었다. 다행히 두 번의 결승전은 평화롭게 치러졌고, 샤힌 아스마이예가 승리하자 카불 거리는 환호로 가득 찼다.

그러나 2021년 8월 이후 이 거리들은 다시 탈레반의 통제 아래 놓였다. 탈레반은 2001년 미국 주도의 침공 이후 실질적 권력을 행사해온 국제군이 최종 철수하는 과정에서 재집권했다. 탈레반의 부활은 아프가니스탄 프리미어 리그 자체에 심각한 위협이 되고 있다. 이 리그가 탈레반과 대립했던 정부 체제 아래에서 탄생했기 때문이다.

샤힌 아스마이예 FC가 앞으로도 아프가니스탄 축구에서 우위를 지킬 수 있을지는 불확실하다. 하지만 분명한 것은, 탈레반 정권하에서는 여성들이 카불의 경기를 관람하거나 젊은 여성 선수들이 리그에서 활약하는 일이 불가능하다는 점이다. 안타깝게도, 카불은 여전히 전쟁의 그림자 속에서 불안한 운명을 맞이하고 있다.

8장
아프리카

패시브 레지스터스 SC. 뒷줄 왼쪽에서 여섯 번째가 마하트마 간디다.

★★★
라싱 유니베르시테르 알제
카뮈와 식민지 알제리의 클럽

노벨 문학상 수상자를 배출한 축구 클럽은 단 한 팀뿐이다. 에두아르도 갈레아노Eduardo Galeano, 마누엘 바스케스 몬탈반처럼 축구를 문학적으로 다룬 예외적 인물도 있지만, 대체로 축구와 문학은 거리가 먼 세계로 여겨진다. 그런 점에서 라싱 유니베르시테르 알제Racing Universitaire d'Alger, RUA는 특별한 사례다. 이 클럽은 알제리대학에서 창설됐으며, 선수단에는 다수의 대학생이 포함돼 있었다. 그중 한 명이 바로 1957년 노벨 문학상 수상자 알베르 카뮈였다. 그는 클럽 유소년 팀에서 골키퍼로 활약했다.

카뮈가 라싱 유니베르시테르 알제에서 뛴 시간은 길지 않았다. 17세에 결핵을 앓으면서 선수 경력은 중단됐고, 결국 1군 골키퍼로 성장할 기회도 사라졌다. 그러나 그는 훗날 이렇게 회상했다.

> "나는 도덕과 인간의 의무에 대해 알고 있는 모든 것을 축구에서 배웠다. 그리고 그것을 배운 곳이 바로 라싱 유니베르시테르 알제였다."

카뮈에게 라싱 유니베르시테르 알제를 떠올리는 일은 곧 어린 시절 프랑스령 알제리에서 보낸 식민지 시절을 되새기는 일이기도 했다. 당시 이 대학팀은 특별한 상징성을 지닌 존재였다. 실제로 클럽이 처음 채택한 이름은 '라싱 유니베르시테르 알제루아Racing Universitaire Algérois'였는데, 이후 형용사 '알제루아Algérois'가 명사 '알제Alger'로 바뀌며 현재의 이름이 됐다.

이 클럽은 1927년 두 팀의 합병으로 탄생했다. 하나는 파리의 동명 팀과 마찬가지로 흰색과 하늘색 가로 줄무늬 유니폼을 입었던 '라싱 클럽 알제Racing Club d'Alger'였고, 다른 하나는 보라색 셔츠를 입었던 '클럽 스포르티프 알제 유니베르시테Club Sportif Alger Université'였다. 보라색은 알제리대학의 상징색이었으며, 새롭게 탄생한 클럽은 대학과의 연계를 드러내기 위해 이를 팀 엠블럼에 포함했다.

합병의 목적은 수도의 강팀들, 특히 당대 최강으로 꼽히던 갈리아 스포츠Gallia Sport와 경쟁할 수 있는 클럽을 만드는 것이었다. 그러나 동시에 정치적 배경도 있었다. 이 과정은 프랑스의 알제리 식민 지배 100주년(1930년)을 기념하는 대규모 행사를 준비하던 조직위원회와 긴밀히 연계된 인물들에 의해 추진됐다. 이 때문에 라싱 유니베르시테르 알제는 창립 초기부터 대학 클럽으로서의 정체성과 식민 체제 핵심 인사들과의 밀접한 관계라는 두 가지 정체성을 지니게 됐다.

라싱 유니베르시테르 알제는 공식 창단 이후 프랑스령 알제 지역 축구를 관장하는 알제리 리그에 편입됐으며, 이 리그는 프랑스 축구연맹에 소속돼 있었다. 창단 2년 뒤인 1932년, 알베르 카뮈가 이 클럽의 유소년팀에 합류했다. 그는 이미 바브 엘 우에드 빈민가를 연고로 한 식민지 팀 '몽팡시에 스포츠협회 Monpensier Sports Association'에서 선수 생활을 시작한 상태였다. 그가 갈리아 스포츠의 주요 거점인 벨쿠르(현 벨루이즈다드)에 거주하고 있었다는 점을 고려하면 다소 의외의 선택이었다.

카뮈가 바브 엘 우에드에서 보낸 시간은 길지 않았다. 고등학교 시절 글쓰기 재능을 인정받아 대학 진학을 꿈꾸던 그는, 라싱 유니베르시테르 알제의 골키퍼로 뛰지 않는 자신이 부끄러웠다고 털어놓았다. 훗날 노벨문학상을 받게 될 그는 결국 팀에 합류했지만, 앞서 언급했듯 결핵으로 인해 축구 선수의 꿈은 끝내 좌절됐다.

1930년대는 라싱 유니베르시테르 알제의 황금기였다. 이 팀은 알제리 리그의 디비지옹 도뇌르Division d'Honneur[1]에서 가장 강력한 팀 중 하나로 빠르게 성장했고, 1934년, 1935년, 1939년, 1945년에 리그 우승을 차지했다. 당시 식민지 출신 대학 팀인 라싱 유니베르시테르 알제는 도시의 대중적 무슬림 팀인 MC 알제MC Alger(또는 물루디아 클뢰브 알제Mouloudia Club d'Alger)와 라이벌 관계를 형성했다. 이 적대감은 단순한 스포츠 경쟁을 넘어, 알제리 원주민의 이슬람 정체성과 프랑스 정착민의 식민 정체성이 충돌하는 양상을 드러냈다.

프랑스 당국은 식민지 내 스포츠, 특히 가장 대중적인 종목인 축구가 정치화되는 것을 막기 위해 1928년부터 1936년까지 '공동체주의'에 대항한다는 명목으로 여러 조치를 도입했다. 그러나 실제 목적은 이 지역 스포츠 클럽에서 프랑스와 무관한 정체성을 지우는 데 있었다.

첫 단계는 팀 이름에 '무슬림Muslim'이 포함된 경우, 반드시 '프랑스French'를 덧붙이도록 강제하는 것이었다. 예를 들어, 유니옹 스포르티브 무슬마네 블리데엔Union Sportive Musulmane Blidéene은 유니옹 스포르티브 프랑코-무슬마네 블리데엔Union Sportive Franco-Musulmane Blidéene으로 변경해야 했다. 하지만 이는 클럽의 이슬람 정체성을 억누르기보다 모욕으로 받아들여져, 오히려

---

1 프랑스와 그 식민지에서 운영된 지역 축구 리그 체계의 최상위 디비전으로, 각 지역의 최고 수준 팀들이 경쟁했다. 알제리에서는 사실상 최정예 팀들이 모인 최상위 리그를 뜻했다.

그 정체성을 더욱 강화하는 결과를 낳았다.

라싱 유니베르시테르 알제와 같은 식민지 클럽과 알제리 토착팀의 경기가 열릴 때마다 긴장과 반발은 커졌다. 이에 프랑스 당국은 새로운 규정을 도입했다. 모든 무슬림 팀은 프랑스인 정착민 선수를 일정 비율 이상 포함해야 했으며, 처음에는 3분의 1, 이후에는 절반까지 확대됐다. 또 클럽 운영진에도 반드시 프랑스인이 포함돼야 했고, 이를 따르지 않으면 클럽은 강제 해산될 수 있었다. 그러나 이런 억압적 조치에도 불구하고 무슬림 클럽의 상징성은 사라지지 않았고, 정착민 팀과의 경기는 여전히 정치적 대립의 무대였다.

라싱 유니베르시테르 알제가 식민지 권력을 상징하는 클럽이었던 것은 사실이지만, 일부 토착 엘리트 계층 출신 선수들도 소속돼 있었다. 극소수이긴 했지만, 이들은 알제리대학에 진학할 수 있었던 특권층이었다. 심지어 알제리 독립운동 지도자이자 훗날 임시정부 총리가 된 페르하트 아바스Ferhat Abbas가 프랑스와의 완전한 결별이 아닌 독자적 정체성의 인정을 주장하던 시절, 잠시 이 팀에서 뛰었다는 소문도 돌았다. 실제 여부는 불확실하지만, 알제리 출신 주요 인물들이 이 클럽에서 활약한 것은 역사적으로 확인된다. 독립 후 알제리 축구연맹 회장을 지낸 하미드 하자드Hamid Hadjadj, 프랑스 국가대표이자 1937년 올랭피크 드 마르세유Olympique de Marseille의 리그 우승 주역인 압델카데르 벤 부알리Abdelkader Ben Bouali가 대표적이다.

토착 선수들이 일부 합류하면서 클럽은 일정 부분 다양성을 갖췄지만, 여전히 식민 체제를 상징하는 팀으로 인식됐고, 주된 지지층은 알제리에 거주하는 유럽인이었다. 이들은 클럽이 북아프리카 축구 챔피언십에서 거둔 성과를 가장 열광적으로 기념했다. 이 대회는 프랑스령 알제리, 튀니지, 모로코의 리그 우승팀이 겨루던 식민지 간 대회였다. 라싱 유니베르시테르 알제는 1935년과 1939년 살롱쥬 스테그Challenge Steeg에서 우승하며 북아프리카 챔피언 자리에 올랐다. 이 트로피는 1921~25년 알제리 총독을 지낸 테오도르 스테그Théodore Steeg의 이름을 딴 것이었다.

클럽의 식민지적 상징성은 알제리 독립 전쟁 시기 폭탄 테러의 표적이 되면서 더욱 분명해졌다. 1957년 2월 10일, 엘 비아르El Biar 경기장에서 열린 스포르팅 클럽 유니베르시테르Sporting Club Universitaire와의 경기 도중 알제리 민족해방전선 특공대가 폭탄을 터뜨렸다. 같은 날, 갈리아 스포츠의 경기가 열리던 또 다른 경기장에서도 유사한 공격이 벌어졌다. 이 사건으로 라싱 팬클럽 '알레즈 RUAAllez RUA'의 에밀 랑베르Émile Lambert를 비롯한 여러 명이 희생됐다.

이 폭탄 테러는 클럽이 맞이할 비극적 최후의 서막이었다. 1962년 알제리 독립과 함께 모든 식민지 클럽은 해산됐고, 알제리 리그는 독립국가의 전국 리그로 재편됐다. 그러나 알베르 카뮈는 이를 보지 못했다. 그는 이미 1960년에 세상을 떠났다.

알제리대학 축구팀의 골키퍼였던 카뮈는 독립전쟁 중 프랑스로 이주했고, 자신이 뛰던 라싱 유니베르시테르 알제와 같은 색 유니폼을 입는다는 이유로 라싱 클럽 드 파리Racing Club de Paris의 팬이 됐다. 나중에 그는 이 팀이 단지 유니폼 색만이 아니라 경기 방식에서도 라싱 유니베르시테르 알제를 닮았다는 사실을 깨달았다. 그는 이렇게 말했다.

> "두 팀 모두 과학적으로 경기를 운영하면서도, 꼭 이겨야 할 경기에서 과학적으로 패배한다."

어쩌면 이는 축구가 결코 '과학'으로 완전히 환원될 수 없다는 사실, 그리고 바로 그 점이 축구의 매력이라는 점을 말해주는 것인지도 모른다.

★★★
클루브 아틀레티코 데 테투안
식민지 팀에서 모로코의 강팀으로

FIFA 클럽 월드컵은 각 대륙 챔피언이 참가하지만, 개최국의 리그 챔피언도 출전할 수 있다. 이 규정 덕분에 레알 마드리드가 세계 정상에 올랐던 2014년 대회에는 모로코 리그 우승팀도 함께했다. 그 팀은 모그레브 아틀레티코 테투안Moghreb Atlético Tétouan으로, 식민지 시대 모로코의 역사를 상징하는 대표적인 축구 클럽이었다. 이 팀은 스페인령 모로코(모로코의 북부와 남부) 시기, 아틀레틱 클루브 데 테투안Athletic Club de Tetuán이라는 이름으로 창단됐으며, 유럽 리그 최상위 무대에 진출한 최초의 아프리카 팀이었다.

아틀레티코 마드리드와 역사적 연관성을 가진 테투안은 지금도 긴밀한 관계를 유지하며 비슷한 유니폼을 입는다. 이 팀이 클럽 월드컵에 참가하면서 대회는 더욱 흥미로워졌다. 그 이유는 단순했다. 테투안이 레알 마드리드와 맞붙어, 불과 6개월 전 리스본에서 열린 챔피언스리그 결승에서의 패배를 대신 설욕할 기회를 잡을 수 있었기 때문이다. 당시 레알 마드리드는 연장전 끝에 통산 10번째 우승을 차지하며, 아틀레티코 마드리드의 오랜 꿈이었던 유럽 정상 등극을 좌절시켰다.

그러나 모로코의 아틀레티코와 레알 마드리드의 맞대결은 끝내 이뤄지지 않았다. 테투안이 예선에서 뉴질랜드의 오클랜드 시티 FC Auckland City FC에 패해 탈락했기 때문이다. 이로써 테투안이 1951-1952시즌 스페인 1부 리그에서 기록했던 역사적인 순간을 재현할 기회도 사라졌다. 그 시즌은 테투안이 스페인 1부 리그에서 보낸 유일한 해였으며, 당시 테투안은 곧 유럽 최강으로 성장할 레알 마드리드와의 경기에서 3-3 무승부를 기록한 바 있다.

오늘날 모그레브 아틀레티코 테투안의 기원은 1913년 스페인이 모로코 북부를 보호령으로 삼으며 식민 통치를 시작한 시기로 거슬러 올라간다. 수천 명의 스페인 병사가 테투안에 주둔하면서 축구가 전파됐고, 이들은 병영 내에서 지역 최초의 축구팀을 결성했다. 당시 징집병 가운데 특히 주목받은 인물은 '피치치Pichichi'(득점왕)라는 별명으로 알려진 라파엘 모레노 아란사디Rafael Moreno Eranzadi였다. 그는 테투안에서 군 복무를 하며 축구를 했다.

스페인령 모로코에서 가장 먼저 생겨난 클럽 가운데 두 곳은 스포르팅 데 테투안Sporting de Tetuán과 이스파노 마로키Hispano-Marroquí였다. 두 팀은 1922년 합병해 아틀레틱 클루브 데 테투안을 결성했다. 초기 활동은 오래가지 못했지만, 이후 아틀레티코 마드리드 팬이었던 스페인 군인들에 의해 부활했다. '매트리스 제작자'로 알려진 아틀레티코 마드리드는 원래 빌바오 아틀레틱 클럽의 지부였으며, 테투안 클럽은 이 전통을 이어 엠블럼과 빨간·흰색 줄무늬 유니폼까지 그대로 따랐다.

그러나 아틀레틱 클루브 데 테투안은 현지인들에게는 쉽게 공감할 수 없는 식민지 클럽이었다. 특히 창단 시기가 스페인군의 잔혹한 진압으로 이어진 리프 전쟁Guerra del Rif[2]과 맞물려 있었다. 테투안 클럽은 첫 몇십 년간 모로코 식민지 내 스페인 축구 하부 리그에서 활동했다. 이 북아프리카 팀은 스페인 모로코 지역 챔피언십에 참가했는데, 이 대회의 우승팀은 코파 데 에스파냐(스페인컵) 출전권을 얻었다. 또한 스페인 통치하 모로코 내 주요 권력자인 칼리파의 이름을 딴 코파 데 수 알테사 임페리알 엘 할리파(칼리파 전하컵)에도 출전했다.

모로코 북부 도시 테투안의 팀은 스페인 내전 이후 축구 활동이 중단됐던 보호령에서 새로운 전환점을 맞았다. 전쟁에서 파시스트 세력이 승리한 뒤 스페인 축구가 재편되면서, 당국의

---

2 1920~27년 모로코 북부 리프 지역에서 벌어진 식민지 전쟁. 스페인과 프랑스가 연합해 리프 공화국의 독립운동을 진압했으며, 현지 주민들은 대규모 학살과 잔혹한 처우를 겪었다.

결정은 마그레브³ 축구팀의 운명에 중대한 변화를 가져왔다.

1940년 프랑코 독재정권은 축구 클럽들의 이름을 스페인식으로 바꾸도록 강요했다. 이에 따라 아틀레틱 클루브 데 테투안은 공식적으로 클루브 아틀레티코 데 테투안Club Atlético de Tetuán으로 개명됐고, 모로코 보호령의 팀들은 새롭게 재편된 스페인 3부 리그에 편입됐다.

클루브 아틀레티코 데 테투안은 뛰어난 경기력을 바탕으로 스페인 축구의 실버 티어(2부 리그)로 승격했다. 당시 2부 리그는 두 개의 그룹으로 나뉘어 있었는데, 테투안은 1950-1951시즌에서 눈부신 활약을 펼치며 스페인 1부 리그로 승격하는 쾌거를 이뤘다. 북아프리카 팀인 테투안에게 이는 역사적 업적이었으며, 클루브 아틀레티코 데 테투안은 유럽 리그 1부에서 뛴 아프리카 최초이자 유일한 클럽이 됐다.

그러나 1951-1952시즌 1부 리그 성적은 초라했다. 실제로 이 팀은 1부 리그 역사상 두 번째로 최악의 성적을 기록했는데, 이보다 더 나쁜 성적을 낸 팀은 쿨투랄 이 데포르티바 레오네사Cultural y Deportiva Leonesa뿐이다. 첫 시즌을 마친 뒤 테투안은 자연스럽게 강등됐지만, 라 이피카 경기장에서 몇 차례 인상 깊은 경기를 펼쳤다. 이 경기장은 스페인 식민지 초기인 1913년 건축

---

3 아랍어로 '서쪽'을 뜻하며, 북아프리카 서부 지역을 가리키는 말이다. 일반적으로 모로코, 알제리, 튀니지, 리비아, 모리타니 등을 포함한다.

가 마르케스 데 바렐라Márquez de Varela가 설계한 것으로, 아프리카에서 가장 오래된 경기장 중 하나로 꼽힌다. 클럽은 이곳에서 역사상 가장 큰 성과를 올렸는데, 아틀레티코 마드리드를 4-1로 완파했고 레알 마드리드와도 값진 무승부를 기록했다.

테투안은 처음에는 주로 스페인 선수들로 구성됐지만, 점차 모로코 선수들을 영입하며 지역 주민의 공감과 지지를 얻었다. 1956년 모로코가 스페인으로부터 독립하면서 클럽은 중대한 전환점을 맞았다. 스페인 측 구성원들은 더 이상 스페인 리그에 참여할 수 없다는 현실을 받아들이기 어려워했고, 모로코인들은 새로 창설된 모로코 리그에서 클럽의 유산을 이어가고자 했다.

결국 클럽은 둘로 갈라졌다. 스페인 측 경영진과 선수들은 인근 스페인령 도시 세우타로 이동해 현지 팀 소시에다드 데포르티바 세우타Sociedad Deportiva Ceuta와 합병했다. 이 새 팀은 테투안의 스페인 리그 참가권과 모로코 독립 이전 소속이던 스페인 2부 리그 자격을 공식적으로 승계했다.

한편, 테투안의 모로코인 구성원들은 북아프리카 식민지 팀의 정신을 계승하기 위해 모그레브 아틀레티코 테투안을 창단했다. '모그레브'는 아랍어로 '모로코'를 뜻하며, 클럽이 모로코 민족주의의 영향을 강하게 받았음을 보여준다. 새로 창단된 이 클럽은 유니폼, 경기장, 팬, 이름 등 이전 팀의 대부분을 이어받으면서도 '이제는 모로코 팀'임을 분명히 했다. 이를 위해 모로코 왕립 축구연맹에 가입해 연맹 주관 대회에 참가하며 새로운 출발을 알렸다.

모그레브 아틀레티코 테투안은 오랫동안 모로코 축구에서 큰 두각을 나타내지 못한 채 주로 2부 리그에 머물렀고, 가끔 1부 리그로 승격하곤 했다. 하지만 시간이 지나면서 팀 실력, 재정적 기반, 팬층이 크게 성장했고, 2012년에는 마침내 모로코 리그 우승을 차지했다. 이 우승은 긴박했던 마지막 경기에서 극적으로 이뤄졌는데, 당시 팬들은 모로코 축구 역사상 최대 규모의 원정 응원단을 꾸려 수도 라바트를 점령했다.

이 우승으로 모그레브 아틀레티코 테투안은 모로코 축구의 강호로 자리 잡기 시작했다. 이는 당시 구단주였던 사업가 압델말렉 아브룬Abdelmalek Abroun의 아낌없는 재정 지원 덕분이었다. 그는 클럽의 도약을 이끌었을 뿐 아니라, 2007년 아틀레티코 마드리드와 협력 협정을 체결해 클럽의 뿌리를 되새기는 의미 있는 발걸음을 내디뎠다.

2018년, 14년간 클럽을 이끌어온 아브룬이 회장직에서 물러날 무렵, 한때 스페인 식민지 클럽이던 팀은 이미 모로코 리그의 대표 강팀으로 변모해 있었다. 이를 보여준 성과가 2014년 두 번째 리그 우승이었고, 그 결과 같은 해 FIFA 클럽 월드컵 출전권을 획득했다.

모그레브 아틀레티코 테투안의 역사는 지난 세기 모로코의 변화를 압축적으로 보여주는 하나의 비유와도 같다. 원래 이 클럽은 원주민 반란을 진압하던 스페인 병사들이 만든 식민지 팀으로 출발했다. 그러나 시간이 흐르며 사업가의 재정 지원을 받아 모로코 축구의 강팀으로 성장했고, 이는 FIFA의 전폭적 지지를 바탕으로 클럽 월드컵을 개최할 만큼 자신감과 역량을 갖춘 새로운 모로코의 부상을 상징했다.

★★★
JS 마시라
서사하라 점령을 정당화한 클럽

모로코가 프랑스와 스페인의 식민 통치를 벗어나 독립한 뒤, 무함마드 5세 국왕은 '대모로코Greater Morocco' 건설에 전념했다. 이는 스페인 식민지였던 서사하라를 반드시 모로코 영토에 포함해야 한다는 오래된 민족주의적 구상이었다.

무함마드 5세는 뜻을 이루지 못한 채 1961년에 세상을 떠났지만, 뒤를 이은 하산 2세가 이를 계승했다. 그는 1975년 11월 '녹색 행군Green March'이라는 대규모 시위를 통해 서사하라를 점령했다. 수천 명의 모로코 민간인과 군인이 사하라위Sahrawi[4] 지역에 진입해 이곳을 모로코 영토라 주장한 것이다. 당시 스페인

---

4 서사하라 지역에 거주하는 토착 아랍-베르베르계 민족을 가리킨다. 대다수는 무슬림이며, 유목 생활 전통을 이어왔다.

은 식민지 철수 방안을 논의 중이었다.

UN은 서사하라의 탈식민화를 목표로 국제 협정을 중재해 이 지역 주민에게 자결권을 보장했다. 그러나 스페인이 모로코와 모리타니와의 공동 관리에 합의하면서, 독립을 꿈꾸던 사하라 주민들의 새로운 공화국 건설 계획은 좌절됐다.

1979년 모리타니가 사하라 영토에 대한 권리를 포기하자, 모로코는 강제로 점령을 확대해 옛 스페인 식민지 전역을 장악했다. 이로 인해 1976년 2월 27일 독립을 선포한 사하라 아랍 민주공화국을 지지하던 주민 대부분은 망명 생활을 이어가야 했다.

1975년부터 모로코는 점령지에서 스포츠를 포함한 모든 사회 활동을 '모로코화'하려는 전략을 추진했다. 이에 따라 1977년 서사하라의 수도 엘아이운에 사키아 함라 유스클럽Sakia Hamra Youth Club이 창설됐다. 이 클럽은 엘아이운이 속한 사키아 함라 지역의 이름을 따왔으며, 설립 초기부터 모로코 국내 대회에 참가해 이곳이 모로코 영토임을 강조하려는 정치적 목적을 드러냈다.

사키아 함라 유스클럽은 1984년 모로코 1부 리그에 진출하며 최고의 성과를 거뒀고, 이후 세 시즌 동안 1부 리그에서 활약했다. 이는 사하라를 모로코 영토로 규정하는 라바트 정부와 알라위 왕실의 공식 입장을 강화하는 데 기여했다. 그러나 정치적으로 중요한 역할을 하던 이 클럽은 1987년 강등된 뒤, 이후 몇 시즌 동안 모로코 하위 리그에 머물렀다.

모로코 민족주의자들이 '남부 지방'이라 부르는 서사하라에 모로코 최상위 리그 축구팀이 없다는 점은 중요한 정치적 문제였다. 이는 1991년 UN 중재로 체결된 모로코와 폴리사리오 전선Polisario Front(사하라 민족해방운동) 간 협정 때문이었다. 협정에 따라 1992년 2월 이 지역의 영유권을 결정할 주민투표가 실시될 예정이었다.

UN이 주민투표를 조직하기로 했지만, 실제로는 사하라 주민들의 자결권이 철저히 무시됐다. 모로코는 그 사이 더 많은 정착민을 서사하라로 이주시켜 이 지역의 모로코식 정체성을 강화하려 했으며, 이를 통해 향후 주민투표에서 유리한 인구 구성을 만들고자 했다.

1994년 사하라위 자결권 문제가 모로코 정치의 핵심 쟁점으로 부상하자, 왕실은 사하라를 자국의 일부로 인식시키기 위해 총력을 기울였다. 그 과정에서 알라위 왕실은 상징적으로 중요한 1부 리그에 사하라 연고팀이 없다는 문제를 해결하려 했다.

이에 모로코 스포츠 당국은 중부 소도시 벤 슬리만을 연고로 한 군사 축구팀 옥실러리 포스Auxiliary Forces를 엘아이운으로 이전하기로 결정했다. 이 클럽은 1990년 이후 처음으로 1부 리그 승격에 성공했고, 그 결과 모로코 축구 최상위 리그에서 '남부 지방'을 대표하는 팀이 됐다.

1977년에 창단된 벤 슬리만 군사 클럽은 고향을 떠나 사하라로 이전하며 JS 마시라JS Massira로 이름을 바꿨다. 이 팀은 1994-1995시즌 모로코 1부 리그에 데뷔했고, 이후 모로코의 점령 정책을 뒷받침하는 정치적 도구로 활용됐다. 이후 18시즌 동안 1부 리그에서 활약하며 라바트 당국에 상징적으로 중요한 역할을 했다.

그러나 JS 마시라의 1부 리그 합류는 처음부터 논란이었다. 팀은 대부분 모로코 북부 클럽과의 경기를 위해 장거리 원정을 떠나야 했고, 1997년에는 잠시 벤 슬리만으로 복귀해 훈련과 생활을 이어가며 공식 경기 때만 엘아이운으로 이동했다. 이는 클럽 이전이 스포츠가 아닌 정치적 목적에서 비롯된 결정임을 분명히 보여줬다.

또 다른 논란은 JS 마시라가 1부 리그에서 18년간 강등되지 않았다는 점이었다. 보톨라 프로Botola Pro로 개편된 이후에도 이 팀은 여러 차례 수상쩍은 방식으로 잔류했고, 이는 '남부 지방'을 최상위 리그에 남겨두려는 정치적 의도가 작용한 것 아니냐는 의심을 낳았다.

결국 2011-2012시즌 부진 끝에 JS 마시라는 보톨라 프로에서 강등됐다. 이는 팀이 오랫동안 정치적 특혜를 누렸다는 비판 속에서 새롭게 프로화한 모로코 리그가 신뢰를 회복하는 계기가 됐다.

그러나 2부 리그로 강등된 뒤에도 JS 마시라는 모로코의 점령을 정당화하는 도구로 활용됐다. 이 때문에 독립을 지지하는 사하라 주민들은 이 팀이 모로코 정착민이 서사하라에 뿌리내린 방식과 다르지 않다고 비판하며, 사실상 응원하지 않았다. 대신 이들은 사하라 아랍 민주공화국 축구 국가대표팀을 지지했다. 비록 이 팀은 자국에서 경기를 치르거나 공식 국제대회에 참가하지 못했지만, 주민들에게는 자국을 진정으로 대표하는 존재였다.

JS 마시라와 모로코 권력층의 긴밀한 관계를 고려하면, 사하라 주민들의 이러한 태도는 자연스러운 결과였다. 예를 들어, 구단주 하산 데르함Hassan Derham은 과거 사키아 함라 유스클럽 선수 출신으로, 모로코 의회 사민당 의원을 지냈으며 현재는 서사하라 최대 화석연료 기업 아틀라스를 이끌고 있다.

또한 클럽 회장직을 두고 경쟁해온 핵심 인물로는 모로코 민족주의 정당 이스티클랄Istiqlal 소속이자 엘아이운 시장인 함디 오위드 라시드Hamdi Ouid Rachid가 있다. 그는 JS 마시라 경기를 누구나 관람할 수 있도록 셰이크 모하메드 라그다프 경기장을 무료 개방하자고 제안하기도 했다. 이는 2만 석 규모 경기장을 현지 주민으로 가득 채워 이 클럽이 모로코 점령의 상징임을 강조하고, 주민들이 클럽에 동질감을 느끼는 것처럼 보이게 하려는 전략이었다.

사하라 당국이 축구를 정치적으로 활용한 대표적 사례는 2015년 엘아이운 경기장에서 열린 경기였다. 디에고 마라도나, 히바우두Rivaldo, 조지 웨아George Weah 등 세계적인 축구 전설들이 참가한 이 경기는, 사하라위를 침공한 '녹색 행군' 40주년을 기념하기 위해 열렸다. 이는 축구와 JS 마시라 같은 활동이 라바트의 서사하라 점령에 정당성을 부여하는 데 얼마나 기여했는지를 다시금 보여줬다.

하피아 FC

아프리카 혁명의 무기

1970년대, 범아프리카주의가 부상하고 식민 과거와의 단절을 요구하는 혁명운동이 활발하던 시기, 해방의 열망을 그 누구보다 선명하게 드러낸 축구팀이 있었다. 바로 코나크리의 하피아 FCHafia Football Club였다. 이 클럽은 스포츠와 정치 활동을 병행하며, 독립 기니의 초대 대통령이자 범아프리카주의 지도자였던 아메드 세쿠 투레Ahmed Sékou Touré의 지침을 따랐다.

하피아 FC의 역사는 사하라 이남 아프리카의 사회·정치적 변화와 긴밀히 맞닿아 있다. 클럽은 1951년 기니 수도 코나크리의 행정구역 명칭을 따 코나크리 IIConakry II라는 이름으로 창단됐다. 당시 기니는 여전히 프랑스 식민지였기 때문에, 코나크리 II는 프랑스 당국이 주도한 첫 번째 챔피언십 우승팀인 라싱 클럽Racing Club과 스포츠 소시에테Sports Society에 가려 있었다.

코나크리 II 팬들은 코나크리 I 팬들과 마찬가지로 젊은 세쿠 투레의 정치 노선에 공감했다. 투레는 아프리카 민주연합RDA의 기니 지부인 기니 민주당PDG을 공동 창당하며, 흑인 대륙의 탈식민화를 강력히 주장했다. 그는 프랑스 하원 의원과 코나크리 시장을 겸임하며 반식민주의 사상을 널리 전파했고, 그의 이념은 기니 대중의 열렬한 지지를 얻었다. 1958년 9월 28일, 기니 국민들은 국민투표를 통해 프랑스와의 연합을 전면 거부했다. 이는 독립의 초석이 됐고, 1958년 10월 2일 기니는 독립을 선포하며 세쿠 투레를 초대 대통령으로 추대했다.

독립 이후 기니 축구계도 빠르게 재편됐다. 식민지 시대 클럽들이 사라지고 현지 주민이 주도하는 팀들이 새로 등장했으며, 코나크리 II도 그 흐름 속에서 성장했다. 1960년 기니 민주당컵 창설로 개혁은 본격화했고, 기니 민주당은 단일 집권당으로 확고히 자리 잡았다. 동시에 주요 외국 기업을 국유화하는 등 마르크스주의에 영향을 받은 정책을 추진하기 시작했다.

새로 출범한 기니 민주당컵은 초창기 몇 년 동안 코나크리 I과 II가 독점하다시피 했다. 1965년 이 대회가 독립 기니 리그로 개편되자, 코나크리 II는 첫 네 시즌을 연속 제패했다.

세쿠 투레 정권이 스포츠를 중시한 가운데 코나크리 II의 성과는 더욱 부각됐다. 이 팀은 곧 아프리카 혁명 투쟁의 상징으로 자리매김했다. 혁명 정부는 클럽에 분명한 범아프리카적 정체성을 부여하기 위해 팀명을 하피아 코나크리Hafia Conakry로 바꿨다. '하피아'는 코나크리 북부의 역사적 지명으로, 기니 토착어로 '재탄생' 또는 '건강'을 뜻한다. 다른 후보였던 '카킴보Kakimbo'는 신비한 숲을 품고 있다고 전해지는 기니 강의 이름이었다. 한편, 코나크리 I은 AS 칼룸 스타AS Kaloum Star로 개칭됐다.

새 이름과 정권의 전폭적 지원은 하피아 코나크리에 결정적 변화를 가져왔다. 이 클럽은 1971년부터 1979년까지 기니 리그 챔피언십을 연속 제패하며 전성기를 구가했다. 기니 민주당은 하피아를 아프리카 혁명의 도구로 간주했고, 세쿠 투레 대통령은 한 연설에서 이 팀을 "기니의 민주주의와 아프리카 혁명적 청년의 상징이자 대변인"이라 칭송했다.

그러나 하피아 코나크리의 전설은 국내 우승 기록만으로 세워진 것이 아니었다. 진정한 명성은 아프리카 대륙 무대에서의 성취에서 비롯됐다. 세쿠 투레는 인근 아프리카 국가들에 자신의 이념을 전파하는 데 특히 열의를 보였고, 이를 위해 하피아 코나크리의 대륙 대회 출전을 전략적으로 활용했다. 그는 특히 아프리카 챔피언 클럽컵의 전신인 콰메 은크루마 골드컵에 큰 의미를 두었는데, 이 대회는 범아프리카주의자로 널리 알려진 가나 대통령 콰메 은크루마Kwame Nkrumah의 이름을 딴 것이었다.

하피아 코나크리는 1972년 우간다의 심바 SCSimba SC를 꺾고 첫 아프리카컵을 들어올리며 본격적으로 대륙 축구사에 이름을 새겼다. 세쿠 투레는 이 승리를 자신의 업적으로 강조하며, 아프리카 축구사에 길이 남을 팀을 만들기 위해 전폭적인 지원을 아끼지 않았다.

1975년에는 기니 선수로는 유일하게 아프리카 발롱도르[5]를 수상한 술레이만 셰리프Suleiman Chérif를 중심으로 팀을 꾸려 다시 대륙 타이틀을 차지했다. 이듬해 대륙 결승 1차전에서는 MC 알제를 3-0으로 완파하며 세 번째 우승을 눈앞에 둔 듯했다. 경기는 기니가 프랑스 식민 지배와의 결별을 선언한 국민투표일을 기념해 이름 붙여진 '9월 28일 경기장Stade du 28 Septembre'에서 열렸다. 그러나 2차전에서 믿기 힘든 반전이 일어났다. MC 알제가 3-0으로 승리한 뒤 승부차기에서 우승컵을 들어올린 것이다. 이 경기는 알제리가 완전한 독립을 선언한 날을 기념해 명명된 '1962년 7월 5일 경기장Stadium of 5 of July 1962'에서 치러졌다.

뜻밖의 패배는 세쿠 투레의 분노를 불러일으켰다. 그는 이를 '기니 민주당에 가해진 국가적 치욕'으로 규정했다. 경기 직후 청소년체육부 장관과 부처 관계자, 알제리 현지에서 경기를 지켜본 기니 축구연맹 관계자, 그리고 패배의 책임을 지목받은 두 선수를 모두 해임했다. 이들은 "혁명의 명예를 더럽히고, 하피아 코나크리의 위상을 추락시키며, 기니 공화국의 존엄을 짓밟은 자들"로 비난받았다.

---

5   1970~94년 프랑스 풋볼France Football이 주관해 아프리카 최고의 선수에게 수여한 상이다. 이후에는 아프리카 축구연맹CAF이 주관하는 'CAF 올해의 선수상'으로 대체됐다.

세쿠 투레는 아프리카 축구 왕좌를 되찾기 위해 선수단을 18명에서 30명으로 확대해 팀 내 경쟁을 강화했다. 전략은 적중했다. 1977년 하피아 코나크리는 아프리카 챔피언 클럽컵 결승에 다시 올라 가나의 아크라 하츠 오브 오크 SC_{Accra Hearts of Oak SC}를 꺾었다. 세 번째 우승을 확정한 결승 2차전은 세쿠 투레 대통령이 직접 관전하는 가운데 '9월 28일 경기장'에서 열렸으며, 아프리카 축구사에 전례 없는 업적으로 기록됐다.

우승이 확정되자 세쿠 투레는 컨버터블 차량을 타고 경기장을 돌며 팬들에게 영광을 헌정했다. 그는 이를 정치적 성과로 해석하며 경기 후 "기니 민주당과 그 혁명이 이룩한 위대한 승리다!"라고 환호했다.

이 세 번째 우승으로 하피아 코나크리는 아프리카 전설의 팀으로 자리매김했고, 은크루마컵을 영구 소유하게 됐다. 이는 세쿠 투레에게 각별한 의미가 있었다. 이 트로피가 범아프리카주의의 동지였던 가나 지도자 콰메 은크루마의 이름을 딴 것이었기 때문이다. 실제로 세쿠 투레는 은크루마가 쿠데타로 축출됐을 때 그를 받아들여 기니의 부통령으로 임명한 바 있었다.

하피아 코나크리는 1978년 아프리카 결승에 다시 올랐지만, 카메룬의 카농 야운데_{Canon Yaoundé}에 패하며 전설을 이어가지 못했다. 클럽의 쇠퇴는 세쿠 투레 정권의 몰락과 궤를 같이했다.

1984년 범아프리카주의 지도자 세쿠 투레가 사망하고 단일 정당 체제가 붕괴하면서 팀은 큰 타격을 입었다. 1985년 마지막으로 국내 리그 우승을 차지한 뒤, 1990년대에는 국내 컵대회 4회 우승을 제외하곤 이렇다 할 성과 없이 침체에 빠졌다. 세쿠 투레의 죽음과 함께, 아프리카 축구의 위대한 상징이었던 하피아 코나크리의 시대도 막을 내렸다. 이들은 경기장에서 축구를 하는 동시에, 아프리카 혁명을 구현하려 했던 시대의 아이콘이었다.

★★★
패시브 레지스터스 SC
평화적 저항의 클럽

'마하트마' 간디는 20세기 가장 중요한 인물 중 한 명으로, 인도의 대영제국 독립에 핵심적 역할을 한 사상적 지도자였다. 모한다스 카람찬드 간디Mohandas Karamchand Gandhi(간디의 본명)는 영국 식민 통치에 맞선 투쟁에서 평화적 시민 불복종을 바탕으로 인도 주권을 쟁취하는 전략을 제시했다.

덜 알려진 사실은, 간디가 또 다른 영국 식민지였던 남아프리카에서 자신의 철학을 발전시켰다는 점이다. 그는 1893년부터 1914년까지 약 20년 동안 머물며 인도인 변호사로서 대영제국이 시행한 인종차별 법률에 맞서 싸웠다. 이 시기 간디는 잘 알려지지 않은 삶의 한 단면을 보여주는데, 바로 축구를 활용해 새로운 스포츠에 열광하던 남아프리카 대중에게 자신의 사상을 전파하려 한 것이다.

간디는 런던에서 법학을 공부하며 처음 축구를 접했다. 런던은 그가 태어난 인도가 복종해야 했던 식민 제국의 심장부였다. 그는 귀족적이고 배타적인 분위기의 크리켓보다 대중적 뿌리를 지닌 스포츠로 축구를 인식하며 특별한 애정을 보였다. 당시 크리켓 역시 영국에서 유래해 인도에서 큰 인기를 끌고 있었다.

졸업 후 변호사 자격을 얻은 간디는 고국으로 돌아갔으나, 그의 경력은 예상치 못한 방향으로 전개됐다. 인도계 디아스포라가 대규모로 형성된 식민지 남아프리카로 파견된 것이다.

간디의 사상적 신념은 이곳에서 본격적으로 형성됐다. 아프리카에 도착한 지 얼마 지나지 않아 그는 사회 문제에 깊이 눈뜨게 된다. 1893년, 일등석 객차에 앉아 있던 그는 차장에 의해 강제로 쫓겨났다. 당시 법률에 따라 일등석은 백인 승객만 이용할 수 있었다. 간디는 흑인과 인도인에게 3등석만 허용하는 규정을 거부하며 자리를 지키려 했으나 결국 기차에서 내쫓겼다.

이 사건은 그의 첫 비폭력 시민 불복종으로 기록됐다. 간디는 부당한 법에 굴복하지 않고 비폭력 저항을 실천하기로 했다. 이는 그가 인종차별, 식민주의, 사회적 불의에 맞서 싸우는 계기가 됐다. 그는 부당한 정부에 대한 불복종을 주장한 19세기 미국 철학자 헨리 데이비드 소로, 비폭력 저항을 옹호한 러시아 철학자이자 소설가 레프 톨스토이에게서 영감을 받아, 남아프리카의 동포들과 함께 자신들을 2등 시민으로 취급하는 차별적 법률에 비폭력으로 맞서는 운동을 조직했다.

이렇게 해서 '사티아그라하Satyagraha'가 탄생했다. 이는 산스크리트어로 '진리의 힘'을 의미하는 개념으로, 평화적 시민 저항운동을 뜻했다. 이 운동은 결국 인도의 독립을 이끌었고, 훗날 남아프리카에서 되살아나 아파르트헤이트 체제에 맞선 넬슨 만델라의 투쟁으로 이어졌다.

간디는 이 전략을 실행하면서 스포츠가 자신의 사상을 널리 퍼뜨리는 데 중요한 수단이 될 수 있음을 깨달았다. 스포츠는 대중의 열정을 자극했으며, 특히 영국 유학 시절부터 매료된 축구에 주목했다. 그것은 단순한 개인적 취향이 아니라, 그의 메시지를 전해야 할 주요 대상이었던 남아프리카의 아시아인과 흑인 공동체 사이에서 축구가 큰 인기를 끌고 있었기 때문이다.

인도인 변호사였던 간디는 축구를 통해 인종차별과 사회적 불평등에 고통받는 소외된 이들의 현실을 알리고자 했다. 이를 위해 그는 20세기 초 남아프리카 주요 도시인 더반, 프리토리아, 요하네스버그에 '패시브 레지스터스 SCPassive Resisters Soccer Clubs'(비폭력 저항자 축구단)을 세웠다. 이름 그대로 이 클럽은 간디의 비폭력 시민 불복종 정신을 구현했다.

당시 남아프리카 축구는 아직 초기 단계였기에 패시브 레지스터스 SC는 공식 리그에 참가하지 않았고, 주로 친선 경기를 치렀다. 간디는 경기 하프타임마다 선수들에게 연설했고, 관중에게는 반인종차별과 저항을 지지하는 전단을 배포했다. 그는 정치적 메시지뿐 아니라 공동체에 전하고자 했던 도덕적 가치

또한 강조했다. 정직함, 페어플레이 정신, 팀워크 같은 덕목이 그의 라커룸 연설에서 자주 언급됐다.

패시브 레지스터스 SC의 주요 활동 무대는 더반 인근 인도인 정착지 피닉스와 요하네스버그의 톨스토이 농장에 마련된 경기장이었다. 이 농장은 불복종을 주장한 러시아 작가의 이름을 따 지어졌으며, 이곳에서 패시브 레지스터스 SC의 가장 기억할 만한 경기가 열렸다. 1910년 프리토리아 레지스터스 팀이 요하네스버그와 맞붙은 이 더비 경기는 단순한 축구 시합을 넘어 인종차별법에 저항하다 체포된 100명의 인도인 투사에 대한 항의 시위로 발전했다. 패시브 레지스터스 SC의 경기는 단순한 스포츠 행사가 아니라 불의와 억압에 맞선 평화적 불복종을 촉진하는 정치적 행동이 됐다.

남아프리카공화국의 인도인 공동체는 이 3개의 저항팀을 열렬히 지지하며 이를 본보기로 여러 축구 클럽을 만들었다. 1903년, 이 클럽들은 간디의 지원을 받아 남아프리카공화국 인도축구연맹을 결성했고, 이는 인도인 클럽들이 조직하기 시작한 소규모 지방 리그들을 통합하는 상위 기구 역할을 했다.

간디의 사상과 불복종 전략은 빠르게 확산되며 민족주의와 반식민주의를 수용하던 신흥 인도 부르주아 계층의 관심을 끌었다. 결국 이들은 간디를 설득해 인도로 돌아가 비폭력 불복종 운동을 본격적으로 펼치게 했고, 이는 1947년 인도의 독립으로 이어졌다.

간디가 인도로 돌아가면서 패시브 레지스터스 SC 활동에는 더 이상 관여하지 못했고, 클럽의 활동은 점차 쇠퇴해 1936년 결국 해체됐다. 그러나 간디는 여전히 남아프리카공화국 인도인 축구에 관심을 보였다. 그는 1921~22년 인도 투어에 나선 크리스토퍼스 원정대에 축복을 보내며 지지했는데, 이 팀은 남아프리카공화국에서 간디와 함께 비폭력 시민 불복종 운동을 펼친 앨버트 크리스토퍼Albert Christopher의 인도인 축구팀이었다.

간디의 남아프리카공화국 축구 유산은 이후 아파르트헤이트에 저항한 이들에 의해 되살아났고, 이들은 인종차별 없는 축구 클럽과 연맹 설립에 앞장섰다. 그 결과 간디가 1903년에 창립을 도왔던 남아프리카공화국 인도 축구연맹은 인종차별적이던 남아프리카공화국 축구협회SAFA에 맞서 다인종 단체인 남아프리카 축구연맹SASF이 탄생하는 데 큰 영향을 미쳤다. 이는 축구가 간디의 정신을 바탕으로 차별과 불의에 맞서는 도구가 됐음을 보여주는 역사적 사례다.

9장
아메리카

1986년, 코브레 경기장에서 한 광부가 CD 코브레살 선수들을 맞이하고 있다.

★★★
뉴욕 램블러스
동성애 혐오에 맞선 무지개 축구

많은 축구 클럽이 노동계급과 진보적 정치 성향에 뿌리를 두고 있음에도, 전 세계 축구 경기장은 오랫동안 동성애 혐오가 만연한 공간이었다. 축구 팬 다수가 남성으로 구성되어 있고, 이 스포츠가 전통적으로 강한 남성성을 강조해온 탓에, 경기장에서 가장 흔히 들리는 모욕은 상대 선수를 동성애자로 조롱하는 것이었다.

대부분의 축구 클럽은 이런 문화를 피하지 못했으며, 좌파 성향의 팬층을 자랑하는 클럽조차 예외가 아니었다. 그러나 1980년대 큰 변화를 겪은 FC 장크트파울리만큼은 달랐다. 성소수자인 회장과 정치의식이 높은 팬들의 힘으로 이 클럽은 축구계에 만연했던 동성애 혐오를 넘어선 드문 사례로 평가받는다.

축구계의 적대적 분위기를 보여준 대표적 사건은 1998년 저스틴 파샤누Justin Fashanu의 자살이었다. 그는 데이트 중 발생한 성폭행 혐의로 기소됐으나, 파샤누와 LGBT 운동 진영은 그 관계가 합의에 따른 것이었다고 일관되게 주장했다. 나이지리아계 영국인 선수였던 파샤누는 자신이 동성애자임을 공개적으로 밝힌 최초의 프로 축구 선수였으며, 이는 동성애 혐오가 만연한 축구계에서 전례 없는 일이었다.

성적 지향을 드러낼 수 없는 적대적 분위기를 깨기 위해 역사상 최초의 게이 축구팀, 뉴욕 램블러스New York Ramblers가 탄생했다. 이 팀은 뉴욕의 대표적 LGBTQI+ 지역인 그리니치 빌리지에 모이던 동성애자 축구 애호가들이 센트럴파크의 '램블'이라 불리는 구역에서 아마추어 경기를 치르며 출발했다. 이 만남의 장소에서 이름을 얻은 뉴욕 램블러스는 오늘날까지 이어지며 게이 축구팀의 선구자로 자리매김하고 있다.

뉴욕 램블러스의 등장은 비슷한 철학을 지닌 새로운 클럽들의 탄생으로 이어졌다. 이들은 동성애에 적대적인 축구 환경에서도 성적 지향을 숨기지 않고 뛰고자 하는 아마추어 선수들을 위한 팀이었다. 초기에는 게이 축구의 성장이 미국에 국한됐으나, 1982년 샌프란시스코에서 열린 첫 번째 LGBT 올림픽인 게이 게임스Gay Games를 계기로 더 큰 주목을 받았다. 이 대회에서 덴버와 샌프란시스코를 대표하는 두 팀이 출전해, 오직 동성애자 선수들로만 구성된 역사상 첫 공식 축구 경기를 치렀다.

뉴욕 램블러스의 철학을 계승한 클럽들이 늘어나면서 1992년 국제 게이·레즈비언 축구연맹이 설립됐다. 이 조직은 전 세계 성소수자 선수들을 하나로 연결하고, 축구를 통해 동성애에 대한 편견을 없애는 것을 목표로 삼았다. 새로 창립된 연맹은 샌프란시스코에서 열린 첫 대회 이후 4년마다 열리는 게이 게임스 축구 대회를 주관했으며, 매년 게이·레즈비언 축구 챔피언십도 개최하고 있다.

연맹의 노력으로 LGBT 축구는 유럽으로 확산됐다. 1994년 쾰른의 크림 팀Cream Team이 미국 외 팀으로는 처음으로 게이 클럽 월드컵에서 우승했고, 독일 팀의 이 성과는 다음 대회를 베를린에서 개최하는 계기가 됐다. 이후 대회는 유럽 주요 도시로 이어졌다.

동성애자 축구는 캐나다, 호주뿐 아니라 아르헨티나와 멕시코를 포함한 일부 남미 국가로도 퍼져나갔다. 멕시코는 2007년과 2012년에 클럽 월드컵을 개최하기도 했다. 그러나 여전히 가장 큰 과제는 동성애 탄압이 극심한 지역으로 이 운동을 확장하는 것이다. 억압이 심한 환경에서는 동성애자를 중심으로 한 팀을 공식적으로 창설하는 것 자체가 사실상 불가능하기 때문이다.

LGBTQI+ 커뮤니티 내부에서도 게이 게임스와 같은 행사나 동성애자 팀의 창설을 반드시 큰 진전으로만 보지는 않는다. 이들은 이러한 행사가 스포츠에서 동성애를 자연스럽게 받아들이게 하기보다는, 오히려 동성애자만의 고립된 스포츠 공간을 만드는 데 그친다고 비판한다. 진정으로 필요한 것은 동성애를 축구와 스포츠 전반의 일상적인 일부로 받아들이는 것이지, 동성애자와 이성애자를 인위적으로 분리하는 접근이 아니라는 것이다. 그러나 이런 의견이 일리가 있더라도, 축구계에 여전히 뿌리 깊게 남아 있는 동성애 혐오 탓에 실현하기는 쉽지 않다.

이런 편견 어린 분위기를 깨려는 시도 가운데 하나가 바로 특정 클럽의 LGBTQI+ 팬들을 모은 퀴어 풋볼 팬클럽Queer Football Fanclubs이다. 이 운동은 독일에서 FC 장크트파울리의 한 동성애자 팬 그룹의 주도로 시작됐으며, 이후 독일 여러 클럽으로 퍼져나갔다. 이어 유럽 각지의 팬 그룹들이 동참하면서 규모가 확대됐다.

퀴어 풋볼 팬클럽은 축구계의 모든 차별에 반대하며, 피부색과 성적 지향을 넘어 다양성을 존중하는 활동에 힘써왔다. 특히 매년 2월 19일 열리는 국제 축구 동성애 혐오 반대의 날에도 적극 참여하는데, 이 날짜는 최초로 커밍아웃한 프로 축구 선수였던 저스틴 파샤누가 생을 마감한 날이기도 하다.

축구계에서 동성애 혐오를 근절하기까지는 아직 갈 길이 멀다. 이는 사회 전반에도 마찬가지다. 그러나 전통적으로 동성애에 적대적이었던 축구계가 이러한 폐해를 극복하기 위해 노력하고 있다는 사실만으로도 분명 희망적인 의미를 지닌다.

SC 코린치앙스 파울리스타
축구장에서 꽃핀 민주주의

20세기 내내 세계 곳곳에서 독재정권이 출현했으며, 남미의 강국 브라질도 예외가 아니었다. 1964년 CIA의 지원을 받은 군사 쿠데타로 브라질에서 주앙 굴라르João Goulart 대통령의 짧은 민주주의 시기가 막을 내렸다.

새로 들어선 정권은 미국의 공개적인 지지를 등에 업은 우익 독재정권이었다. 다른 전체주의 체제와 마찬가지로 브라질 군사정권 역시 축구를 철저히 통제해 권력층의 이익을 위한 도구로 삼았다.

브라질에서 '오 조고 보니토o jogo bonito', 즉 '아름다운 경기'는 종교와도 같은 존재였다. 그러나 이 신성한 경기는 정권과 결탁한 기회주의적 사업가들에게 부동산 부패와 부 축적의 수단으로 악용됐고, 수십 개의 신축 경기장은 그들의 탐욕을 가리는 명분에 불과했다.

　동시에 정권은 선수들을 소속 클럽에 평생 묶어두는 계약 제도를 도입해, 선수와 클럽 간의 관계를 사실상 봉건적 수준으로 고착화했다. 이는 브라질 선수들의 해외 이적을 막고 국내 리그의 경쟁력을 유지하려는 명분을 내세웠지만, 결과적으로 많은 선수가 국가 최저임금에도 못 미치는 보수에 시달리며 빈곤으로 내몰렸다.

　독재정권은 국가대표 선수들의 이익이 아니라, 권위주의 정권과 결탁한 브라질 클럽 운영진의 이익을 위해 움직였다. 이 불합리한 구조는 1960년대 후반부터 1970년대를 거쳐 1980년대 초반 정점에 이르렀다. 당시 군사정권은 브라질 축구를 완전히 장악했는데, 이를 보여주는 대표적인 사례가 브라질 축구연맹BFC 회장직과 국가 스포츠 위원회 위원장직에 각각 군 장교 출신인 헬레누 누네스Heleno Nunes와 제로니무 바스투스Jerônimo Bastos를 앉힌 것이다.

　그럼에도 브라질은 1970년 멕시코 월드컵에서 전승으로 우승하며 세계 챔피언 자리에 올랐다. 아이러니하게도, 이 역사적인 승리를 이끈 감독은 브라질 지하 공산당원 출신이자 열렬한 좌파였던 주앙 살다냐João Saldanha였다. 그러나 그는 정치적 성향 때문에 권력층의 압박을 받아 결국 감독직에서 물러나야 했다.

　하지만 월드컵 우승은 독재정권이 강요한 평생 계약에 묶인 브라질 선수들의 고통을 덜어주지 못했다. 선수들이 겪은 착취는 경기력에도 악영향을 줬고, 이는 종종 선수와 경영진 간의 충돌로 이어졌다.

이런 문제가 가장 두드러지게 나타난 곳 중 하나가 바로 SC 코린치앙스 파울리스타SC Corinthians Paulistadanha였다. 이 클럽은 1980년대의 사건들을 통해 '민중의 축구', 그리고 축구 안에서의 자유를 상징하는 기준점이 됐다.

사실, SC 코린치앙스 파울리스타는 태생부터 노동자 계급의 정체성을 지니고 있었다. 20세기 초 브라질에서 처음 세워진 배타적 클럽들이 부유층과 긴밀히 연결돼 있던 것과 달리, 이 클럽은 그러한 구조에 맞서기 위해 만들어졌다. 아이러니하게도, 이는 오늘날 축구가 대중의 열정과 정체성을 가장 강하게 담아내는 스포츠로 자리 잡는 데 중요한 토대가 됐다.

1910년 9월 1일, 상파울루의 노동자 계급 지역 봉헤치로에서 트램을 타고 돌아가던 몇몇 노동자가 도시 빈민층을 위한 축구 클럽 창단을 결심했다. 당시 마침 런던의 코린시안 FCCorinthian FC가 브라질에서 순회 경기를 하고 있었는데, 이 우연이 창립자들에게 영감을 주어 클럽 이름을 '코린치앙스 파울리스타'로 정하게 됐다.

SC 코린치앙스 파울리스타는 곧 성공 가도를 달리기 시작했다. 1914년에는 첫 상파울루 지역 챔피언십에서 우승하며 상파울루 아틀레틱 클럽São Paulo Athletic Club, 클럽 아틀레티코 파울리스타노Club Athletico Paulistano 같은 상류층의 지지를 받던 강팀들에 도전장을 내밀었다.

이 클럽이 자유롭고 민주적인 성격과 노동자 계급의 정체성을 가장 뚜렷하게 보여준 시기는 1980년대 초 군사 독재가 극심하던 시기였다. 당시 소크라치스Sócrates, 블라디미르Wladimir, 제논Zenon 같은 스타 선수를 보유하고도 팀은 1981년 브라질 2부 리그로 강등됐다. 이는 선수들과 경영진 사이의 오랜 갈등이 빚어낸 결과였다.

성적 부진 끝에 당시 회장 비센치 마테우스Vicente Matheus가 사임했고, 후임으로 발데마르 피레스Waldemar Pires가 취임했다. 그는 클럽의 운명을 바꿀 중대한 결정을 내렸다. 사회학자 아딜송 몬테이루 아우비스Adilson Monteiro Alves를 운영 책임자로 임명한 것이다. 35세였던 아딜송은 독재정권에 맞선 학생운동을 주도하다 투옥된 경험이 있는 인물이었다.

그의 합류는 클럽 운영 방식을 완전히 바꿔놓았다. 아딜송은 위기 해결을 위해 선수들과 직접 대화에 나섰고, 의사결정 과정에 그들을 참여시키는 혁신적 방식을 도입했다. 특히 그는 팀 내에서 가장 영향력 있는 소크라치스와 블라디미르의 전폭적인 지지를 얻는 데 성공했다.

아딜송과 선수들의 실천은 단순했다. 바로 클럽 운영의 민주화였다. 선수들은 더 이상 급여만 받는 직원이 아니라, 경영진과 동등한 위치에서 운영에 참여하는 관리자가 됐다. 이렇게 해서 축구 클럽 역사상 가장 혁신적인 자율 경영 실험이 시작됐다. 선수와 직원들은 운영 방식을 함께 결정했고, 입장권 판매와 TV 중계권 수익도 공정하게 나눴다.

자율 경영은 주요 결정에도 직접 반영됐다. 1982년 선수들은 민주적 투표를 통해 제 마리아Zé Maria를 감독으로 선출했다. 그는 SC 코린치앙스 파울리스타의 전 선수이자, 1970년 월드컵 우승 국가대표 출신이었으며, 동시에 민주주의 운동가이기도 했다. 이 선택은 성공적이었다. 팀은 1982년과 1983년 연속으로 상파울루 지역컵을 제패했다.

군사 독재 체제 아래에서 민주적으로 운영된 축구 클럽의 성공은 큰 반향을 일으켰다. SC 코린치앙스 파울리스타는 곧 브라질 민주화 운동의 상징으로 자리 잡았고, 민주적 정치 모델로 평가받았다.

소크라치스는 당시의 성공이 코린치앙 민주주의 운동의 기반이 됐으며, 자율 경영 체제에서도 챔피언이 될 수 있음을 입증했다고 강조했다. 실제로 이 실험은 다른 클럽에도 영향을 미쳤다. 그러나 SC 코린치앙스 파울리스타의 최대 라이벌이자 부유층과 연관된 클럽인 SE 파우메이라스SE Palmeiras와 상파울루 FCSão Paulo FC가 이 모델을 도입하려 했으나, 경영진이 선수들의 움직임을 조기에 차단했다.

SC 코린치앙스 파울리스타 선수들은 임금과 노동 조건 개선을 이뤄낸 뒤, 정치적 영역까지 포함하는 더 큰 목표를 세웠다. 소크라치스는 이를 이렇게 회상했다.

"처음에는 우리의 노동 조건을 바꾸려 했습니다. 그다음에는 우리나라 스포츠계의 구조를, 마지막으로는 정치 자체를 바꾸고 싶었습니다."

브라질 정치를 바꾸고자 한 SC 코린치앙스 파울리스타의 열망은 과감한 이념적 메시지를 유니폼에 담는 것으로도 나타났다. 다른 브라질 팀들이 후원사 이름을 넣기 시작하던 시기에, 이들은 1983년 3월 15일 치러진 상파울루 주지사 첫 보통선거를 앞두고 투표를 독려하는 메시지를 유니폼에 담았다. '15일에 투표하세요!'라는 문구가 적힌 유니폼은 선거, 즉 브라질이 독재에서 벗어나고 있다는 첫 신호에 대한 명확한 지지 표현이었다.

그해 지역 챔피언십 결승전에서 팀은 '이기든 지든, 언제나 민주주의 안에서!'라는 슬로건이 적힌 현수막을 들고 경기장에 입장했다. 이 메시지는 팀의 사기를 끌어올린 듯했고, 팀은 숙적 상파울루 FC를 꺾고 우승 트로피를 들어올렸다. 결승골은 의학 박사 학위를 가진 선수이자 브라질 민주주의 투쟁의 상징이 된 소크라치스가 넣었다.

코린치앙 민주주의 운동은 선수들을 평생 계약에 묶어두던 제도를 철폐하며 주요 요구 중 하나를 실현했다. 덕분에 소크라치스는 1984년 브라질을 떠나 이탈리아의 ACF 피오렌티나ACF Fiorentina와 계약할 수 있었다. 그가 떠난 뒤 브라질은 본격적인 민주화의 길을 걷기 시작했다. 이듬해인 1985년, 그는 피렌체에서 사회민주주의자 조제 사르네이José Sarney가 대통령으로 선출되며 브라질에 민주 정부가 부활하는 순간을 지켜봤다.

코린치앙 민주주의 운동은 독재정권에 가장 효과적으로 맞서며 대중적 지지를 얻은 저항운동 중 하나였다. 이는 1980년대에 등장한 몇몇 주요 정치운동과 같은 시기에 전개됐다. 그중에는 1980년 룰라 다 시우바Lula da Silva가 창당한 노동자당PT이 있었으며, SC 코린치앙스 파울리스타의 상징적 선수인 소크라치스, 블라디미르, 카사그란지Casagrande, 루이스 페르난두Luis Fernando가 이 당에 참여했다.

아이러니하게도, 브라질 민주주의의 도래는 코린치앙 민주주의 운동의 종말을 불러왔다. 중심 인물이었던 소크라치스가 이탈리아로 이적하면서 운동은 이미 힘을 잃었고, 1985년 과거 경영진이 다시 클럽을 장악해 반항적인 선수들을 축출하면서 완전히 막을 내렸다.

결국 브라질의 민주화는 코린치앙 민주주의 운동의 끝을 의미했다. 그러나 이 운동은 자유와 자율 경영의 독특한 사례로, 브라질 축구 선수들이 개인주의적이고 사회적 책임감이 부족하다는 고정관념을 깨뜨렸다. 그 결과 SC 코린치앙스 파울리스타는 자유와 민주주의를 상징하는 민중 축구의 영원한 아이콘으로 남게 됐다.

★★★

CD 코브레살

아타카마 사막의 광부 클럽

2005년 4월, CD 코브레살CD Cobresal은 칠레 클라우수라 리그에서 우승을 차지했다. 이 뜻 깊은 승리는 많은 칠레인으로 하여금 '엘살바도르El Salvador'가 어디에 있는지 지도를 펼쳐 보게 만들었다. 엘살바도르는 1979년 CD 코브레살이 창단된 광산 마을로, 현재 인구는 9,000명에 못 미친다.

이곳은 지금도 칠레에서 가장 외딴 지역 가운데 하나로 꼽힌다. 아타카마 사막 한가운데, 안데스산맥 인근 해발 2,300미터 지대에 자리 잡고 있다. 1950년대 이 지역의 구리 광산 노동자들을 위해 조성된 정착지로, 마을 이름 '엘살바도르'는 '구세주the saviour' 또는 '우리의 구세주our saviour'를 뜻한다. 이는 인근에서 발견된 새로운 광맥이 아타카마 광산 산업을 위기에서 구해

낸 것을 기념해 붙여진 이름이다.

엘살바도르가 가장 번성했던 시기는 1970~80년대로, 이 시기 총인구는 1만 5,000명을 넘어섰다. 의료, 교육, 여가 시설 등 사회 인프라가 확충되면서 주민들의 삶의 질도 크게 향상됐다.

1971년 살바도르 아옌데가 이끄는 인민연합 정부는 북미 기업이 운영하던 엘살바도르 광산을 국유화했다. 이 조치는 1973년 9월 11일 아우구스토 피노체트가 정권을 잡은 뒤에도 철회되지 않았다. 오히려 피노체트 정권은 엘살바도르 광산을 비롯한 모든 구리 광산을 국영 광산기업 코델코Codelco의 통제 아래 두었다.

피노체트 군사정권의 프로젝트는 칠레를 탈중앙화해 새로운 전체주의 정권에 대한 지역적 지지를 얻으려는 의도로 추진됐다. 칠레에서 가장 인기 있는 스포츠인 축구는 이러한 계획의 핵심이었다. 군사 당국은 축구가 정권 선전과 사회 통제에 유용하다는 점을 잘 알고 있었고, 이를 위해 산티아고와 권력 중심지에서 먼 지역, 특히 아타카마와 같은 곳에 프로 축구 클럽들을 설립했다.

국립구리공사는 이 새로운 스포츠 정책에서 중요한 역할을 맡았다. 두 개의 프로 축구 클럽 창단을 직접 주도한 것이다. 첫째, 1977년 칠레 북부 안토파가스타의 칼라마에서 창단된 CD 코브렐로아CD Cobreloa는 시간이 지나면서 산티아고의 명문 팀들과 어깨를 나란히 하는 강팀으로 성장해 칠레를 대표하는 구단이 됐다. 두 번째는 1979년 칠레 북부 아타카마의 소도시 엘살바도르에서 창단된 CD 코브레살이다. 이 팀의 경기는 곧 지역 주민들에게 거의 유일한 여가활동이 됐다.

이 클럽들의 설립에는 두 가지 목적이 있었다. 하나는 인기 스포츠를 통해 국가 분권화를 촉진하는 것이었고, 다른 하나는 군사 독재정권에 반발적인 광산 지역 사회를 달래는 것이었다. 결국 이러한 클럽 설립은 피노체트 정권의 '빵과 서커스' 정책의 일환이었다. CD 코브레살은 1979년 5월 국립구리공사의 지원으로 창단됐으며, 당시 공사는 피노체트가 신임하던 한 장군이 운영하고 있었다. 클럽 창단의 목적은 엘살바도르 광부들에게 오락을 제공하고 회사에 대한 정서적 유대감을 강화해 노동자들의 저항을 억누르는 것이었다.

새 클럽의 자금은 회원들과 국립구리공사 지역 부서가 공동으로 마련했다. 특히 피노체트 정권은 '1+1 정책'을 도입해 노동조합 대표들이 클럽 운영에 관여하도록 했다. 신규 회원이 회비를 내면 공사가 같은 금액을 추가로 지원하는 방식이었다.

엘살바도르는 인구가 적어 회원 수 확보가 어려웠기 때문에, CD 코브레살은 사실상 국립구리공사에 전적으로 의존했다. 공사는 1980년 자체적으로 에스타디오 엘 코브레Estadio El Cobre(구리 경기장)를 건설해 클럽이 프로 리그에서 활동할 기반을 마련했다.

CD 코브렐로아가 인구와 사회적 기반이 더 탄탄한 지역을 연고로 삼은 데 비해, CD 코브레살은 여건이 부족해 칠레 엘리트 클럽으로 자리잡는 데 어려움을 겪었다. 그럼에도 불구하고 CD 코브레살은 2부 리그 참가 4년 만인 1984년 1부 리그 승격에 성공했다.

 이로써 광부들의 팀, CD 코브레살의 황금기가 시작됐다. 팀은 1985년 리그 챔피언십에서 준우승을 차지하며 남미 클럽 대항전인 코파 리베르타도레스Copa Libertadores 출전권을 획득했다. 당시 칠레 챔피언이자 자매 클럽인 CD 코브렐로아를 꺾고 진출한 순간은 구단 역사상 가장 위대한 장면 중 하나로 남았다.

 이 플레이오프를 계기로 두 광업 클럽 간에 라이벌 관계가 형성됐고, 이후 맞대결은 '구리 더비The Copper Derby'로 불렸다. 하지만 두 팀의 인구 규모와 자원 기반 차이를 고려하면 이 경쟁은 애초부터 불균형한 구도였다.

 CD 코브레살이 처음으로 코파 리베르타도레스 출전권을 따내자 클럽에도 중대한 변화가 찾아왔다. 남미 축구연맹 규정에 따라 엘 코브레 경기장은 최대 약 2만 5,000명을 수용할 수 있도록 확장됐는데, 이는 당시 엘살바도르 인구의 거의 두 배에 달하는 규모였다. 이 때문에 엘 코브레 경기장은 아이러니하게도 '세상에서 가장 큰 경기장'이라는 별칭을 얻었다. 그러나 국립구리공사가 노동자들의 경기 관람을 장려했음에도 현실적으로 관중석을 가득 채우기는 어려웠다.

 조별리그에서 탈락했지만, CD 코브레살의 첫 코파 리베르타도레스 도전은 상징적 성과였다. 광부들의 팀은 단 한 경기도 패하지 않았고, 이 무패 기록은 2016년까지 이어졌다. 이후 두 번째 출전에서야 첫 패배를 경험했다.

1987년, CD 코브레살은 산티아고의 강호 콜로-콜로를 꺾고 칠레컵에서 첫 우승을 차지하며 '광부들의 팀'으로서 존재감을 입증했다. 당시 팀의 핵심은 구단 역사상 최고의 선수 중 한 명으로 꼽히는 이반 사모라노Iván Zamorano였다. 그는 대회에서 13골을 기록해 득점왕에 올랐다. 이 우승은 엘살바도르 주민들에게 큰 의미를 지닌 사건이었고, 주민들은 그 어느 때보다 열정적으로 응원하며 클럽과 광업 공동체의 유대를 더욱 공고히 했다.

칠레 국립구리공사는 직원들의 경기 관람을 지원하는 한편, 선수들이 광부들의 노동 현장을 직접 체험하도록 독려했다. 이에 따라 선수들은 광산을 방문해 클럽의 가장 헌신적인 지지자인 광부들의 작업 환경을 몸소 경험했다. 이처럼 CD 코브레살의 광업 정체성은 구단 전반에 깊이 스며 있었다. 엠블럼에는 국립구리공사 로고를 본뜬 구리 상징과 광부 헬멧이 담겼고, 유니폼의 주된 색상 역시 구리를 상징하는 주황색으로 디자인됐다. 모든 요소가 CD 코브레살이 단순한 축구팀이 아니라 광산도시의 상징임을 보여줬다.

광업과 CD 코브레살의 유대는 워낙 강해, 팀이 위기에 빠진 시기는 곧 그들의 힘의 원천이던 광산이 어려움에 처한 때와 정확히 겹쳤다. 20세기 말까지 CD 코브레살은 꾸준히 상승세를 타며 여러 시즌 동안 2부 리그에서 활약했지만, 2005년 칠레 국립구리공사 사장이 높은 운영비와 낮은 수익성을 이유로 엘살바도르 광산의 폐쇄 계획을 발표하면서 클럽의 미래는 심각한 위기에 놓였다.

이 발표는 1980년대부터 인구 감소를 겪어온 도시에 큰 타격을 줬고, 지역의 핵심 경제 기반마저 위협했다. 광산 폐쇄가 임박하자 CD 코브레살도 엘살바도르를 떠나 다른 구리 채굴 지역으로 이전하는 방안을 검토하기 시작했다.

그러나 연고지 이전은 현실화되지 않았다. 2010년 당시 칠레 대통령 미첼 바첼레트Michelle Bachelet가 국립구리공사의 연구 결과를 바탕으로 엘살바도르 광산 운영을 최소 2021년까지 연장할 수 있다고 발표했기 때문이다. 이 결정은 광산 도시와 창단 30년 된 클럽의 생존에 숨통을 틔워준 조치였다.

광산의 연장은 클럽에 커다란 생명줄이 됐고, 얼마 지나지 않아 CD 코브레살은 2015년 4월 클라우수라Clausura[1] 트로피를 거머쥐며 역사에 남을 위업을 달성했다. 이후 클럽은 칠레 리그 챔피언 트로피를 보유한 팀이라는 자부심을 품게 됐고, 이 우승은 단순한 스포츠 이상의 사회적 의미를 지닌 사건으로 평가

---

[1] '클라우수라'는 스페인어로 '폐막'을 뜻하며, 남미와 멕시코 등 일부 국가 리그에서 한 시즌을 두 부분으로 나눠 운영할 때 쓰는 명칭이다. 일반적으로 연초부터 중반까지 열리는 대회를 '클라우수라'라 부르고, 하반기 대회는 '아페르투라Apertura(개막)'라고 한다.

됐다. 특히 국립구리공사가 직원들에게 결승전을 관람할 수 있도록 지원하면서, 이전까지 약 1,000명 수준에 불과했던 엘 코브레 경기장의 관중 수가 눈에 띄게 늘어나기 시작했다.

이 리그 우승은 상징성으로도 가득했다. CD 코브레살은 33점으로 정상에 올랐는데, 이는 아타카마 지역 산호세 광산에서 사고로 갇혔다가 구조된 33명의 광부를 떠올리게 했다. 또한 이 승리는 시련을 겪던 아타카마 지역에 새로운 희망을 안겨줬다. 특히 이 지역은 2015년 3월 대형 폭풍으로 큰 피해를 입었고, 그 여파로 한 달 동안 폐쇄됐던 엘 코브레 경기장은, CD 코브레살이 첫 리그 우승을 차지한 역사적인 경기를 위해 다시 문을 열었다.

엘살바도르 주민들은 클럽의 승리를 뜨겁게 축하했다. 1979년 피노체트 정권이 노동자들의 사회 변혁 열망을 잠재우기 위해 만든 광부 클럽은 이제 지역의 자부심으로 자리매김했다. 그러나 그 축제는 여전히 광산 폐쇄라는 불안한 현실 속에서 열렸다. 그렇기에 CD 코브레살의 승리는 더욱 극적이고 깊은 울림을 줬다.

★★★
콜로-콜로
피노체트의 긴 그림자

클루브 우니베르시다드 데 칠레Club Universidad de Chile 팬들이 산티아고 중심부에 자리한 콜로-콜로의 에스타디오 모누멘탈을 찾을 때면, 어김없이 "피노체트의 경기장을 부쉬버리자, 부쉬버리자!"라는 구호가 울려 퍼진다. 이 구호는 콜로-콜로 역사에서 가장 어두운 시기 중 하나였던 피노체트 독재정권과의 관계를 상기시키려는 것이다. 1988년 10월 국민투표를 앞두고, 피노체트는 모누멘탈 경기장 재건 비용을 전액 지원하겠다고 약속하며 군사정권의 유지를 공언했다. 바로 이 때문에 콜로-콜로의 숙적 팬들이 "부쉬버리자"고 외치는 경기장이 된 것이다.

그러나 피노체트가 약속했던 자금은 끝내 실행되지 않았다. 국민투표에서 패배한 그는 1990년 대통령직에서 물러났고, 클럽 이사들에게 보장했던 3억 페소 역시 전달되지 않았다. 그럼에도 칠레 사회에는 여전히 이 경기장이 독재정권의 지원으로 개조·완공됐다는 인식이 남아 있다.

에스타디오 모누멘탈에 얽힌 일화는 피노체트 정권이 축구를 얼마나 중시했는지를 잘 보여준다. 이탈리아의 무솔리니, 포르투갈의 살라자르, 스페인의 프랑코처럼, 칠레의 독재자 역시 축구와 같은 인기 스포츠가 권력을 정당화하는 데 매우 유용하다는 사실을 잘 알고 있었다.

아우구스토 피노체트가 살바도르 아옌데 대통령을 상대로 쿠데타를 일으킨 순간은 칠레 축구에 있어 극히 특별한 시점이었다. 1973년 9월 11일, 피노체트의 군대가 모네다 궁전을 점령한 그 비극적인 날 직전, 콜로-콜로는 남미 최고의 클럽 대회인 코파 리베르타도레스 결승에 진출하며 구단 역사상 최대의 성과를 거두고 있었다.

그뿐 아니라, 칠레 대표팀은 1974년 월드컵 본선 진출을 눈앞에 두고 있었고, 결국 그 목표를 피노체트 정권 아래에서 달성했다. 이는 소련이 산티아고 국립경기장에서의 경기를 거부한 덕분이었다. 아이러니하게도, 그 경기장은 쿠데타 직후 몇 달간 독재정권이 반대 세력을 억류하고 고문하던 수용소로 쓰이고 있었다.

그 결과 칠레의 월드컵 진출은 국제적으로 수치스러운 사건이 됐지만, 피노체트는 이를 오히려 기회로 삼았다. 그는 칠레 국민이 세계 무대 복귀에 열광하며 국가적 문제를 잊기를 바랐다. 국민이 축구에 몰두하는 동안 억압과 고문, 시민 자유의 제한, 그리고 정권이 저지른 온갖 잘못은 이야기되지 않을 것이라 계산한 것이다. 아마도 이때 그는 축구라는 국민적 스포츠가 자신의 통치에 어떤 정치적 자산이 될 수 있는지를 누구보다 빠르게 깨달았을 것이다.

피노체트는 고향 발파라이소의 산티아고 원더러스Santiago Wanderers를 응원했지만, 콜로–콜로의 압도적인 인기에 매료되어 이를 적극적으로 활용하려 했다. 콜로–콜로는 팬 수와 우승 기록 면에서 단연 칠레 최대의 클럽이었다.

사실 쿠데타 이전부터 콜로–콜로는 이미 칠레를 대표하는 상징적인 클럽이었다. 1925년, 산티아고에 있던 식민지적 색채가 짙은 스포츠 단체 데포르티보 마가야네스Deportivo Magallanes에서 갈라져 나온 것이 시작이었다. 새 클럽의 역사는 수도 산티아고의 한 선술집에서 출발했는데, 그곳은 '슬픔을 가라앉히는 곳Drowns Sorrows'이라는 시적인 별칭을 갖고 있었다.

콜로–콜로는 곧 칠레를 대표하는 국가적 상징이 됐고, 클럽 이름 자체도 민족주의적 의미를 강하게 담고 있었다. '콜로–콜로'라는 이름은 16세기 스페인의 칠레 식민 정복에 맞서 치열한 게릴라전을 이끈 마푸체Mapuche[2] 원주민 지도자에서 따온 것이

---

2   칠레와 아르헨티나 남부에 거주하는 원주민 집단으로, 16세기 스페인 식민 지배에 맞서 격렬히 저항한 것으로 유명하다.

다.

새 클럽이 칠레를 상징한다는 점은 엠블럼에도 분명히 드러났다. 붉은색·흰색·파란색으로 구성된 칠레 국기 색상 위에, 1950년대에는 마푸체족 지도자의 옆모습이 추가됐다. 이 문양은 지금까지도 콜로-콜로를 대표하는 상징으로 남아 있다.

콜로-콜로가 지닌 민족주의적 정체성은 클럽의 인기를 급격히 끌어올렸고, 국민 사이에서 가장 사랑받는 스포츠 클럽으로 자리매김하게 했다. 이 같은 위상은 민족주의를 내세워 살바도르 아옌데와 인민연합 정부의 전복을 정당화하려던 피노체트의 시선을 끌었다. 흥미롭게도 아옌데는 콜로-콜로의 열렬한 팬이자 회원이었으며, 1973년 클럽이 코파 리베르타도레스 준우승을 차지했을 때 모네다 궁전으로 초청해 선수단을 성대히 환영하기도 했다.

피노체트는 집권 직후 콜로-콜로와의 관계 강화를 모색했다. 클럽의 영향력이 새 독재정권의 대중적 기반을 다지는 데 유용하다고 보았기 때문이다. 피노체트가 클럽을 장악할 절호의 기회는 1976년 클럽 회장 선거에서 찾아왔다. 그 선거는 쿠데타 당시 클럽을 이끌던 엑토르 갈베스Héctor Gálvez와, 전임 회장 안토니오 라반Antonio Labán의 맞대결이었다. 라반은 노동조합 지도자이자 급진당 소속 정치인으로 군사정권에 강력히 저항하다 1982년 암살당한 투카펠 히메네스Tucapel Jiménez의 지지를 받았다.

이러한 상황은 정권 반대 세력이 클럽을 장악할 기회를 열어 줬고, 독재정권은 곧바로 회장 선거를 중단시켰다. 이어 클럽 이사진 전원을 해임하고, 운영권을 칠레 모기지은행이 주도하는 금융 지주회사에 넘겼다. 정권이 내세운 명분은 클럽 경영 부정이라는 터무니없는 의혹이었다. 내부 민주주의를 억압한 이 조치와 더불어, 콜로-콜로 역사에서 가장 큰 오점으로 남은 또 다른 사건이 있었다. 바로 아우구스토 피노체트에게 명예 회장직을 수여한 것이다. 그는 1976년부터 정권에서 물러날 때까지 이 직함을 유지했다.

이 사건들은 콜로-콜로가 명백히 독재정권의 클럽이 됐음을 보여줬지만, 정작 산티아고의 이 팀은 독재 시절 동안 눈에 띄는 성과를 내지 못했다. 그럼에도 정부는 다양한 방식으로 클럽을 지원했다. 대표적인 사례가 당시 칠레 최고의 선수 중 한 명이었던 카를로스 카셀리Carlos Caszely의 복귀였다. 그는 바르셀로나의 RCD 에스파뇰에서 활약하고 있었는데, 아이러니하게도 독재정권에 공개적으로 반대했던 인물이었다. 그는 심지어 칠레 국가대표팀 환영식에서 피노체트에게 경례를 거부한 대담한 행동으로도 유명했다.

피노체트 정권이 콜로-콜로에 제공한 가장 기억에 남는 지원은 대통령직 유지 여부를 결정하는 국민투표를 불과 나흘 앞두고 이뤄졌다. 독재자는 칠레 최대 클럽 팬들의 표심을 얻기 위해 콜로-콜로 경기장 현대화를 위한 막대한 자금을 지원하겠다고 약속했다. 그러나 앞서 언급했듯, 피노체트가 국민투표에서 패배하고 대통령직에서 물러나면서 이 수억 페소는 끝내 전달되지 않았다.

그럼에도 콜로-콜로 역사에 남은 가장 큰 오점, 곧 독재정권과의 연루는 쉽게 지워지지 않았다. 피노체트는 권좌에서 물러난 뒤에도 1994년 콜로-콜로 회장 선거 투표에 참여하는 뻔뻔함을 보였다. 1976년 클럽 선거를 강제로 중단시키고, 칠레 국민이 지도자를 선택할 권리를 박탈했던 그는 이렇게 말했다.

"콜로-콜로 팬으로서 이런 선거에 참여하게 되어 정말 기쁩니다. 이 선거는 중요할 뿐만 아니라 매우 흥미롭습니다."

이는 민주주의를 혐오하고 반대 세력을 가차 없이 탄압했던 인물이 드러낸 진정한 위선이었다.

피노체트 집권 이전, 콜로-콜로가 거둔 가장 큰 성과가 코파 리베르타도레스 준우승이었다면, 독재가 끝난 이후의 성과는 1991년 6월 남미 최고의 트로피를 들어올린 것이었다. 역사의 아이러니로, 피노체트가 그토록 염원했던 '자신의' 콜로-콜로가 국제 트로피를 차지한 순간은 정작 그가 권좌에서 물러난 뒤에야 찾아왔다.

콜로-콜로의 라이벌들은 여전히 이 클럽의 독재정권과의 유착을 거론한다. 이런 까닭에 '카시케Cacique'(족장)로 불리는 이 산티아고 팀은 피노체트의 흔적을 지우려 애쓰는 듯하다. 클럽 공식 웹사이트의 연혁에는 그의 이름이 등장하지 않고, 2006년 피노체트 사망 당시 모누멘탈 경기장에서도 아무런 반응이 없었다. 추모 묵념조차 없었다. 그러나 클루브 우니베르시다드 데 칠레 팬들이 이곳에서 경기를 치를 때마다 울려 퍼지는 "경기장을 부수자"는 구호는 독재자의 그림자가 여전히 남아 있음을 보여준다.

무슈크 루나 SC

케추아인의 꿈

에콰도르는 헌법에 따라 다민족·다국적 국가임을 명시하고 있으며, 다양한 언어와 문화적 정체성을 존중하고 발전시켜야 한다고 규정한다. 이는 인구의 4분의 1이 원주민, 절반이 혼혈인 국가적 현실을 반영한 조항이다. 그러나 실제로는 원주민 문화와 정체성이 사회 전반에서 여전히 주류로 인정받지 못하고 있다.

 이를 잘 보여주는 사례가 축구다. 축구는 20세기 초 영국 유학을 다녀온 젊은 에콰도르인들에 의해 전해졌고, 곧 에콰도르 사회 모든 계층에서 열광적인 사랑을 받는 스포츠가 됐다. 하지만 원주민 후손들은 2013년 무슈크 루나 SCMushuc Runa SC가 1부 리그로 승격하기 전까지 최상위 무대에서 자신들을 대표하는 팀을 가진 적이 없었다. 원주민이 에콰도르 축구에서 오랫동안 배제된 사실은, 지난 한 세기 동안 이들이 사회 전반에서 겪어온 차별을 그대로 보여주는 징표였다.

무슈크 루나 SC의 뿌리는 1997년 루이스 알폰소 찬고Luis Alfonso Chango가 설립한 동명의 협동조합으로 거슬러 올라간다. 그는 시에라 센트럴 지역의 케추안Quechuan[3] 치불레오 부족 출신으로, 현재 클럽의 종신 명예회장이다. 이 지역에서 케추아어를 사용하는 원주민들은 원주민 권리를 요구하는 수많은 봉기의 중심에 있었지만, 늘 경제적 차별을 받아왔다. 은행들은 이들을 의도적으로 외면하거나 사업 운영을 위한 대출을 거부했다. 이에 찬고와 동료들은 무슈크 루나 저축신용협동조합을 설립해 원주민들이 은행 대출을 받을 수 있도록 지원했다.

'무슈크 루나'라는 이름은 케추아어에 뿌리를 두고 있으며, '새로운 사람'을 뜻한다. 케추아어는 사용자들 사이에서 '루나시미Runasimi', 즉 '민중의 언어'라고도 불린다.

협동조합의 성공을 계기로 루이스 알폰소 찬고는 금융을 넘어, 자신의 또 다른 열정인 축구를 통해 원주민의 '정상화'를 이루겠다는 새로운 목표를 세웠다. 그렇게 탄생한 것이 무슈크 루나 SC였다. 이 클럽은 원주민 정체성을 선명히 드러내는 팀으로, 2002년 소규모 지역·지방 챔피언십에서 첫발을 내디뎠다.

■

3   남아메리카 안데스 산맥 지역에 분포한 원주민 집단을 가리키며, 이들이 사용하는 언어군을 케추아어Quechua라고 한다. 케추아어는 잉카제국 시절 공용어로 사용됐으며, 오늘날에도 에콰도르, 페루, 볼리비아 등지에서 수천만 명이 사용하는 주요 토착 언어다.

새로운 클럽은 에콰도르 원주민을 위한 몇 안 되는 축구 프로젝트 중 하나였던 클럽 임바야스Club Imbayas에서 영감을 받았다. 이 팀은 1940년대 에콰도르 북부 임바부라 지역에서 설립됐지만, 긴 역사에도 불구하고 지역 리그를 넘어서는 무대에는 오르지 못했다.

무슈크 루나 SC가 역사적인 클럽 임바야스와 달랐던 점은 2007년에 완전한 프로 축구 클럽으로 전환했다는 사실이다. 이후 에콰도르 축구의 여러 리그 단계를 빠르게 돌파하며, 최상위 리그인 세리에 A에 진출한 최초의 원주민 팀이 됐다.

'새로운 사람'이라는 상징적 이름을 내건 무슈크 루나 SC의 첫 번째 최상위 리그 도전은 세 시즌 동안 이어졌으나, 2016년 세리에 B로 강등됐다. 그러나 2년 만인 2018년 세리에 B 우승을 차지하며 다시 세리에 A로 복귀하는 데 성공했다.

하지만 무슈크 루나 SC는 축구 엘리트들과 경쟁하기 위해 수많은 장애물을 극복해야 했다. 가장 큰 걸림돌 중 하나는 케추아어를 사용하는 지역 주민들의 부정적인 인식이었다. 상당수 주민은 축구를 게으름뱅이나 한가한 이들이 즐기는 오락으로 치부했다. 실제로 많은 원주민 농민은 축구가 가족 부양, 농지와 가축 관리, 농산물 판매 같은 생업에 방해된다고 여겨 자녀들이 축구를 하지 못하게 했다.

루이스 알폰소 찬고와 클럽은 이러한 초기 저항을 극복하는 데 성공했다. 클럽의 성과가 케추아계 공동체에 환호할 이유를 제공하면서, 이들은 곧 무슈크 루나 SC의 열렬한 지지자가 됐다. 그러나 클럽은 여전히 원주민 공동체가 겪어온 구조적 차별에 맞서야 했다. 법적 체계가 존재함에도 불구하고, 에콰도르에서 원주민은 실질적인 보호를 받지 못했다.

2011년 무슈크 루나 SC의 에콰도르 2부 리그 진출은 원주민이 에콰도르 사회의 중요한 구성원으로 인정받는 데 크게 기여했다. 이후 클럽은 에콰도르 사회에서 존경받는 팀으로 자리매김했고, 특히 케추아족을 비롯한 원주민 공동체에 깊은 자부심을 심어줬다. 이를 바탕으로 클럽은 원주민 정체성을 적극적으로 알리며, 원주민이 공적 영역에 참여할 수 있는 본보기임을 당당히 주장하고 있다.

무슈크 루나 SC의 상징 역시 원주민 문화를 분명히 반영한다. 이 클럽의 여러 별칭 가운데 웅장한 뉘앙스를 담은 '조상의 유산을 잇는 팀Ancestral Race Team'과 함께 가장 널리 쓰이는 이름은 '엘 폰치토El Ponchito'(작은 판초)다. 이는 클럽 엠블럼에 그려진 축구 선수가 착용한 전통 의상에서 유래했다. 시에라 센트럴 지역 케추아 부족의 복장에서 영감을 받은 이 의상은 팬들 사이에서 정체성을 상징하는 표식이 됐으며, 선수들 역시 승리의 순간 이를 입고 기념하곤 한다.

무슈크 루나 SC는 처음에는 원주민 정체성을 강조하며 케추아계 선수들로만 팀을 꾸렸으나, 현재 1군 선수단에는 원주민 선수가 거의 없다. 이는 클럽이 점차 전문화되고 에콰도르 최상위 리그에 진출하면서 생긴 변화다. 그럼에도 클럽의 핵심 목표는 여전히 유소년 원주민 선수들을 발굴·육성해 1군 무대에서 활약하도록 지원하는 것이다. 이를 통해 에콰도르 국가대표팀을 강화하고, 국가의 다양한 민족 정체성을 진정으로 반영하는 팀을 만들고자 한다.

비록 선수단에서 원주민 비중은 크지 않지만, 경영과 조직 운영에서는 원주민이 주도적인 역할을 맡고 있다. 이 때문에 무슈크 루나 SC는 여전히 명실상부한 원주민 클럽이라 할 수 있으며, 특히 클럽의 운영 방식이 팀 성공의 핵심 요소였다는 점이 이를 뒷받침한다.

예를 들어, 무슈크 루나 SC는 최근 심각한 재정 위기를 겪지 않은 몇 안 되는 에콰도르 클럽 중 하나다. 대부분의 경쟁팀과 달리 이 원주민 클럽은 안정적인 재정을 바탕으로 철저한 관리, 체계적인 운영, 성실한 업무 태도, 그리고 계약 준수의 모범을 보여 왔다. 이러한 원칙은 전 세계 축구 클럽 운영에서 흔히 나타나는 과잉과 방만함을 피하는 데 큰 도움이 됐다. 이는 클럽의 협동 정신과 더불어 원주민 사회를 특징짓는 책임, 평등, 연대라는 가치를 스포츠 경영에 접목한 결과였다. 다시 말해, 축구계에서 한동안 잊혔던 가치들이 이곳에서 되살아난 것이다.

에콰도르 1부 리그 승격만으로도 놀라운 성과였지만, 무슈크 루나 SC는 2019년 코파 아메리카에 출전하며 또 하나의 이정표를 세웠다. 그러나 남미에서 두 번째로 큰 클럽 대회에서의 여정은 짧았다. 칠레의 유니온 에스파뇰라Unión Española와의 경기에서 1라운드 탈락을 맛본 것이다. 두 팀은 1-1로 비겼으나, 승부차기에서 패하며 아쉽게 대회를 마감했다. 그럼에도 국제대회 무대에 올랐다는 사실만으로도 이 원주민 클럽에는 전례 없는 성취였다. 무슈크 루나 SC는 케추아 공동체에 큰 자부심을 안겨줬고, 클럽이 창단되기 전까지 원주민에게 낯설었던 축구라는 스포츠에서 그들을 대표하는 상징이 됐다.

CD 에우즈카디

우승 직전에 멈춘 바스크 대표팀

역사의 아이러니로, 바스크 대표팀은 국제적 인정을 받기 위해 오랜 세월 싸워왔음에도 FIFA로부터 공식 승인을 받지 못했다. 그러나 이 팀은 국내 챔피언십에서 거의 우승에 다다른 성과를 낸 유일한 '국가대표팀'으로 기록된다.[4] 이는 1938-1939시즌 멕시코 리그에서 벌어진 일로, 당시 바스크팀은 클럽 데포르티보 에우즈카디Club Deportivo Euzkadi라는 이름으로 출전했다. '에우즈카디'는 당시 바스크어로 표기한 자국 명칭이었다. 이 시즌 바스크팀은 준우승이라는 놀라운 성과를 거뒀으며, 당시 멕시코 최강 클럽 중 하나였던 아스투리아스 축구 클

---

4 여기서 말하는 대표팀은 멕시코 국가대표팀이 아니라, 스페인 내전으로 망명한 바스크 선수들로 꾸려진 팀을 뜻한다.

럽Asturias Football Club에게만 패배했다. 아스투리아스는 현재는 사라졌으나 당시 멕시코 축구사에서 중요한 위치를 차지한 팀으로, 스페인 북부 아스투리아스 출신 이주민들이 세운 클럽이었다.

바스크 대표팀이 멕시코 리그에 합류하게 된 배경에는 스페인 내전이 있었다. 이 전쟁에서 바스크 병사인 구다리스gudaris는 바스크 정부가 조직한 군대인 에우스코 구다로스테아Euzko Gudarostea 소속으로 파시즘에 맞서 싸웠다. 이 투쟁의 한가운데서 바스크 자치정부 수반 호세 안토니오 아기레José Antonio Aguirre는 해외 순회 경기를 통해 자금을 모으고, 바스크와 공화주의 투쟁에 대한 국제적 연대를 이끌기 위해 바스크 국가대표팀을 창단했다. 아틀레틱 빌바오 출신 선수이자 바스크민족당PNV 당원이었던 그는 축구가 정치적 역할을 수행할 수 있으며, 특히 전쟁 선전에 기여할 수 있음을 잘 알고 있었다.

아기레는 1920년대와 1930년대에 이뤄진 두 차례의 선례를 바탕으로 바스크 대표팀을 새롭게 구성했다. 첫 번째 시도에서는 바스크 선수들이 스페인 지역 대회에 참가하기 위해 이웃 칸타브리아 선수들과 섞여 있던 '북부 팀'에서 분리됐다. 이어 1930년에는 바스크 지역 대부분을 포괄하는 '가스코뉴 팀'이 결성되며 바스크 대표팀의 전신이 됐다. 1937년 아기레가 조직한 팀은 '에우즈카디'로 불렸으며, 유니폼에는 당시 바스크 자치정부가 공식 국기로 인정한 이쿠리냐ikurriña의 색상이 반영됐다.

새로 창설된 바스크 국가대표팀은 1937년 4월 파리에서 데뷔전을 치렀다. 에우즈카디는 당시 프랑스 챔피언이던 라싱 클럽을 3-0으로 꺾으며 눈부신 출발을 알렸다. 경기를 앞둔 분위기에는 상징성이 가득했다. 선수단은 파리 오스테를리츠역에서 바스크 정부 대표 라파엘 피카베아Rafael Picabea의 환영을 받았고, 곧바로 개선문 아래 위치한 무명용사의 묘를 찾아 제1차 세계대전에서 희생된 프랑스 시민들을 추모하며 이쿠리냐를 바쳤다.

그러나 훌륭한 경기 결과는 곧 잿빛으로 바랬다. 바로 다음 날, 비스카야 지역의 게르니카 마을이 스페인 파시스트의 동맹인 독일 콘도르 군단과 이탈리아 공군의 폭격을 받아 수백 명이 희생된 것이다. 주민들은 공포에 휩싸였고, 파리에서 시작된 유럽 순회 경기는 곧 게르니카 학살을 추모하고 바스크 민족에 대한 파시스트 공격을 규탄하는 장으로 변모했다.

바스크 대표팀의 유럽 순회는 프랑스를 시작으로 체코슬로바키아, 폴란드, 소련, 노르웨이, 덴마크로 이어졌다. 목표는 프랑코 독재에 맞선 바스크와 공화파의 투쟁에 국제적 연대를 모으는 것이었다. 경기 성적도 뛰어났다. 20경기에서 14승을 거두고 단 4패만을 기록했다.

순회 중에도 역사적 사건이 이어졌다. 가장 주목할 만한 일은 폴란드 바르샤바에서 예정된 경기가 중단된 사건이었다. 바스크 대표팀을 공산주의와 연관 짓던 가톨릭 극단주의 단체가 폭력을 일으킨 것이다. 이들은 바스크민족당 출신이 많았는데, 독실한 가톨릭 신자인 바스크인들이 어떻게 프랑코에 맞서 공화국을 위해 싸울 수 있는지 이해하지 못했다.

소련 방문에서는 전혀 다른 광경이 펼쳐졌다. 소련 공산당 당국은 바스크 대표팀을 따뜻히 환영했고, 반파시스트 투쟁과 공화국 대의를 위한 연대와 지지를 아낌없이 표했다.

유럽을 무대로 한 첫 순회 경기와 공화국 투쟁에 연대한 정치적 활동은 FIFA의 반발을 샀다. FIFA는 1937년부터 에우즈카디가 치러온 공식 국가대표팀 및 클럽과의 친선 경기를 금지하려 했다. 이러한 조치는 프랑코 축구연맹의 압력에 따른 것이었으며, 이 연맹은 얼마 지나지 않아 FIFA 정회원 자격을 얻었다.

그러나 FIFA의 압력에도 불구하고, 바스크 대표팀은 활동을 멈추지 않았다. 1937년 6월 빌바오가 프랑코 군대에 함락된 직후, 에우즈카디는 대서양을 건너 아메리카 대륙에서 새로운 순회 경기를 시작했다. 첫 방문지는 공화국 투쟁에 가장 큰 지지를 보낸 멕시코였으며, 이어 쿠바로 향했다. 1938년 5월 바스크 팀은 민족해방에 대한 그들의 정체성을 분명히 드러내는 상징적 행사에 참여했다. 바로 스페인 제국에 맞서 쿠바의 독립을 이끈 호세 마르티를 기리는 기념비 앞에서 헌사를 바친 것이다.

세 번째 방문지는 아르헨티나였으나, 이전과 같은 뜨거운 환영은 받지 못했다. 스페인 내전이 파시스트 세력에 유리하게 전개된다는 소식이 전해지면서, 점점 더 많은 축구 단체가 바스크

팀과 그들의 투쟁에 대한 지지를 주저하기 시작했다.

결국 대표팀은 아르헨티나에서 예정됐던 주요 클럽과의 다섯 경기를 한 경기조차 치르지 못한 채 석 달을 보냈다. 이후 칠레와 쿠바를 거쳐, 여전히 그들을 환영하는 몇 안 되는 나라 중 하나인 멕시코로 돌아갔다.

멕시코에서 에우스카디는 9경기를 소화하고, 국내 리그 챔피언십 개막 직전에 열린 코파 옥소Copa Oxo에 참가해 우승을 차지했다. 당시 스페인에서는 파시스트 군대가 승리를 눈앞에 두고 있었고, 이는 바스크 선수들이 멕시코에 망명자로 남게 되는 계기가 됐다. 직후 멕시코 리그(리가 마요르Liga Mayor)를 구성하는 클럽들은 에우스카디를 리그 챔피언십에 초청했다.

바스크 선수들은 이를 받아들여 '클루브 데포르티보 에우스카디'라는 이름으로 멕시코 챔피언십에 합류했다. 그들을 멕시코 클럽으로 등록한 것은, 친프랑코 성향의 스페인 축구연맹을 승인한 FIFA가 멕시코 리그와 축구연맹에 제재를 가할 수 있다는 우려 때문이었다.

CD 에우스카디는 1938-1939시즌 리가 마요르에 참가하며 리그 우승의 유력 후보로 주목받았다. 이는 코파 옥소에서의 압도적인 성과와 멕시코에서 치른 다수의 친선 경기에서 보여준 뛰어난 경기력이 뒷받침됐다.

그러나 스페인에서 프랑코 군대가 승리하고 클럽이 재정 지원을 받지 못하면서, CD 에우스카디는 해당 시즌 이후 해체를 결정하고 남은 자금을 선수들에게 분배했다. 이후 긴 독재의 암흑기 동안 바스크 대표팀은 자국을 대표해 뛸 기회를 수십 년간 박탈당했다. 그럼에도 CD 에우즈카디는 국내 리그 챔피언십 우승에 가장 근접한 유일한 국가대표팀으로서 그 명성을 지금까지 간직하고 있다.

참고문헌

도서

Archambault, Fabien, Beaud, Stéphane, and Gasparini, William (eds., 2016). *Le football des nations* (Paris: Publications de la Sorbonne)
Boniface, Pascal (2002). *La terre est ronde comme un ballon. Géopolitique du football* (Paris: Seuil)
Boniface, Pascal (2010). *Football & mondialisation* (Paris: Armand Colin)
Brohm, Jean-Marie (1992). *Sociologie politique du sport* (PU Nancy)
Brohm, Jean-Marie, and Perelman, Marc (2006). *Le football, une peste émotionelle: la barbarie des stades* (Paris: Gallimard)
Bromberger, Christian (2004). *Football, la bagatelle la plus sérieuse du monde* (Paris: Pocket)
Correia, Mickaël (2023). *A People's History of Football* (London: Pluto Press)
Curletto, Mario Alessandro (2018). *Fútbol y poder en la urss de Stalin* (Madrid: Altamarea Ediciones)
De Waele, Jean-Michel, and Husting, Alexandre (eds., 2008). *Football et identités* (Brussels: Éditions de l'Université de Bruxelles)
Dietschy, Paul (2010). *Histoire du football* (Paris: Éditions Perrin)
Dietschy, Paul, and Kemo-Keimbou, David-Claude (2010). *L'Afrique et la planète football* (Paris: Éditions epa)
Fernández Ubiría, Miguel (2020). *Fútbol y anarquismo* (Madrid: Catarata)
Foer, Franklin (2004). *How Soccer Explains the World: An Unlikely Theory*

of Globalization (New York: Harper)

Foot, John (2007). *Calcio. A History of Italian Football* (London: Harper Perennial)

Frydenberg, Julio (2011). *Historia social del fútbol* (Buenos Aires: Siglo xxi)

García Candau, Julián (2007). *El deporte en la Guerra Civil* (Barcelona: Espasa)

Galeano, Eduardo (2018). *Football in Sun and Shadow* (London: Penguin Classics)

Ghemmour, Chérif (2013). *Terrain miné. Quand la politique s'immisce dans le football* (Paris: Hugo et Cie)

Goldblatt, David (2007). *The Ball is Round. A Global History of Football* (London: Penguin Books)

Gómez, Daniel (2007). *La patria del gol. Fútbol y política en el Estado español* (Irún: Alberdania)

Kuhn, Gabriel (2011). *Soccer vs. the State. Tackling Football and Radical Politics* (Oakland: PM Press)

Kuper, Simon (1996). *Football Against the Enemy* (London: Phoenix)

Kuper, Simon (2012). *Ajax, the Dutch, the War: The Strange Tale of Soccer During Europe's Darkest Hour* (New York: Nation Books)

Lara, Miguel Ángel (2019). *El poder y el balón. Episodios futbolísticos que hicieron historia* (Seville: Editorial Samarcanda)

McGuirk, Brian (2009). *Celtic fc. The Ireland Connection* (Edinburgh: Black & White Publishing)

Montague, James (2008). *When Friday Comes. Football in the War Zone* (Edinburgh: Mainstream Publishing)

Osúa, Jordi (2019). *Vázquez Montalbán. Fútbol y política* (Barcelona: Editorial Base)

Padilla, Toni (2017). *Atlas de una pasión esférica* (Barcelona: Geoplaneta)

Peinado, Quique (2013). *Futbolistas de izquierdas* (Alcalá de Henares: Léeme Libros)

Pérès, Jean-François (2010). *Dico fou du foot africain* (Monaco: Éditions du Rocher)

Porta, Frederic, and Tomàs, Manuel (2015). *Barça inédito* (Barcelona: Editorial Córner)

Porta, Frederic, and Tomàs, Manuel (2017). *Barça insólito* (Barcelona: Editorial Córner)

Segurola, Santiago (ed., 1999). *Fútbol y pasiones políticas* (Barcelona: Temas de Debate)
Serrado, Ricardo (2009). *O jogo de Salazar. A política e o futebol no Estado Novo* (Alfragide: Casa das Letras)
Simon, Gabrielle (ed., 2014). *Sport et nationalité* (Paris: LexisNexis)
Sonntag, Albrecht (2008). *Les identités du football européen* (Grenoble: Presses Universitaires de Grenoble)
Suárez, Orfeo (2015). *Los cuerpos del poder. Deporte, política y cultura* (Barcelona: Editorial Córner)
Usall, Ramon (2011). *Futbol per la llibertat* (Lleida: Pagès Editors)
Vassort, Patrick (2005). *Football et politique. Sociologie historique d'une domination* (Paris: L'Harmattan)
Vázquez Montalbán, Manuel (2005). *Fútbol. Una religión en busca de un Dios* (Barcelona: Debate)
Vázquez Montalbán, Manuel (2018). *Barça, cultura i esport* (Barcelona: Editorial Base)
Villalobos, Cristóbal (2020). *Fútbol y fascismo* (Madrid: Altamarea Ediciones)
Viñas, Carles (2005). *El mundo ultra* (Madrid: Temas de Hoy)
Viñas, Carles (2022). *Football in the Land of the Soviets* (London: Pluto Press)
Wilson, Jonathan (2006). *Behind the curtain. Travels in Eastern European football* (London: Orion)

스포츠 신문

As
Marca
L'Équipe
L'Esportiu de Catalunya
Mundo Deportivo
Sport

기타 정기간행물
11 Freunde

Desports
Four Four Two
France Football
L'Équipe Magazine
Líbero
Le Miroir des Sports
Le Monde Diplomatique
Les Cahiers du Football
Manière de Voir
Onze Mondial
Panenka
Sàpiens
So Foot
When Saturday Comes

웹사이트

축구의 역사적 정보를 포함한 수많은 웹사이트 중 특별히 언급할 가치가 있는 것은 Rec.Sport.Soccer Statistics Foundation*(www.rsssf.com)*이다. 이 웹사이트는 전 세계 축구 대회의 역사를 아우르는 상세한 통계를 제공한다.

엠블럼

영국과 아일랜드

현재 맨체스터 시티 FC의 엠블럼.

1921~51년 토트넘 홋스퍼 FC의 엠블럼.

1968~87년 리버풀 FC의 엠블럼.

현재 포레스트 그린 로버스 FC의 엠블럼.

브리티시 레이디스 FC는 엠블럼을 사용하지 않았다. 이 이미지는 1895년 3월 30일 영국 주간지 〈더 그래픽The Graphic〉 표지에 실린 첫 경기 장면이다.

현재 셀틱 FC의 엠블럼.

라스쿨의 스텔라 마리스 중등학교 엠블럼. 스타 오브 더 씨 유소년 클럽과 연계된 가톨릭 교육기관이다.

프랑스와 이탈리아

현재 레드 스타 FC의 엠블럼.

현재 SC 바스티아의 엠블럼.

1976~83년 유벤투스 FC의 엠블럼.

현재 토리노 FC의 엠블럼.

1990~2013년 AS 로마의 엠블럼.

1928-1929시즌 소시에타 스포르티바 암브로시아나(현 인터 밀란)의 엠블럼. 파시오 리토리오가 선명하게 새겨져 있다.

이베리아 반도

현재 아카데미카 드 코임브라의 엠블럼.

1941~43년 아틀레티코 마드리드의 엠블럼.

1931~39년 레알 마드리드 FC의 엠블럼.

1974~95년 라요 바예카노의 엠블럼.

1940년대 프랑코 독재 초기, 스페인 국기를 포함하고 클럽명을 스페인식으로 변경하도록 강요받았던 시기의 FC 바르셀로나 엠블럼.

현재 CE 주피터의 엠블럼.

스패니시 걸스 클럽에는 엠블럼이 없었다.
이 사진은 1914년 첫 경기를 앞둔 두 팀의 일부 선수를 담고 있다.

중앙유럽과 스칸디나비아

1980년대 BFC 뒤나모의 엠블럼.

현재 FC 우니온 베를린의 엠블럼.

SC 타스마니아 폰 1900 베를린 e.V.가 1965-1966시즌 서독 1부 리그에서 사용한 엠블럼.

현재 FC 장크트 파울리의 엠블럼.

현재 폴로니아 바르샤바의 엠블럼.

1928~90년 AFC 아약스의 엠블럼.

하코아 빈의 역사적인 엠블럼.

하코아 빈의 역사적인 엠블럼.

발칸 반도

현재 GNK 디나모 자그레브의 엠블럼.

1960~70년 HNK 하이두크 스플리트의 엠블럼.

1970년대 유고슬라비아 사회주의 시기에 사용된 FK 슬로보다 투즐라의 엠블럼.

현재 FK 벨레주 모스타르의 엠블럼.

현재 올림피아코스 FC의 엠블럼.

동유럽과 코카서스

1980년대 FC 올트 스코르니체슈티의 엠블럼.

1996~2010년 FC 디나모 키이우의 엠블럼. 우크라이나 국기 색상이 명확히 드러난다.

1960~89년 FC 샤흐타르 도네츠크의 엠블럼. 팀명과 도시명이 러시아어로 표기됐으며, 채광을 상징하는 요소가 뚜렷하다.

현재 FC 카르파티 리비우의 엠블럼.

FC 스트로이텔 프리피야트의 엠블럼은 전해지지 않는다. 대신 1970년 조성된 체르노빌 원자력 도시 프리피야트의 엠블럼을 사용했다.

현 FC 로코모티프 모스크바의 전신인 10월 혁명 클럽이 1922~30년 사용한 엠블럼.

2004년 러시아컵 우승 당시 FC 아흐마트 그로즈니의 엠블럼.

현재 카라바흐 FK의 엠블럼.

중동과 중앙아시아

현재 아르빌 SC의 엠블럼.

현재 알웨흐다트 SC의 엠블럼. 예루살렘 알 아크사 모스크의 외곽선을 포함하고 있다.

현재 샤힌 아스마이에 FC의 엠블럼.

아프리카

1927~62년 라싱 유니베르시테르 달제의 엠블럼.

1951년 클루브 아틀레티코 데 테투안의 엠블럼.

현재 JS 마시라의 엠블럼. 엘아이운 도시의 엠블럼에서 영감을 받았다.

현재 하피아 FC의 엠블럼.

패시브 레지스터스 SC의 문장은 전해지지 않는다. 대신 1958년 영국 그래픽 디자이너 제럴드 홀텀Gerald Holtom 이 만든 평화의 상징을 포함했다. 이는 간디가 창설한 클 럽들의 철학을 잘 반영한다.

아메리카

현재 뉴욕 램블러스의 엠블럼.

1979~2000년 FC 코린치앙스 파울리스타의 엠블럼.

현재 CD 코브레살의 엠블럼.

현재 콜로-콜로의 엠블럼.

현재 무슈크 루나 SC의 엠블럼.

1938-1939시즌에 한 차례만 사용된 CD 에우스카디의 엠블럼.

풋볼리티카
세계를 흔든 55가지 축구 이야기

2025년 10월 22일 초판 1쇄 발행

지은이	라몬 우살
옮긴이	조진희
편집	최인희
디자인	이경란
인쇄	도담프린팅
종이	페이퍼프라이스

펴낸곳	나름북스
펴낸이	조정민
등록	2010.3.16. 제2014-000024호
주소	서울시 마포구 월드컵북로5길 54-5
전화	02-6083-8395
팩스	02-2179-9683
이메일	narumbooks@gmail.com
홈페이지	www.narumbooks.com
페이스북	www.facebook.com/narumbooks7
인스타그램	@narumbooks

ISBN 979-11-86036-88-4 (03300)
값 22,000원